AI 시대
다시 시작하는
반도체 공부

AI 시대 다시 시작하는 반도체 공부

초판 1쇄 발행   2025년 11월 10일
초판 2쇄 발행   2025년 11월 14일

지은이   정인성
발행인   강재영
발행처   애플씨드

기획·편집   이승욱
디자인   육일구디자인
마케팅   이인철
CTP출력/인쇄/제본   (주)성신미디어

출판사 등록일   2021년 8월 31일 제2022-000065호

이메일   appleseedbook@naver.com
블로그   https://blog.naver.com/appleseed__
페이스북   https://www.facebook.com/AppleSeedBook
인스타그램   https://www.instagram.com/appleseed_book/

ISBN 979-11-990729-7-8   03320

이 책에 실린 내용, 디자인, 이미지, 편집 구성의 저작권은 애플씨드와 지은이에게 있습니다.
따라서 저작권자의 허락 없이 임의로 복제하거나 다른 매체에 실을 수 없습니다.

> 애플씨드에서는 '성장과 성공의 소중한 씨앗'이 될 수 있는 원고를 기다립니다.
> appleseedbook@naver.com

미세화 한계에서 인공지능 등장까지,
위기를 넘어 진화하는 반도체 기술들

AI 시대 다시 시작하는 반도체 공부

정인성 지음

차례

프롤로그 아래에서 위로 향하는 반도체 여정 · 008

1장 | 무어의 시대
01. 소프트웨어와 컴퓨터
소프트웨어, 인간의 꿈 · 016
컴퓨터, 꿈을 이루는 도구 · 018
02. 인류의 축복, 트랜지스터와 컴퓨터
컴퓨터 부품의 벽돌: 트랜지스터 · 022
반도체 제조의 두 축복: 무어와 데너드 · 030
최초의 승자들: CPU, D램, 낸드 플래시 · 033
03. 반도체 만들기
반도체 설계 · 041
반도체 제조(전공정) · 042
반도체 패키징(후공정) · 051
다양한 반도체 사업 모델 · 053

2장 | 미세화의 진척과 반도체 제조의 고민
01. 노광 잔혹사: 패턴 그리기의 어려움
간략한 노광의 역사 · 063
EUV의 등장과 제조 회사의 어려움 · 068
새 광원이 없는 미래: 하이-NA · 075
02. 데너드여 안녕: 작게 그려도 잘 동작하지 않는 반도체
트랜지스터 동작 자세히 보기 · 082
양자 효과와 누설전류 · 086

3장 | 아래층에서 위층까지: 전공정의 문제 극복하기

01. 전공정의 미세화 방식
소자층 기술 사용처 요약 · 093
일회용 밀도 부스터, 밀도와 성능 · 094

02. 소자층의 문제: 작은 트랜지스터 만들기
게이트를 강화하는 고품질 물질: High-k Metal Gate · 096
채널 유효 폭 넓히기: 핀펫, 게이트 올 어라운드(나노시트) · 104
D램 채널의 유효 거리 넓히기: Recessed Channel · 112
D램 미세화의 한계와 소자 적층: 수직 채널(Vertical Channel) · 114
단위 저장소의 3차원화: 3D낸드와 3D D램 · 120

03. 금속배선의 문제: 소자와 소자 연결하기
미세화가 금속배선에 일으키는 문제 · 126
새로운 배선 소재: 알루미늄, 구리, 그다음 · 129
미시 세계의 땜납: 컨택 · 134
얇은 절연막으로 전류 막기: 로우-k · 140
웨이퍼의 뒷면까지: 후면전력공급(BSPDN) · 145

04. 개선되지 않는 소자로 반도체 만들기: 설계와 미세화
미세화와 데이터 결함: 오류정정부호 · 152
미세화로 발생하는 물리적 보안 취약점: 로우해머 · 157
설계 회사가 함께하는 제조: DTCO · 160
고밀도 제조와 고성능 제조의 완충재: 캐시 메모리 · 164
차를 빠르게 할 수 없다면 차선을 넓게: GDDR과 HBM · 168

4장 | 전공정 바깥 세상의 전쟁: 패키징

01. 새로운 패키징의 등장
패키징 용어와 의미 · 179
패키징을 바라보는 관점: 공간 활용과 배선 효율성 · 180
패키징 황금기의 1등 공신: 모바일 · 183

02. 패키징 요소기술의 발전
배선 거리 좁히기: 와이어 본딩에서 플립칩까지 · 185
배선 밀도 높이기: 더 나은 패키지 기판을 향하여 · 189
부품 결합하기: 리드프레임(핀), 볼, 범프 · 192
전공정과 패키징 사이: 재배선층 · 196
여러 칩 함께 사용하기: 다이 스태킹과 PoP · 198
생산성 향상과 패키지 크기: 웨이퍼 레벨 패키징, 팬인, 팬아웃 · 202

03. 다양한 패키징 예시
간단한 아이디어를 통한 큰 개선: 플립 칩과 CPU · 207
상호작용이 큰 두 칩 결합: 멀티 칩 패키징 · 209
가격 효율이 높은 다중 칩 패키징: 와이어 본딩과 다이 스태킹 · 211
두께와의 싸움: 모바일 AP와 패키지 온 패키지 · 213
모바일 메모리의 새로운 패키징: 수직 팬아웃(VFO: Vertical Fan Out)과 수직 구리 기둥 스택(VCS: Vertical Cu-Post Stack) · 216

5장 | 바깥세상으로 나오는 전공정: 3차원, 2.5차원 패키징

01. 전공정 기술과 함께
첨단 패키징 용어와 의미 · 223
공정 미세화의 한계와 패키징 · 224

02. 3차원, 2.5차원 패키징의 주요 요소 기술
전공정 기술로 구현하는 와이어 본딩: TSV · 230
볼과 범프의 최종 진화: 하이브리드 본딩 · 235
기판을 대체하는 웨이퍼: 실리콘 인터포저 · 237
기판과 실리콘 인터포저의 장점만: 실리콘 브리지 · 244

03. 다양한 3차원 패키징 제품 예시
제조 효율 높이기: 낸드 플래시와 칩 3차원 적층 · 248
패키징을 통한 신규 제품: AMD의 3D V-Cache · 254
공간 절약과 고밀도 연결을 위한 연결: HBM · 259
액티브 인터포저 + 패키징 종합세트: 레이크필드 · 262

04. 다양한 2.5차원 패키징 제품 예시
2.5차원 패키징으로 만든 가속기: NVIDIA A100 · 267
CPU를 결합한 인공지능 가속기: AMD MI300A · 271
가성비 패키징의 한계: 인텔 사파이어 라피즈 · 274

6장 | 패키지 밖으로: 전용 반도체, 새로운 개념
01. GPU, NPU, TPU: 역할과 구현 · 283
02. CXL: 새로운 표준을 통한 개선 · 290
03. PIM: 컴퓨터의 정의를 바꾸려는 메모리 · 300

7장 | 시점을 바꿔: 사용자가 보는 반도체
01. 모바일이 일으킨 저전력, 고밀도 유행 · 312
02. 인공신경망으로 인한 고성능 반도체 격변 · 319

결론
01. 미세화의 어려움: 1회용 부스터, 3차원화 · 331
02. 공장을 벗어나는 반도체 산업 · 335

프롤로그

아래에서 위로 향하는 반도체 여정

어느덧 '작가'라는 명칭을 얻은 지 6년이 지났습니다. 그동안 출판과 미디어에 종사하는 분들의 도움으로 많은 독자의 의견을 들을 수 있었습니다. 그중에서도 반도체 기술에 관해 좀 더 대중적이고 쉬운 책을 집필해 달라는 의견이 가장 많았습니다.

하지만 '쉽다'라는 단어는 무겁게 접근해야 합니다. 반도체는 노벨상을 7개나 탄생시킨 기술입니다. 노벨상은 전 세계가 인정하는 천재들이 받는 상임을 고려하면, 반도체 기술 설명이 마냥 쉬울 수는 없다는 것을 짐작할 수 있습니다. 그렇기 때문에 단순히 '어려운 기술적 내용들을 간결하게 설명한 책'을 집필한 뒤 '쉬운 반도체 책'이라는 이름으로 출간하게 되면, 독자분들에게 반도체 기술의 진정한 의미와 중요성을 제대로 전달할 수 없습니다.

반도체 기술에 관심이 있는 분들은 핀펫FinFET이라는 용어를 들어 보았을 것입니다. 기술에 관심이 생겨 이 용어를 인터넷에 검색하면 "트랜지스터의 일종으로, 게이트를 수직 방향으로 확장한 것"이라는 검색 결과를 보게 됩니다. 짧고 간결한 설명이지만, 이 설명에는 어째서 인텔Intel사가 핀펫의 성공으로 전성기를 맞았는지, 반도체 회사들이 어째서 핀펫을 사용해야 했는지, 그렇게 좋은 것이라면 어째서 진작 사용하지 않았는지는 나와 있지 않습니다. 문제는 이런 사실을 이해하는 것이 핀펫의 사전적 정의보다 더욱 중요하다는 점입니다. 왜 이런 기술 용어가 '이제서야' 주목받는지 이해해야 합니다. 하지만 안타깝게도 시중의 많은 책과 인터넷의 정보들이 백과사전식 구성을 따르고 있습니다. 언뜻 보면 간결하고 이해하기 쉬워 보이지만, 용어의 참 의미를 제대로 이해하기는 쉽지 않습니다.

이런 이유로 이 책은 백과사전식 반도체 용어 설명을 지양하고, 독자들이 염두에 두고 읽어야 할 두 가지를 중점에 두고자 합니다. 바로 '아래에서 위로'와 '위기와 대응'입니다.

반도체 제조는 웨이퍼라고 부르는 원판 형태의 실리콘을 투입하면서 시작됩니다. 그 뒤 실리콘 원판에 작은 모양들을 깎고, 특정 부분의 특성을 바꾸고, 원판 위에 다양한 새로운 물질을 쌓아 올리는 과정을 반복함으로써 완제품을 만듭니다. 완제품 최하부에는 반도체의 핵심인 소자들이 존재하고, 그 위에는 소자들을 연결하기 위한 금속배선층이 배치됩니다. 반도체 내부의 금속배선층은 패키징 기술을 통해 다른 칩과 연결되어 하나의 제품이 됩니다. 이후 프로그래머들은 이 제품을 이용해 다양한 소프트웨어를 구동합니다.

그렇기에 이 책은 맨 아래의 소자층에서 출발해 한 층씩 위로 올라가는 구성을 취할 것입니다. 웨이퍼 최하부의 소자층, 위층의 금속배선, 반도체 제조 이후 웨이퍼 바깥에서 일어나는 패키징을 설명합니다. 이어서 반도체 완제품 패키지를 설명한 뒤, 마지막에는 반도체의 사용자라고 할 수 있는 프로그램을 살펴볼 것입니다.

반도체 회사들은 반도체 완제품을 구성하는 각 층을 제조하는 과정에서 다양한 위기를 겪게 됩니다. 그리고 이들은 그 위기를 해결하기 위해 다양한 수단을 동원합니다. 여러분은 이 책을 통해서 반도체 회사들이 닥쳐온 각 위기를 어떤 수단으로 해결했는지를 알게 될 것입니다. 나아가 그 수단이 반도체의 다른 층에서 발생한 위기를 해결하는데 응용되는 등 흥미로운 사실도 발견하게 되실 것입니다.

책의 구조상 필요한 모든 용어를 등장 순서대로 엄밀하게 설명하고 넘어가지 못하는 점을 미리 말씀드립니다. 반도체 기술은 제조에 필요한 모든 요소를 갖춘 뒤 발전하기보다는, 어려움을 기존에 알고 있던 다양한 타 분야의 기술을 응용해 극복하는 방식으로 발전했습니다. 따라서 백과사전식으로 기술 용어를 하나 하나 순서대로 설명할 경우 해당 기술이 반도체 제조에 적용된 배경을 이해하기 힘들고, 제조의 특정 어려움을 극복해 나가는 과정을 중심으로 설명할 경우 한 기술을 설명하기 위해 많은 반도체 용어가 등장할 수 밖에 없는 문제가 있습니다. 이 책은 내용에 스토리를 부여하고, 각 기술의 연관성을 더 깊이 이해하는 데 초점을 두기 위해 후자의 단점을 기꺼이 감내하고자 합니다. 혹시라도 이 책의 스토리를 통해 새로운 전문 용어에 관심이 생겼다면, 이후에는 이 책을 해당 분야 전문가의 글과 강연을 찾는 길잡이로 사용해 주셨으면 합니다. 그렇게 하면 산업의 전체 그림을 이해하면서도, 중요한 부분은 더욱 깊이 이해할 수 있게 될 것으로 생각합니다.

이 책을 읽으면서 잘 모르는 용어가 등장하더라도 일단 전체 맥락을 따라서 계속 읽어 나가기 바랍니다. 백과사전식으로 맥락을 모른 채 100% 암기한 기술 용어보다는, 용어를 정확히 설명하진 못하는 상황이더라도 해당 기술이 현재 반도체 산업에서 차지하는 위치가 어느 정도라는 '느낌'을 아는 것이 더욱 중요하기 때문입니다. 이렇게 첫 독서를 마친 뒤 다시 한번 이 책, 혹은 다양한 반도체 관련 뉴스를 읽어보면, 기존에는 이해하지 못했던 용어의 의미가 해당 용어와 연관이 있는 다른 용어들과 함께 다가오기 시작할 것입니다.

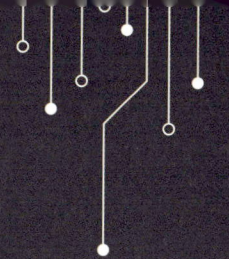

1장

무어의 시대

독자 여러분은 모두 '무어의 법칙'을 한 번쯤 들어 보았을 것이다. 이 법칙은 '반도체의 밀도는 2년마다 2배가 증가할 것이다'라고 간단하게 정리할 수 있다. 그리고 이 말은 해마다 반도체 회사들이 엄청난 신기술로 '미세화'를 진행한다는 정도의 의미로 받아들여지고 있다.

하지만 이후에 나올 반도체 역사와 새로 등장하는 용어들을 제대로 이해하기 위해서는 미세화가 어째서 지금의 IT 시대를 열고, 인터넷 기술과 인공지능을 탄생시켰는지 정확히 이해할 필요가 있다. 이번 장에서는 우리가 보는 IT 시대와 반도체가 어떤 관계가 있는지, 이 과정에서 반도체 미세화가 정확히 어떤 경로로 우리의 삶에 영향을 끼치는지를 알아볼 것이다.

01.

소프트웨어와 컴퓨터

소프트웨어, 인간의 꿈

결론부터 말하면, 가장 중요한 것은 소프트웨어다. 앞으로 이 책이 설명할 모든 단어는 소프트웨어를 위해 존재한다고 할 수 있을 정도다. 사람들은 같은 시간에 최대한 많은 일을 처리함으로써 생산력을 높이고 싶어 한다. 회계 처리를 할 때는 주판을 이용하는 것보다는 MS Excel 등 스프레드시트 소프트웨어를 사용하는 것이 압도적으로 정확하고 편리하다. 영화나 드라마를 볼 때, 직접 영화 대여점에 가서 DVD를 빌려 오는 것보다는 넷플릭스 등의 스트리밍 서비스를 구독해 집에서 바로 받아 보는 것이 훨씬 편하다. 소프트웨어는 위와 같은 시대를 열어 준 막강한 도구로, 기존에 인간이 직접 했던 일을 자동화하고 정확하게 처리하여 사용자를 편리하게 함으로써 생산성을 높여 주는 수단이다.

그렇다면 소프트웨어의 실체는 무엇일까? 사실 소프트웨어는 인간이 상황에 따라 해야 할 일을 순서도 형태로 적어 놓은 논리적 서술일 뿐이다*. 예를 들어, 편의점 주인이 편의점에 새로 온 아르바이트생에게 계산대에서 물건 값을 계산하는 방법을 알려 준다고 해 보자. 아마 아래와 같은 과정으로 일을 해야 할 것이다.

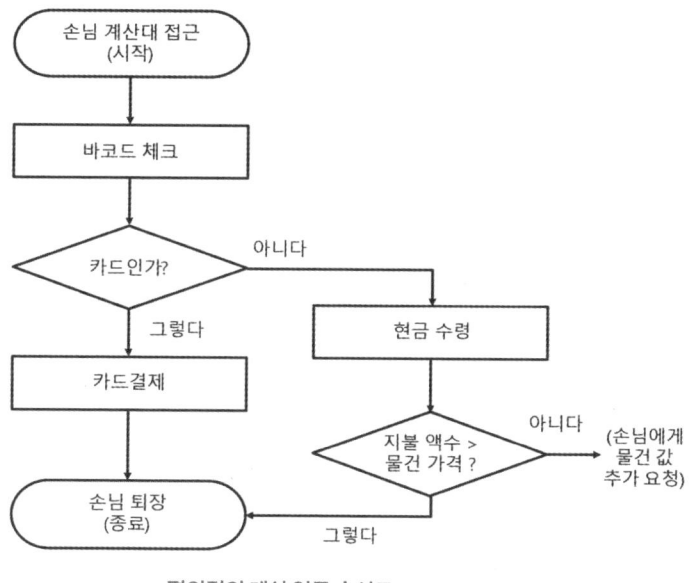

편의점의 계산 업무 순서도

아르바이트생은 손님이 들어와서 물건을 고르고 현금을 내면, 손님이 낸 돈과 물건 가격을 비교해야 한다. 둘을 비교했을 때, 손님이 물건 가격보다 더 큰 액수의 돈을 지불했다면, 차액을 계산해 거스름돈을 줘야 한다. 손님이 물건 값과 일치하는 돈을 지불했다면, 추가로 할 일은 없다. 만약 손님

---

* 인공지능 이야기는 조금 더 뒤에서 다룬다.

이 돈을 적게 지불했다면, 손님에게 돈을 더 받아야 한다. 우리가 보는 수많은 소프트웨어는 기본적으로 이러한 논리적 연쇄의 집합일 뿐이다. 이후에 제휴사 할인 적용 등 할 일이 추가되면 위 소프트웨어에 한 줄씩 논리적 판단을 추가하면 된다. 이 논리 연쇄에는 입력과 출력도 필요하다. 위 소프트웨어의 경우, '계산대의 손님'이라는 입력을 최종적으로 '계산 완료한 손님'이라는 출력으로 바꿨음을 알 수 있다. 그 과정에서 편의점의 재고 개수와 계산대의 현금 액수 등도 변화하였을 것이다.

참고로, 엄밀히 말하면 위와 같은 순서도는 프로그램이라고 불러야 하지만 이 책에서는 이해를 돕기 위해 소프트웨어와 프로그램을 동일한 것으로 간주할 것이다. 소프트웨어는 프로그램에 다양한 보조 수단을 결합한 조금 더 큰 개념이라고 이해하면 된다.

그런데 여기서 한 가지 짚고 넘어가야 할 점이 있다. 분명 주인은 소프트웨어를 제대로 만들었는데, 여전히 가게에서는 실수가 빈번하게 일어난다. 당연하다. 소프트웨어는 그냥 일하는 순서일 뿐이고, 아르바이트생이 순서도를 실수 없이 수행한다는 보장은 없기 때문이다. 적혀 있는 업무 순서를 정확히 지킬 수 있는 사람을 뽑는 것은 또 별개의 일이다. 즉, 프로그램을 작성하면 모든 것이 해결되는 것이 아니고 프로그램을 정확하고 빠르게 수행하는 주체도 필요하다. 그래서 등장하는 것이 컴퓨터이다.

컴퓨터, 꿈을 이루는 도구

사람들은 이미 18세기에도 '계산을 자동으로 해 주는 기계'가 있으면 좋겠다고 생각했다. 내가 하고 싶은 일을 논리적으로 서술한 뒤 기계에 입력하면, 결괏값이 자동으로 기계에서 나오기를 바랐다는 얘기다. 이 기계가 바로 컴퓨터이다.

해석기관의 모습과 그 사용법[1]

과거의 학자들은 다양한 방식으로 컴퓨터를 만들어 보려 하였다. 그런 컴퓨터 중 하나가 찰스 배비지의 해석기관이다. 찰스 배비지는 초기 컴퓨터 공학자 중 한 명으로, 복잡한 수학 계산을 자동으로 해 주는 기초적인 컴퓨터를 만들고 싶어 했다. 그는 천공 카드라는 판에 계산하고자 하는 수식을 새겨 넣으면, 엔진처럼 생긴 기계가 천공 카드의 수식을 해석하여 값을 출력하는 구조의 기계를 만들고자 했다. 천공 카드의 수식은 구멍을 뚫어서 새겼다. 예를 들면, 구멍이 1개면 덧셈, 2개면 뺄셈과 같은 식이 되는 것이다. 찰스 배비지는 기계 내부에 수많은 톱니바퀴를 잘 조합하면 천공 카드의 다양한 수식을 이해해 정확히 수행하는 기계를 만들 수 있을 것이라 생각했다.

즉, 해석기관의 사용자는 자신이 만들고 싶은 소프트웨어를 '해석기관이 이해하는 형태'로 천공 카드에 새긴 뒤 투입하기만 하면 되는 것이다. 결괏값은 기계가 알아서 출력하는 것이다. 달리 말하면 내가 해야 할 일은 단지 두 가지로, 소프트웨어 만들기(=순서도 잘 짜기)와 소프트웨어를 천공 카드에 실수 없이 정확하게 새기는 것이다. 실제로 에이다 러브레이스 Ada Lovelace라는 여성 과학자는 해석기관이 완성되지 않았음에도, 해석기관에 사용할 소프트웨어를 직접 만들기도 하였다. 에이다 러브레이스를 최초의 프로그래머라고 한다면, 도리어 소프트웨어가 컴퓨터보다 먼저 등장했다고 볼 수도 있다.

하지만 해석기관은 성공하지 못했다. 해석기관 내부에는 복잡한 작업을 수행하는 데 사용되는 수많은 톱니바퀴와 이를 구동하는 데 사용되는 에너지원인 증기기관을 결합해야 했는데, 찰스 배비지는 이를 정확하게 만들 수 없었다. 결국 최초의 프로그램은 최초의 컴퓨터를 만날 수 없었다.

이런 실패에도 불구하고 컴퓨터를 만들고자 하는 과학자들의 노력은 계속되었다. 그러한 노력 중 하나가 컴퓨터의 기초 구성 요소를 정의하려는 움직임이다. 과학자들은 컴퓨터라는 기계를 만들기 위해서는 어떤 종류의 세부 부품이 필요하고, 각 부품이 어떻게 상호작용해야 하는지 여러 아이디어를 제안하기 시작했다. 이때 등장한 다양한 컴퓨터 구조 제안 중 지금까지 사용되는 것이 바로 폰 노이만 구조이다.

작업자(처리장치)
- 메모장의 작업 진행
- 각종 의사 결정

메모장(저장장치)
- 할 일, 현재 진행 상황
- 필요한 경우 작업자가 메모 가능

폰 노이만 구조와 메모장을 든 인간 작업자

폰 노이만 구조는 컴퓨터를 크게 두 부분으로 구분했다. 하나는 저장장치로, 프로그램과 프로그램 구동에 필요한 각종 참고 데이터를 저장하는 부분이다. 다른 하나는 처리장치로, 저장장치에 저장해 둔 데이터와 할 일을 이해하고 수행하는 부분이다.

폰 노이만 컴퓨터를 이해하는 가장 직관적인 방법은 컴퓨터를 메모장을 든 작업자라고 생각하는 것이다. 저장장치는 메모장이고, 처리장치는 작업자이다. 폰 노이만 컴퓨터의 작업자는 출근하면 즉시 자신이 해야 할 일의 순서도를 메모장에 적어 둔다. 작업자는 일을 할 때 메모장의 순서도를 하나씩 읽고 수행하면 된다. 작업이 복잡한 경우, 메모장에 임시 메모를 적어 두고 업무에 활용하기도 한다.

폰 노이만 구조는 컴퓨터를 만들기 위해서 개발해야 하는 컴퓨터의 핵심 부품의 종류와 역할을 정의함으로써 컴퓨터 과학자들이 연구해야 할 방향을 명확하게 해 주었다. 만약 프로그램 구동 속도가 느리다면 처리장치에 해당하는 부품을 개선하면 되고, 더 큰 프로그램을 구동하고 싶다면 저장장치를 개선하면 된다. 이런 명확함 덕분에 폰 노이만 컴퓨터 이후에 등장한 대안 구조는 대부분 폰 노이만 컴퓨터에 새로운 기능들을 약간 추가한 형태를 띠고 있다. 예를 들면, 대안 구조 중 하나인 하버드 구조Harvard architecture는 폰 노이만 컴퓨터의 처리장치 및 메모리의 종류를 세분화하고, 입출력이란 개념을 조금 더 구체화한 것임을 알 수 있다.

물론 폰 노이만 구조는 실물 컴퓨터가 아닌, 컴퓨터 이론 중 하나일 뿐이다. 이론만으로는 현대적인 컴퓨터를 만들 수 없다. 하지만 그 덕분에 우리는 이제 어떤 부품을 개발하고 조달해야 컴퓨터를 만들 수 있는지 알게 되었다. 바로 저장장치와 처리장치 두 가지이다. 이 두 부품을 조달할 수 있다면, 컴퓨터를 만들 수 있다. 이제 다음 질문은 '어떤 재료를 이용해 두 부품을 만들 것인가'이다.

02.

인류의 축복, 트랜지스터와 컴퓨터

컴퓨터 부품의 벽돌: 트랜지스터

연구를 통해 컴퓨터 과학자들은 원할 때 신호를 끊거나(0) 연결할 수 있는(1) 기초 부품(소자)이 있으면 컴퓨터의 핵심 부품인 처리장치와 저장장치 둘 다 만들 수 있다는 것을 알게 된다.* 신호를 제어할 수 있는 소자를 수백, 수만 개 구입한 뒤, 이들을 잘 연결하면 처리장치나 저장장치를 만들 수 있고, 그리고 두 장치를 만들 수 있으면 이 둘을 조합해 컴퓨터를 만들 수 있다. 이제 해야 할 일은 효율 좋고 가격이 낮은 신호 제어 소자를 찾는 것이다. 이를 위해 과학자들은 다양한 신호 매개체와 신호를 제어할 수단

---

* Boolean Algebra. 0과 1 신호들을 제어할 수 있다면, 훨씬 큰 숫자들도 0과 1의 조합을 통해 표현하고 연산할 수 있다.

을 사용해 보게 된다.

이 과정에서 개발된 초기의 컴퓨터 중 하나가 바로 에니악ENIAC이다. 에니악은 2차 세계대전 말기에 사용된 컴퓨터로, 각종 탄도학 계산과 핵무기 관련 계산에 사용되었다. 당연하게도 에니악 역시 신호를 조절할 수 있는 소자를 수많은 배선으로 연결해서 만들었다. 에니악의 처리장치와 저장장치를 만드는 데 사용된 기초 소자는 진공관이라고 부르는 일종의 전구였다.

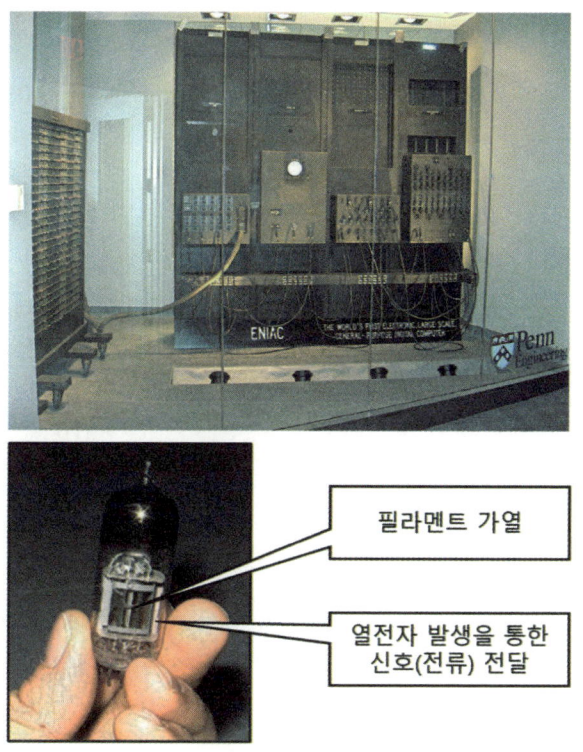

에니악(위), 진공관의 원리(아래)[2]

진공관은 열전자라는 신호의 매개체를 열을 이용해 제어하는 기초 소자이다. 진공관은 중간이 끊어진 도선의 양 끝에 각각 금속판과 필라멘트라는 부품을 결합한 구조이다. 진공관은 두 도선이 끊어진 형태이므로 평소에는 전류가 흐르지 않는다(신호 0). 하지만 필라멘트에 전류를 흘려 온도를 높이면 열로 인해 전자가 진공으로 방출(열전자)되고, 방출된 전자가 반대편 금속판에 도달하면 전류가 흐르게 된다(신호 1). 수단이 무엇이건 진공관은 신호를 제어할 수 있는 소자이므로, 진공관을 모아서 잘 연결하면 처리장치도 만들 수 있고, 저장장치도 만들 수 있다. 전기를 사용하는 소자이므로 해석기관인 톱니바퀴들보다는 진일보한 셈이다. 하지만 에니악은 한계가 많은 물건이었다. 일단 전기를 매우 많이 사용했다. 에니악은 150kW를 사용하여 초당 500회(500 FLOPs)의 계산을 수행했다. 이는 이 책을 작성하기 위해 사용되는 컴퓨터의 300배가 넘는 전력을 사용해 고작 1억분의 1의 계산밖에 하지 못하는 수준이다. 현재 관점에서 보면 컴퓨터보다는 계산도 가능한 조명기구에 가깝다.

이를 보면 진공관은 현대 컴퓨터 부품의 기초 소자로 적합한 물건이 아님을 짐작할 수 있다. 전구의 전력 효율을 높이고 크기를 줄이려고 노력하더라도 전력 사용량을 1억분의 1로 줄일 수는 없고, 처리장치나 저장장치의 크기를 스마트폰에 탑재할 정도로 줄일 수도 없을 것이다. 따라서 더욱 작고 효율 좋은 신호 제어 소자가 필요했다.

이렇게 해서 등장한 것이 트랜지스터이다. 트랜지스터는 (약한) 전류 혹은 전압을 이용해 (큰)전류를 제어하는 기초 소자이다. 최초의 트랜지스터는 BJT_{Bipolar Junction Transistor}라고 불렸다. 베이스_{Base}라고 부르는 부분에 약한 전류를 가해 주면, 콜렉터_{Collector}와 이미터_{Emitter} 사이의 큰 전류를 통제할 수 있었다. 트랜지스터는 빠르게 전자업계의 혁신이 되었다. 기존 신호 제어 소자들과는 차별화되는 매우 많은 장점이 있었기 때문이다.

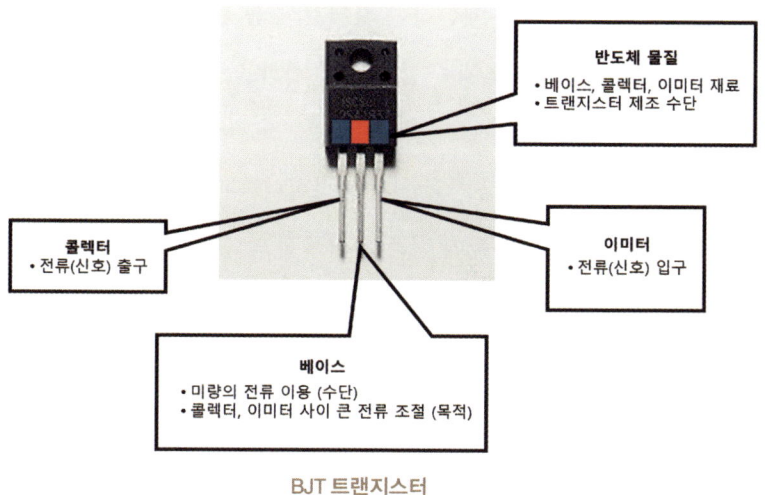

BJT 트랜지스터

트랜지스터는 신호 제어 수단과 신호 매개체가 동일하게 전기이므로, 전기만 연결되면 어떠한 회로도 만들 수 있다. 그뿐만 아니라, 베이스는 매우 적은(이론상으로는 0) 에너지만을 소모했다. 즉, 신호의 차단(0)과 연결(1)에 큰 에너지가 필요하지 않았다. 신호의 연결과 차단 속도도 빨랐다. 전기는 열전자와는 달리 1초에 수억 번 상태가 바뀔 수 있다. 진공관은 열을 이용해 신호를 제어하기 때문에 열이 식기 전에는 다음 동작을 수행하기 힘들지만, 트랜지스터는 베이스의 전류를 끊으면 바로 소자의 상태가 변화한다.

이는 동일한 개수의 신호 제어 소자를 이용한다면, 트랜지스터 기반 처리장치가 진공관 기반의 처리장치보다 전력도 적게 소모하면서 1초에 더 많은 일을 할 수 있다는 의미다. 실제로 진공관 기반 처리장치는 1초에 수십만 번 정도 동작할 수 있었지만, 트랜지스터 기반의 처리장치는 1초에 수백만 번 단위로 동작할 수 있었다. 이런 장점 덕분에 트랜지스터는 매우 많이 채용되었고, 지금까지도 간단한 전자회로에 널리 사용되고 있다. 물론 에니악도 인간이 직접 계산하는 것에 비해선 훨씬 빠르고 정확하지만, 우리가 현재 사용하는 1초에 수십억 번의 계산을 수행하는 컴퓨터와는 비교하기 힘들 정도로 느리다.

그리고 드디어 반도체라는 단어가 등장한다. 과학자들은 트랜지스터라는 기적의 기초 소자를 만들기 위해 물리학적 의미의 반도체(물질)를 사용했다. 반도체 물질은 P형과 N형 두 종류가 존재하는데, 이 두 물질을 PNP 혹은 NPN 일렬로 붙인 뒤, 3개의 반도체 물질에 각각 이미터, 베이스, 콜렉터에 해당하는 전선을 연결하면 트랜지스터가 된다. NPN, PNP 두 종류의 트랜지스터가 존재하는 이유는 각 트랜지스터가 0과 1중 한 종류의 신호만 정확히 전달할 수 있기 때문이다. 따라서 두 종류의 트랜지스터를 함께 사용해야 비로소 0과 1 두 신호를 정확히 전달할 수 있고, 진공관을 대체할 수 있게 된다.

또한, 과학자들은 P형 반도체와 N형 반도체 모두 실리콘(규소)이라는 물질로 만들 수 있음을 알았다. 실리콘에 불순물을 첨가하면, 불순물 종류

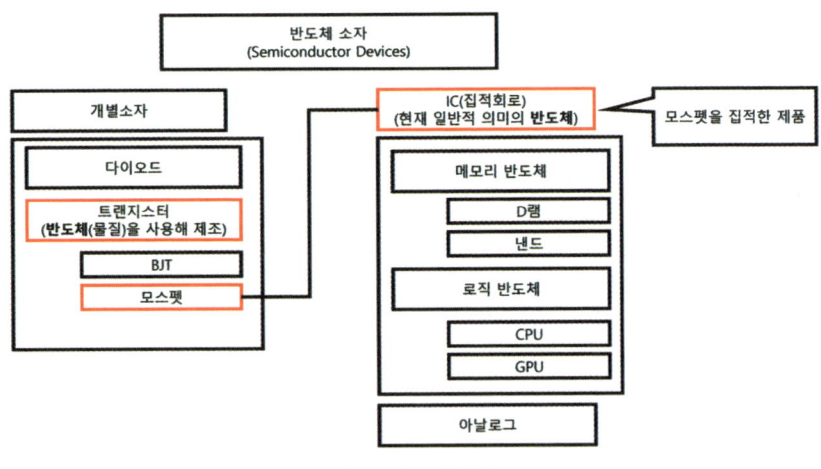

반도체의 분류 일부

에 따라 P형 반도체가 되기도 하고 N형 반도체가 되기도 한다. 트랜지스터의 핵심 재료인 두 종류의 반도체 물질을 동일한 원재료로 만들 수 있으니 생산성도 높다.

재미있게도 2024년 시점에서 보면 트랜지스터가 반도체라는 용어를 사실상 잡아먹었음을 알 수 있다. 인터넷에서 반도체 분류를 검색하면, 반도체 분류 중 하나로 개별소자Discrete가 있고, 개별소자 중 하나로 트랜지스터가 언급되고 있음을 알 수 있다. 반도체의 종류 중 하나가 트랜지스터인데, 트랜지스터는 반도체로 만들어진 것이다. 본래 반도체라는 단어는 전기 전도도를 변화시킬 수 있는 물질을 의미하는 물리학 용어였으나, 전자 산업의 핵심인 신호를 제어할 수 있는 기초 소자를 가리키는 용어로 발전하게 된 것이다. 아마도 반도체(물질)가 트랜지스터의 주재료 중 하나이기 때문일 것이다. 우리는 이와 비슷한 용어 변화를 아래에서도 또 보게 될 것이다.

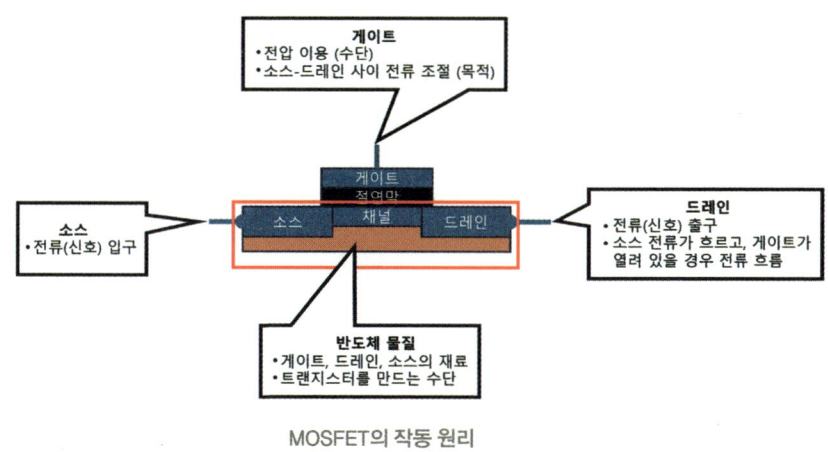

MOSFET의 작동 원리

BJT가 발명된 뒤 10여 년이 지나자 모스펫MOSFET이 발명된다. 모스펫은 트랜지스터의 일종으로, BJT와 동일하게 전류를 통제하는 데 사용되는 소자이다. 모스펫은 각 부위를 지칭하는 용어, 트랜지스터의 모양, 동작 방식이 BJT와는 차이가 있다. 모스펫은 BJT의 베이스, 콜렉터, 이미터에 해당하는 부분을 각각 게이트Gate, 드레인Drain, 소스Source라고 부르며, 작은 전류로 큰 전류를 통제하는 BJT와는 달리 순수하게 전압만으로 큰 전류를 통제한다. 전류는 회로 내부를 흐르는 실체이고, 전압은 근처 전하에 영향을 끼치는 존재감에 가까운 것이기 때문에, 모스펫은 BJT보다 동작 효율이 높다. 하지만 그보다 더 중요한 것은 물리적인 형태 차이다. BJT가 문어 모양의 3차원 구조인 반면 모스펫은 빈대떡에 가까운 납작한 모습이다.

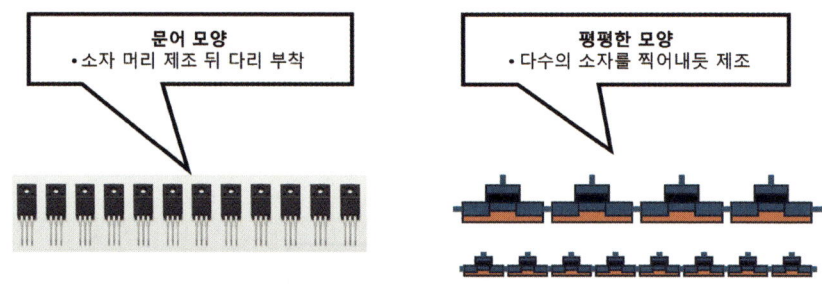

BJT와 MOSFET의 제조 방법 차이

모스펫은 납작한 모양 덕분에 전자산업을 완전히 바꾸게 된다. 기초 소자를 판에서 찍어 내듯 만들 수 있게 된 것이다. 위에서 살펴본 BJT는 결국은 개별소자다. 공장에서 제조가 완료되면, 전자 회사들은 BJT를 구입하여 기판에 하나씩 납땜하여 사용해야 한다. 하지만 모스펫은 소자의 모양이 납작하므로, 원재료를 바닥에 두고 위에서 여러 개의 모스펫을 한 번에 찍어 내는 방식으로 만들 수 있다. 수만 개의 모스펫을 실리콘 웨이퍼라는 판 위에 한 번에 만들어 낸 뒤 이들을 연결하면, BJT를 하나씩 구매하여 납땜해 만든 것과 완벽히 동일한 역할을 하면서도 더욱 작고 전력을 적게 쓰는 연산장치나 저장장치를 만들 수 있다. 과학자들은 이 방식으로 NPN형과 PNP형에 해당하는, N형 모스펫NMOS과 P형 모스펫PMOS을 둘 다 만들 수 있다는 사실도 알았다.

　모스펫 덕분에 인류는 진공관 기반의 에니악 내부 구조를 손가락 한 마디 크기의 작은 공간에 옮겨 놓을 수 있게 되었다. 이렇게 판 위에서 한 번에 찍어 낸 모스펫들을 결합해 만드는 만든 연산장치와 저장장치를 집적회로Integrated Circuit라고 부르며, 이를 만들기 위해 사용하는 공정을 8대 공정*, 혹은 반도체 제조 기술이라고 부른다. 이후 이 책에서 별 언급이 없다면, 트랜지스터는 모스펫을 의미하고 칩은 집적회로를 의미하는 것으로

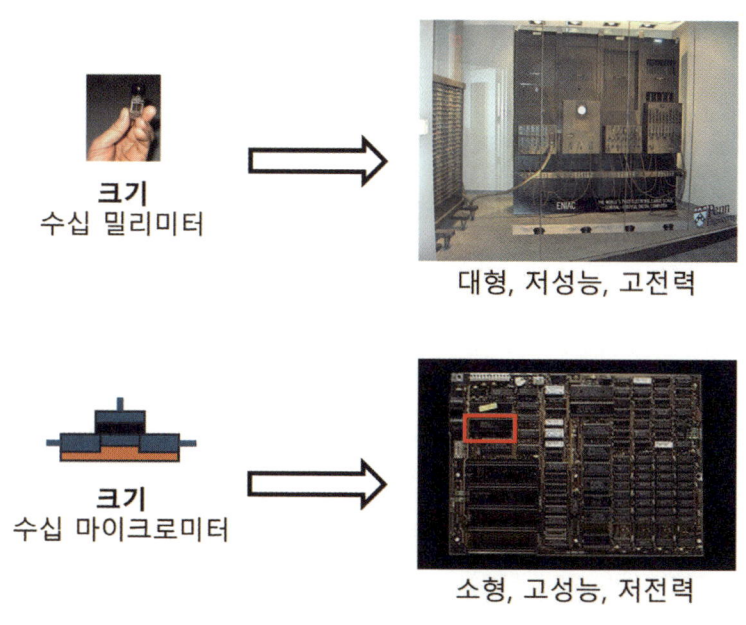

진공관 기반의 에니악(위)과 8088기반의 컴퓨터(아래)

---

* 엄밀하게는, 이제 8대 공정이라 부르기 힘들 정도로 공정의 종류가 다양하지만, 관행적으로 사용하는 용어이니 그대로 사용한다.

이해하면 좋다. 앞 장에 있는 그림은 진공관 기반인 에니악과 반도체 제조 기술로 만들어진 인텔8088(사각형 내부) 기반의 컴퓨터를 비교한 것이다. 8088은 에니악보다 2,000배*는 빠르지만, 크기는 고작 손가락 정도임을 알 수 있다. 그리고 2024년의 반도체는 8088에 사용된 반도체보다 수십만 배 빠르다. 모스펫과 반도체 제조 기술의 힘이 얼마나 강력한지 쉽게 알 수 있다.

재미있게도, 이번에도 반도체라는 물리학 용어를 산업계가 잡아먹은 것으로 보인다. 우리가 반도체 제조 기술이라고 부르는 것은 물리학적 의미의 반도체(P형, N형) 물질을 만드는 기술이 아니라 "매우 작은 P형 모스펫과 N형 모스펫**등 을 대량으로 만든 뒤, 매우 작은 금속배선으로 연결하는 기술", 즉 집적회로를 만드는 기술이기 때문이다. 한마디로 우리는 집적회로를 반도체라고 부르고 있는 것이다. CPU, GPU, 메모리 등 집적회로가 현실 세계에 미치는 영향이 어마어마하고, 이들을 만들기 위해선 결국 미세 반도체 물질을 실리콘 웨이퍼 표면에 만들어야 하기 때문에, 이 제품들이 관행적으로 반도체라고 불리게 된 것이 아닐까 한다.

반도체 제조의 두 축복: 무어와 데너드

모스펫에는 신호 제어 소자를 한 번에 많이 만들 수 있다는 것 이상의 의미가 있다. 모스펫의 등장으로 인해 무어의 법칙이 등장하기 때문이다. 무어의 법칙은 트랜지스터의 밀도는 '2년에 2배로 늘어난다'는 고든 무어의 경험칙이다. 이는 정확한 매해 밀도 증가 예측치가 아니라, 반도체 제조의

---

* ENIAC은 초당 약 500회의 계산이 가능했고, 8088은 100만번 정도 가능했다.
** 대부분 MOSFET이지만, MOSFET 아닌 소자도 웨이퍼 표면에 형성할 수 있다.

놀라운 특징을 요약한 말에 가깝다.

　모스펫은 무어의 법칙을 가능하게 만든 소자이다. 뒤에서 조금 더 자세히 알아보겠으나, 모스펫 제조 과정은 노광이란 방식을 통해 실리콘 웨이퍼라는 물질 위에 미세한 모스펫 모양의 패턴을 그리는 것에서 출발한다. 이후 그려진 패턴대로 기존 물질을 제거한 뒤 빈자리에 모스펫 동작에 필요한 물질을 추가하여 한 층을 만들고, 다시 그 위에 다른 모양을 노광하고 물질을 제거, 추가하는 과정을 반복하면 수만 개의 모스펫과 소자를 실리콘 웨이퍼 표면에 만들 수 있다.

　무어의 법칙은 노광을 포함한 반도체 제조 기술이 오랫동안 지속적으로 발전할 수 있기 때문에 유지된다. 위에서 살펴본 모스펫을 기존의 절반 크기로 그릴 수 있다면, 동일 웨이퍼 표면에 2배의 모스펫을 만들 수 있게 된다. 2배 더 많은 소자가 있다면 반도체 회사는 기능이 더욱 많은 처리장치도 만들 수 있고, 더욱 용량이 큰 저장장치도 만들 수 있다. 반도체 공정 기술이 계속 발전하는 한 이와 같은 개선은 수십 년간 지속된다.

　이 상황을 에니악과 비교해 보자. 에니악도 기초 소자인 진공관의 크기가 줄어들면 크기를 줄일 수 있다. 문제는 전구 모양 소자는 크기를 줄이기 힘들다는 점이다. 진공관은 BJT 정도 크기로도 줄이는 것도 쉽지 않다. 만약 과학자 중 누군가가 진공관의 크기를 1억분의 1로 줄이고 싸게 만들 수 있는 방법을 찾아냈다면, 우리는 지금 반도체 기반 컴퓨터 대신 진공관 기반 컴퓨터를 쓰고 있을지도 모른다.

　그뿐만 아니라 8대 공정을 이용해 매해 더 작은 모스펫을 만들면 또 다른 장점이 생긴다. 모스펫은 크기(면적)가 줄어들면, 소모 전력도 크기와 동일한 비율로 줄어든다. 이론상 모스펫의 크기가 반으로 줄어들면 전력 소모도 반이 줄어든다는 의미이다. 달리 말하면, 크기 100짜리 모스펫 1개와 크기 1짜리 모스펫 100개는 전력 소모량이 같다. 학자들은 이런 전력 감소를 데너드 스케일링Dennard scaling이라고 부른다. 데너드 스케일링은 무어의 법칙과는 달리, 경험칙이 아닌 기초 전자기학 이론으로 쉽게 예측 가능한 사실이다.

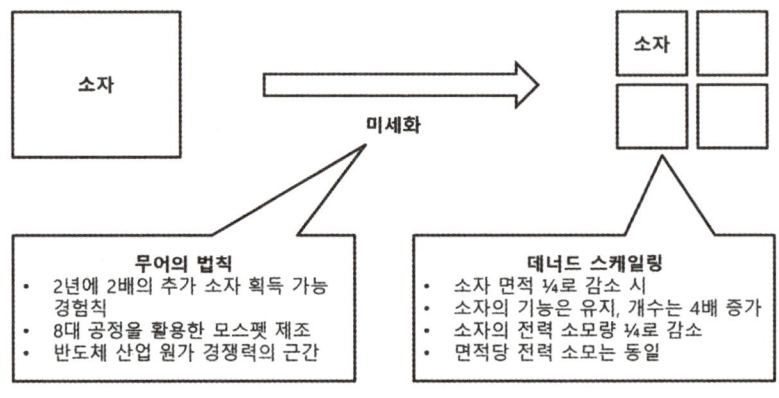

무어의 법칙과 데너드 스케일링

무어의 법칙과 데너드 스케일링은 인류의 겹경사라고 할 수 있다. 부품의 원가가 2년마다 절반 정도 감소하는데, 개별소자의 전력 소모도 함께 감소한다는 의미이기 때문이다. 데너드 스케일링에 따르면, 소자(모스펫)의 크기를 반으로 줄인 뒤 동일한 개수의 소자를 가진 처리장치를 만들면 성능은 동일한데 전력 소모량은 절반으로 줄어든다. 혹은 동일한 면적을 가진 처리장치를 만든다면, 추가 전력 소모 없이 기능을 2배로 늘릴 수 있다. 그리고 이런 복리 효과가 무어의 법칙 덕분에 2년에 2배씩 지속해서 누적된다. 내년에 나올 반도체는 올해 나올 반도체보다 성능도 좋고 전력도 적게 소모하는데 가격까지 싸지는 것이다. 반도체 산업을 제외한 그 어떤 제조업도 이런 압도적인 원가 절감 기술을 가지고 있지 않다. 동일한 양의 원자재를 투입하는데, 2년마다 생산량이 2배 늘어나고 성능까지 높아지는 제품을 만들어 낼 수 있는 산업은 반도체 산업이 유일하다.

이런 훌륭한 기초 소자를 두고 다른 소자를 이용해 컴퓨터의 핵심 부품을 만들려고 하는 사람은 없을 것이다. 반도체 제조 기술이 확립되자 컴퓨터 회사들은 빠르게 반도체 제조 기술 기반의 부품을 도입하기 시작한다.

그리고 내년의 반도체가 올해의 반도체보다 더 좋아진다는 확신이 생기면, 컴퓨터 프로그래머들은 매해 더 크고 복잡한 프로그램을 만들 수 있게 된다. 그러면 컴퓨터 프로그램의 종류가 늘어 더 많은 사람이 컴퓨터를 구매하게 되고, 그 수익 중 일부는 다시 반도체 산업에 투자되어 미세화가 더 진행된다.

어찌 보면 무어의 법칙과 데너드 스케일링은 앞서 보았던 반도체 용어 혼동의 원흉이다. 막강한 원가 절감과 성능 향상 덕분에 모스펫은 전자 산업의 핵심이 되었고, 이로 인해 모스펫의 구성 물질 중 하나였을 뿐인 반도체(물질)가 모든 용어를 삼켜 버린 것이다.

책 뒷부분에서 수많은 반도체 신기술과 이에 대응하는 용어가 등장할 것이다. 앞으로 보게 될 용어들은 반도체 제조의 어려움으로 무어의 법칙이 둔화되고, 데너드 스케일링이 각종 양자 효과로 인해 유지되지 못하기 때문에 등장하게 됨을 미리 알아 두면 좋을 것이다.

최초의 승자들: CPU, D램, 낸드 플래시

무어의 법칙과 데너드 법칙은 컴퓨터 부품의 발전을 이끌었다. 매해 더 효율이 높은 소자를 더 낮은 비용으로 얻을 수 있게 되자, 반도체 제조 기술을 기반으로 하는 컴퓨터의 처리장치, 저장장치가 개발되기 시작한다. 새로운 장치가 개발되자 컴퓨터의 성능은 비약적으로 향상되기 시작했고,

이 흐름을 타고 더욱 많은 회사가 다양한 형태의 컴퓨터 부품을 개발하게 된다. 이 과정에서 다양한 제품이 경쟁을 벌였고, 그 결과 성공적으로 자리 잡은 제품이 바로 CPU Central Processing Unit 와 D 램 Dynamic RAM 그리고 낸드 플래시 NAND Flash 이다.

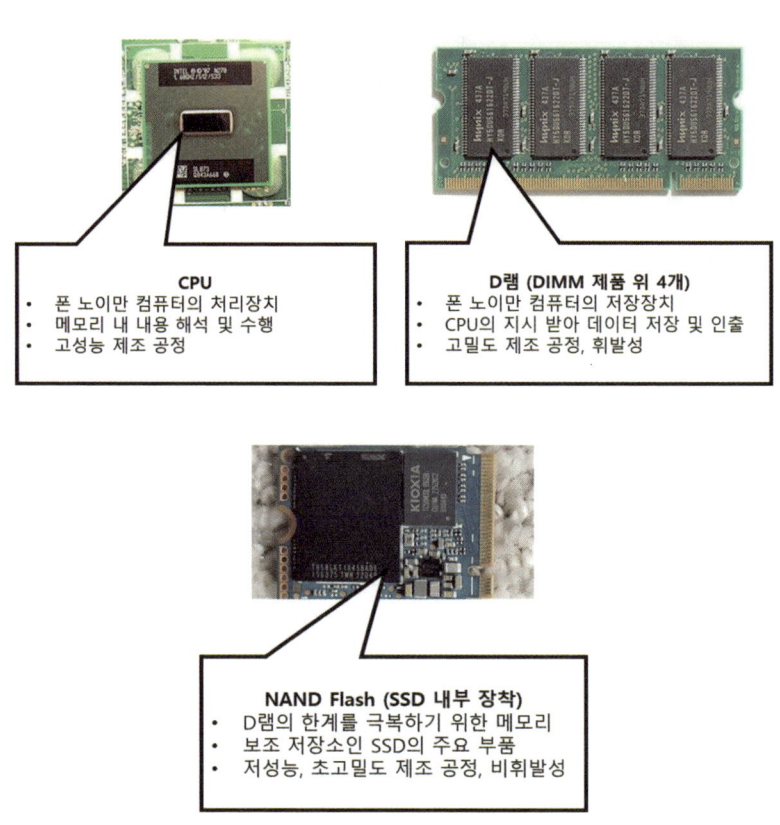

대량 양산된 반도체들과 그 역할

CPU는 폰 노이만 컴퓨터 구조에서 처리장치에 해당하는, 실제로 프로그램을 구동하는 부품이다. 본래 CPU라는 단어는 반도체라는 단어와 무관하다. 앞서 에니악의 예시에서 살펴보았듯, 처리장치는 꼭 반도체 기술이 아니어도 어떤 형태로든 1과 0이라는 신호를 제어할 수 있는 기초 소자를 이용하면 만들 수 있기 때문이다. 하지만 이런 특징을 가진 기초 소자의 대명사는 트랜지스터(모스펫)이므로, 당연히 처리장치 역시 반도체 제조 기술로 만들어진다. 무어의 법칙과 데너드 법칙 덕분에 반도체 제조 기술 기반이 아닌 CPU가 시장에서 전부 퇴출된 것이다.

참고로 지금도 반도체 제조 기술 없이 CPU를 제조하는 사람들이 있다. 이러한 CPU는 현대의 고성능 프로그램을 구동하기엔 턱없이 성능이 낮아서 상업적 목적이 아닌, 취미 생활이나 교육을 목적으로 만들어질 뿐이다. 우리가 생각하는 칩의 형태가 아니어도 CPU라는 개념 자체는 성립한다는 것을 되새기는 차원에서 한 번쯤 살펴보아도 나쁘지 않다. 이러한 예로 메가프로세서Megaprocessor라는 것이 있으니 찾아보면 도움이 될 것이다.

D램은 폰 노이만 컴퓨터의 저장장치에 해당하는 제품이다. 처리장치가 수행해야 할 각종 프로그램과 수행 중 참고할 데이터를 저장하는 역할을 하며, 지금은 메모리(반도체)라는 이름으로 더 잘 알려져 있다. 컴퓨터의 기능을 확장하기 위해서는 CPU 자체가 빨라져야 할 뿐만 아니라, 구동하는 프로그램의 크기도 커져야 한다. 그래서 반도체 제조 기술을 통해 데이터를 고밀도로 저장하는 방법을 개발하게 된다. 1개의 데이터를 저장하기 위해 6개의 트랜지스터를 사용하는 기술이나 4개의 트랜지스터를 사용하는 기술* 등 다양한 기술이 등장하던 와중에 단 2개의 단위 소자로 데이터 1개를 저장하는 기술이 등장하게 된다. 바로 D램이다. D램은 한 개의 트랜지스터와 한 개의 캐패시터1T1C라는 간략한 구조를 사용하였다. 트랜지스터를 데이터 출입문으로, 캐패시터를 데이터 저장장치로 사용함으로써

---

* 이러한 메모리들은 S램이라고 불린다.

D램은 면적 대비 압도적인 데이터 저장 밀도를 달성하는 데 성공하였고, 덕분에 이제는 메모리란 단어와 동의어에 가까워지게 되었다.

참고로 D램의 D는 동적Dynamic이란 의미인데, 이는 특정 시간이 지나면 메모리 내부 캐패시터에 저장된 데이터가 전류 누설로 인해 소실됨을 의미한다. 하지만 현실에서는 컴퓨터의 전원이 켜져 있는 한, D램 제품이 스스로 데이터가 완전히 지워지기 전에 리프레시Refresh라고 불리는 작업을 하므로 사용자들은 이런 현상을 경험할 수 없다. D램이란 제품을 단순히 1T1C 구조라고 이해하기보다는, 반도체 제조 기술을 이용해 '1T1C + 데이터 리프레시 장치 + 각종 입출력 회로'를 하나의 칩으로 만든 것으로 이해하는 것이 좋다.

낸드 플래시를 이해하기 위해서는 보조기억장치라는 개념을 먼저 이해해야 한다. 보조기억장치는 폰 노이만 컴퓨터 구조에서는 등장한 개념이 아니다. 컴퓨터가 발전하고 다양한 프로그램이 생겨나자, 컴퓨터에 장착 가능한 D램 용량보다 컴퓨터가 필요로 하는 프로그램의 총 용량이 더 커지게 된다. 게다가 D램은 전원이 꺼지면 데이터를 잃는 문제(휘발성)까지 있어서, 필요한 여러 프로그램을 오래 저장해 두고 사용하기에는 적합하지 않았다.

학자들은 이 문제를 새로운 컴퓨터 구성요소로 해결해 보고자 했다. 모든 프로그램을 D램에 저장하는 대신, 대다수의 프로그램을 저장 밀도가 높고 휘발성이 없는(비휘발성) 또 다른 저장소에 보관하다가, CPU가 프로그램을 구동해야 할 때만 해당 저장소에서 D램으로 불러오는 방식으로 컴퓨터 구조를 약간 바꾸면 문제가 해결된다는 것을 알았다. 여기에서 등장하는 또 다른 저장소가 바로 보조기억장치이다. 우리는 흔히 '프로그램을 설치한다'는 표현을 사용하는데, 프로그램이 설치되는 위치가 보조기억장치라고 이해하면 된다.

사실 컴퓨터의 보조기억장치는 꽤 오랜 시간 동안 반도체 기술을 사용하지 않았다. 보조기억장치의 대명사는 HDD(하드 디스크)라는 물건으로, 회전하는 자기 원반에 N극 S극을 표시함으로써 데이터를 저장하는 기기였다. HDD는 반도체 기술이 아니므로 속도는 느렸지만, 자석의 극성은 휘발되지 않으므로 HDD는 비휘발성을 만족했다. 보조기억장치가 D램과 분리된 덕분에 D램은 성능을, HDD는 저장 밀도를 높이며 발전해 나갈 수 있었다.

하지만 프로그램의 크기는 계속 커지는데, 하드디스크의 성능 향상이 한계에 다다르게 되었다. 이로 인해 반도체를 기반으로 하는 보조기억장치가 도입되기 시작한다. 이때 등장한 제품이 SSD(솔리드 스테이트 드라이

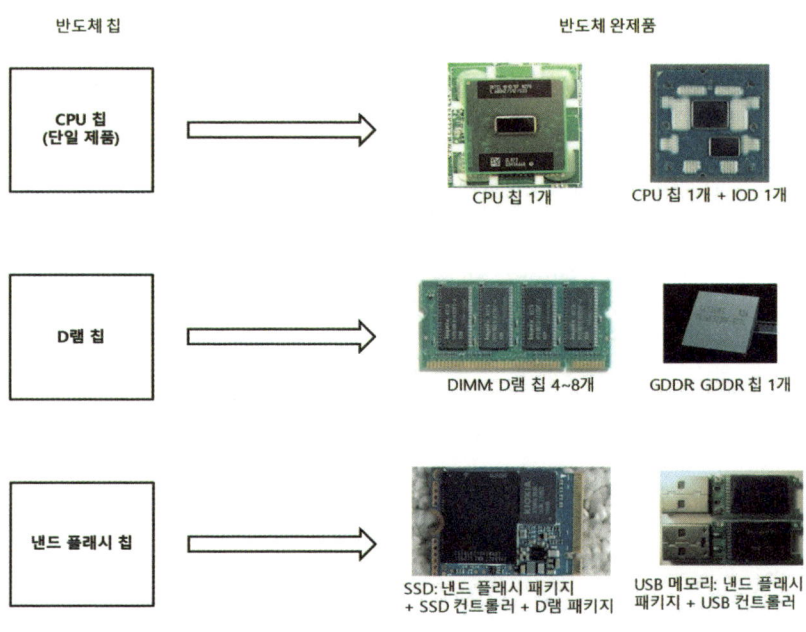

반도체 칩과 반도체 완제품의 관계

브)이며, 이 제품이 낸드 플래시 메모리를 주 부품으로 한다. 낸드 플래시는 반도체임에도 단위 소자가 비휘발성을 가지고 있는 독특한 제품이다.

게다가 낸드 플래시는 반도체 제조 기술로 만들어졌기 때문에, 하드 디스크보다는 성능이 매우 높았다. 실제로 SSD는 HDD보다 반응 속도는 1천 배 이상, 데이터 전송 속도는 10배 이상 높다. 덕분에 SSD는 HDD를 밀어내고 점점 더 많이 채용되고 있다.

CPU, D램, 낸드 플래시는 각 반도체 칩 하나가 완제품이 되기도 하고, 여러 제품과 결합되어 다른 완제품을 구성하기도 한다. 예를 들면, CPU는 칩 1개를 패키징하여 완제품을 만들 수도 있지만, CPU 칩과 다른 기능을 가진 칩을 한 패키지에 통합하여 만들 수도 있다. D램은 칩 1개만을 패키징한 단품을 CPU와 연결할 수도 있지만, D램 칩 8개 이상을 묶어 DIMM이라는 단일 제품을 만든 뒤 CPU와 연결해서 사용하는 것이 더 일반적이다. 낸드 플래시는 2024년 기준 단품으로 사용하는 예를 찾기 힘들며 D램, 소형 CPU*라 할 수 있는 컨트롤러, 낸드 플래시를 결합한 제품인 SSD를 만들어 사용하는 경우가 대부분이다. 실제 SSD는 순수 메모리 제품이 아닌 보조기억장치 역할을 하는 컴퓨터 속 컴퓨터에 가깝다.

CPU, D램, 낸드 플래시는 모두 실리콘 웨이퍼 위에 반도체 제조 기술을 이용해 소자를 형성함으로써 만들어지지만, 각 제품이 사용하는 제조 기술에는 차이가 있다.

CPU는 고성능이 중요하기 때문에 0과 1을 빠르게 전달 가능한 트랜지스터를 필요로 한다. D램은 저장 용량이 중요하므로 높은 밀도의 소자를 만들 수 있어야 할 뿐만 아니라, 트랜지스터와 캐패시터 두 종류의 소자를

---

* 이러한 작은 CPU는 일반적으로 MCU라고 불린다.

만들 수 있어야 한다. 낸드 플래시는 D램보다 더 높은 밀도를 달성함과 동시에 비휘발성을 만족하는 소자를 만들 수 있어야 하지만, 대신 성능은 낮아도 된다.

만들어야 하는 소자의 특징이 매우 다른 만큼, 이들을 만드는데 사용되는 제조 공정은 큰 차이를 보인다. 이후 이 책에서는 CPU와 같은 고성능 반도체에 사용되는 공정을 로직 공정으로 지칭할 것이다. 나머지 두 공정은 D램 공정, 낸드 플래시 공정, 혹은 둘을 합쳐 메모리 공정으로 지칭할 예정이니 참고 바란다.

자동차도 페라리와 같은 초고속 스포츠카부터 포터와 같은 화물 트럭까지 다양한 종류가 있듯, 트랜지스터라는 이름을 공유하더라도 고가의 초고속 트랜지스터가 있을 수 있고 저가의 초고밀도 트랜지스터도 있을 수 있다. 이는 CPU와 같은 처리장치 가치 사슬에 속한 회사와 D램과 같은 메모리 가치 사슬 관련 회사 사이에 분업화가 일어나는 원인이다. 책을 살펴보면서 이런 부분에도 주목하면 큰 도움이 될 것이다.

03.

반도체 만들기

앞서 반도체는 8대 공정 혹은 반도체 제조 기술을 이용해 대량 생산된다고 하였다. 하지만 이는 설명을 간략하게 줄인 것이고, 실제로 반도체를 만들기 위해서는 다양한 업무와 이에 맞는 다양한 장비가 필요하다.

반도체 설계
- 건축 설계도 작업
- 반도체 역할 부여
- 복잡한 패턴(CPU), 반복적인 패턴(메모리)
- 결과물: 포토마스크

반도체 제조(전공정)
- 설계도에 맞춰 실제 건설
- 설계도 내용에 따라 역할 차이

반도체 만들기와 건물 짓기

반도체를 만드는 과정은 거대한 건물을 짓는 것에 비유할 수 있다. 지어야 하는 건물은 복잡한 화학 공장일 수도 있고, 많은 상품을 보관하는 창고일 수도 있다. 이 둘은 건물이라는 점은 같지만, 역할과 구조는 매우 다르다. 서로 다른 두 종류의 건물이 어떻게 동일한 8대 공정을 이용해 만들어지는지 대략 이해해 보자.

반도체 설계

공장이나 창고를 지으려면 설계도가 필요하다. 건물이 제 역할을 하기 위해서는 건물 내부에 필요한 다양한 기기의 종류와 개수, 위치가 필요하기 때문이다. 만약 공장을 지어야 한다면 건물 내부에는 다양한 종류의 자재 가공 기기가 필요하며, 창고라면 물건 입출고를 도와줄 다양한 요소가 필요하기 때문이다. 설계도는 이런 요소들을 포함하고 있어야 한다.

설계도의 또 다른 역할 중 하나는 각 내부 요소의 연결 관계를 지정하는 것이다. 건물 내부에 기기가 그냥 놓여 있기만 하면 공장은 제대로 가동되지 않는다. 각 기계는 상호작용해야 하는 다른 기계와 연결되어야 하고, 전력과 원자재도 공급되어야 한다. 창고 역시 건물 내부 저장공간과 입출고장이 연결되지 않으면 제 역할을 할 수 없다.

반도체 만드는 것도 마찬가지이다. 웨이퍼 위에 트랜지스터 등 다양한 소자를 대규모로 만들 수 있다고 해서 당장 CPU, D램 등 컴퓨터 핵심 부품을 제조할 수 있는 것이 아니다. 웨이퍼 위에 대규모로 늘어서 있기만 한 소자들은 아무 역할도 하지 못한다. 각각의 소자를 필요한 위치에 배치한 뒤 전력을 공급하고, 각 소자를 연결해 역할을 부여하지 않으면 이들은 그냥 웨이퍼 표면에 붙어 있을 뿐인, 의미 없는 부품에 지나지 않는다.

반도체 회사는 칩 내에 트랜지스터, 캐패시터(D램의 경우) 등 다양한 소자를 배치하고, 이들을 여러 개 연결함으로써 계산기, 임시 저장장치 등 칩 내부의 기능을 구현해 낸다. 그리고 만들어진 기능을 구동하기 위한 전력선을 연결하고, 다른 역할을 하는 여러 부위를 금속배선으로 연결해 상호작용을 가능하게 해 줘야 한다. 이러한 계획을 세우는 것을 반도체 설계라고 부른다.

메모리 반도체, CPU, GPU, AP(CPU와 GPU 등 다양한 기능이 통합된 스마트폰용 반도체) 등 다양한 종류의 반도체들은 전부 설계가 다르며, 이는 물리적인 칩 모습에서도 드러난다. 예를 들면, 컴퓨터의 저장장치에 해당하는 메모리 반도체를 확대해 보면 유사한 패턴이 칩 전체에 걸쳐 반복되는 것을 알 수 있다. 반면 CPU나 GPU의 경우 메모리보다는 훨씬 더 복잡한 패턴들이 칩 전체에 배치되어 있음을 알 수 있다. 저장장치는 많은 데이터를 저장하는 것이 중요하므로 단위 저장장치가 칩 위에 반복적으로 늘어서 있고, CPU나 GPU는 복잡한 계산을 빠르게 수행해야 해서 칩의 구조도 매우 복잡하다.

반도체 설계는 반도체 가치 사슬에서 가장 많은 부가가치를 창출한다. 반도체에 역할을 부여하는 작업이기 때문이다. 2024년 기준 인공지능용 GPU 가속기 시장 점유율 1위인 NVIDIA는 한 분기에 20조원이 넘는 영업이익을 올리기도 하였다. NVIDIA는 칩 설계만 하는 회사이므로, 반도체 설계의 부가가치 창출 잠재력이 얼마나 큰지 잘 보여 주는 예라 할 수 있다.

반도체 제조(전공정)

세계 최고의 설계를 가지고 있다고 해도, 정작 실제 반도체가 없다면 아무런 의미가 없다. 반도체 설계도를 만들었다면, 이젠 실물 칩을 제조해야 한다.

위에서 간략히 설명하였듯, 반도체 제조의 목적은 웨이퍼라는 원판 위에 수많은 (트랜지스터 등) 소자를 형성하고, 이들을 연결하여 CPU, 메모리 등의 칩을 만드는 것이다. 이를 반도체 제조 공정, 혹은 전공정Front-end이라고 부른다.

사실 이 과정은 과거에 전자제품을 만들기 위해 트랜지스터, 저항 등의 소자를 구매해 기판 위에 납땜하여 연결하는 과정에 해당한다. 지금도 가전제품 내부에는 기초 소자가 기판 위에 납땜이 되어 있는 부품들이 있다. 전공정은 기초 소자 제조와 납땜을 한 공장 내에서 수행하는 작업이다. 만드는 소자와 납땜의 크기가 상상도 못 할 정도로 작아서 제조를 위해 정밀한 기계들이 필요할 뿐이다.

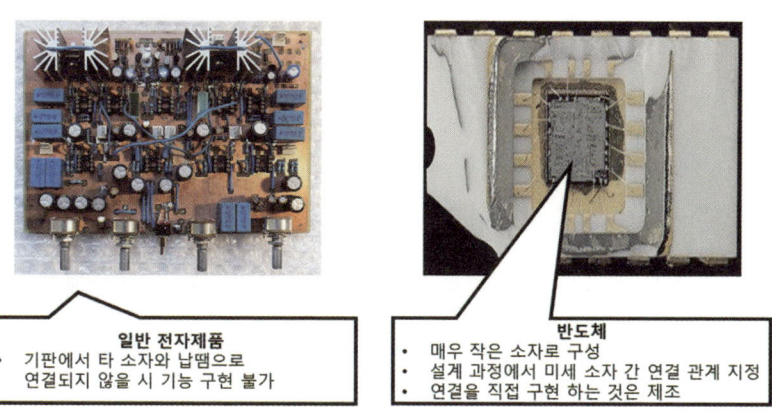

납땜 기반의 전자제품(왼쪽)과 반도체(오른쪽)[3]

반도체 제조를 잘 이해하려면, 먼저 반도체 제조의 큰 그림을 이해할 필요가 있다. 앞서 우리는 반도체 제조가 실리콘 웨이퍼라는 평면 위에 수많은 소자를 형성한 뒤 소자들을 연결하는 것이라고 했다. 그리고 여기서 말하는 '수많은'은 2024년 기준으로는 수백억 개 이상을 의미한다. 반도체 제조 회사는 웨이퍼 표면에 수백억 개의 패턴을 그린 뒤, 그린 모양대로 웨이퍼를 깊이 깎고 물질을 추가 도포해서 제품을 만들어 낸다.

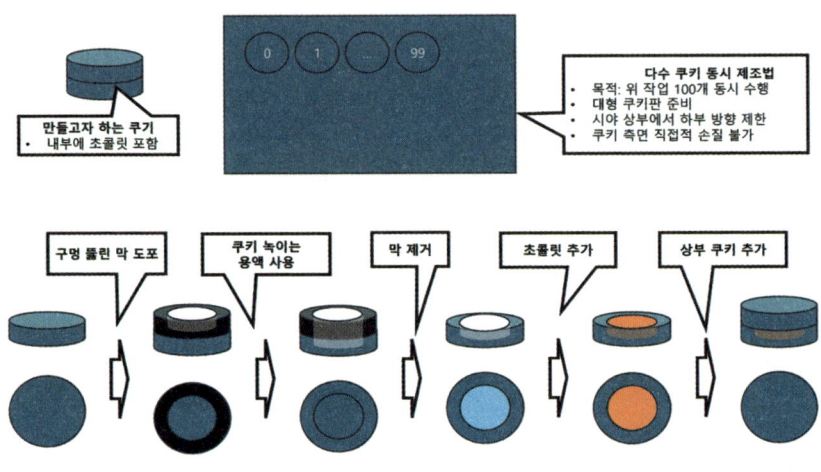

쿠키 만들기와 반도체

누군가 초콜릿이 들어간 매우 얇은 쿠키를 100개 정도 만들어야 한다고 하자. 쿠키를 하나씩 만들 경우 시간이 너무 오래 걸리기 때문에, 제빵사는 위 그림과 같은 방식으로 쿠키를 만들기로 한다. 일단 넓은 쿠키판 1개를 굽는다. 그다음에는 넓은 쿠키판 위에 얇은 막을 씌운다. 이 막에는 쿠키 내부 초콜릿 모양 구멍이 100개 있다. 이 막을 씌운 뒤 쿠키를 녹이는 특수한 물질을 위에서 뿌려 주면, 막이 씌워진 부분 아래쪽 쿠키는 유지되고, 구멍이 난 부분의 쿠키는 일부 제거된다. 그 뒤 막을 제거하고, 초콜릿을 쿠키 판 전체에 도포한 다음 표면을 평평하게 갈아 낸다. 마지막으로 위 판에 쿠키를 한 겹 덮은 뒤 넓은 쿠키를 자르면, 쿠키 100개를 동시에 만들 수 있다. 얇은 막만 충분히 준비한다면 이런 방식으로 한 쿠키 안에 초콜릿, 잼 등 다양한 속이 여러 층으로 들어간 쿠기 등 다양한 과자를 만들 수 있다.

물론 이 방법에는 단점도 있다. 넓은 쿠키판에 막을 씌우고, 막 모양대로 내용물을 깎거나, 쿠키판 위에 물질을 쌓아 올려 여러 쿠키를 동시에 만드는 방식이므로 작업 시야는 쿠키 윗면으로 제한된다. 따라서 이와 같은 방법으로 만들 수 있는 쿠키는 윗면과 아랫면의 면적이 같고, 여러 층으로 이루어진 쿠키뿐이다.

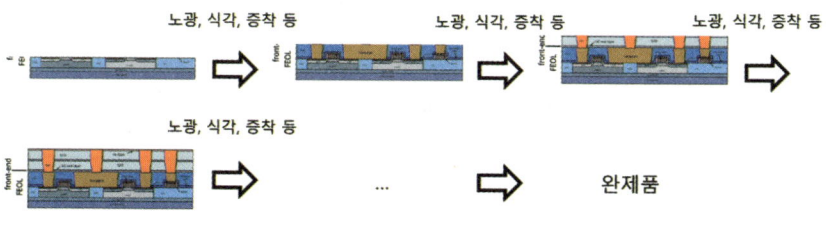

웨이퍼 측면에서 본 반도체 제조 과정[4]

반도체 제조 과정도 이와 유사하게 이루어진다. 얇은 소자 수백억 개를 맨 아래 실리콘 웨이퍼에 동시에 형성한다. 패턴이 그려진 막을 씌우고 패턴대로 물질을 제거하거나 추가하는 작업을 수십 차례 반복해 소자와 금속 배선을 만들어 낸다. 당연히 작업 시야는 위에서 아래 방향으로 제한된다.

반도체 제조에서는 쿠키에 막을 덮는 과정을 노광이라 부른다. 노광은 실리콘 웨이퍼 표면 전체에 막을 씌우는 과정과 막에 원하는 패턴이 그려진 광원을 비춰 막을 변화시켜 선택적으로 제거하는 과정으로 나뉜다. 표면 전체에 감광액Photoresist*이라고 부르는 특정 광원에 선택적으로 반응하는 물질을 도포한 뒤, 광원을 비추는 것이다. 광원이 포토마스크Photomask라고 부르는 미세 패턴이 그려진 일종의 틀을 통과하면 빛이 비춰지는 곳과 그림자가 생기는 곳이 나뉘게 된다. 이를 통해 웨이퍼 표면의 감광액 중 원하는 부분만 제거해 패턴을 만들 수 있다.

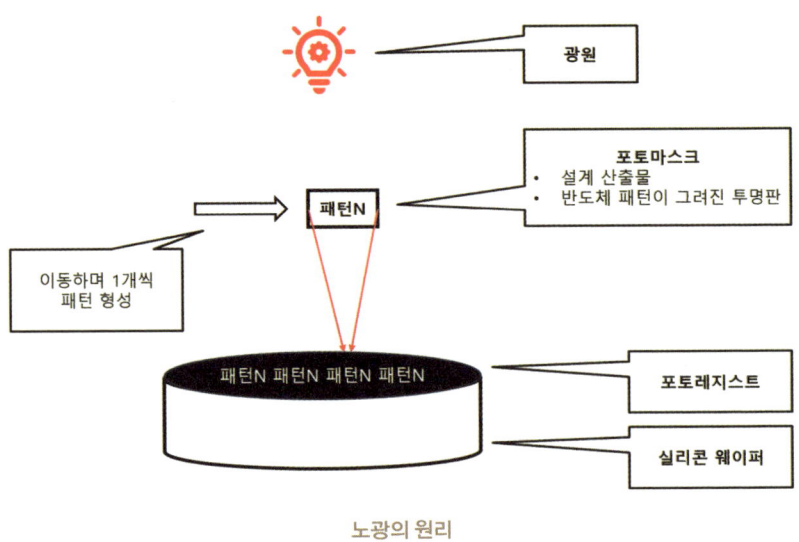

노광의 원리

노광은 반도체 제조의 꽃이라 할 만하다. 반도체 미세화의 핵심은 동일한 웨이퍼 면적에 더욱 작은 소자를 많이 만드는 것이므로, 작은 패턴을 그리지 못하면 그다음 미세화는 진행조차 할 수 없기 때문이다.

관심 있는 독자라면 한 번쯤 들어 보았을 DUV, EUV와 같은 용어는 노광에서 사용되는 빛의 종류를 의미한다. 빛에는 분해능Resolution이라는 개념이 있어, 포토마스크에 미세한 패턴을 새겼더라도 사용하는 광원의 분

---

* 감광액이라고 했으나, 실제로는 얇은 막질에 가깝다.

해능이 부족하면 감광액에 원하는 패턴이 그려지지 않는다. DUV, EUV로 갈수록 분해능이 작은(=더 미세한 그림을 그릴 수 있는) 광원이다.

짐작했을지 모르지만, 포토마스크는 반도체 설계의 최종 산출물이다. 동일 반도체 제조 공정에서 마스크를 바꾸면 다른 제품이 생산된다. 달리 말하면, 동일한 반도체 제조 공장에서 포토마스크만 바꿔가며 여러 회사의 다양한 제품을 제조하는 것이 가능하다.

한편, 노광은 뒤에서 알아볼 공정들과 달리 웨이퍼 전체를 한 번에 담그듯이 진행 하는 것이 아닌, 칩 한 개 크기의 패턴을 웨이퍼 위에 연속적으로 새기는 방식으로 진행된다. 이로 인해 장비의 웨이퍼 처리 속도가 매우 중요하다. 여담이지만, 이런 이유로 반도체 회사는 되도록 노광 횟수를 최소화하면서도 많은 그림을 그리려고 한다. 이러한 기술의 예 중 하나가 바로 자기정렬 멀티패터닝Self-aligned multi patterning이다.

노광이 끝나고 나면 웨이퍼 표면의 포토레지스트에는 포토마스크의 패

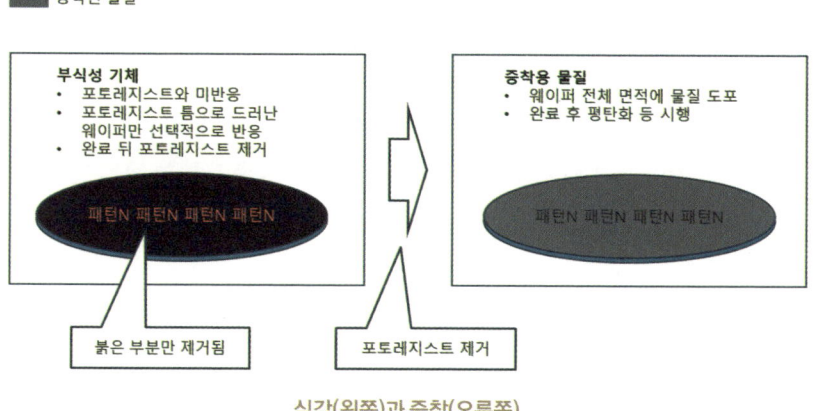

식각(왼쪽)과 증착(오른쪽)

턴과 유사한 모양의 미세한 틈이 생긴다. 이후에는 포토레지스트에 생성된 틈 아랫부분을 깎기도 하고 웨이퍼 표면에 새로운 물질을 추가하기도 하는데, 이를 각각 식각과 증착이라 부른다.

식각은 쿠키 일부를 제거하는 과정에 대응하는, 웨이퍼의 물질을 제거하는 과정이다. 웨이퍼를 식각 기기 안에 투입한 뒤, 포토레지스트에는 반응하지 않고 웨이퍼 하부의 식각 대상 물질과 반응하는 기체를 주입하면 된다. 식각해야 할 모양은 노광을 통해 그린 포토레지스트에 새겨진 패턴에 의해 정해지며, 공정 적용 시간을 이용해 식각 깊이가 정해진다. 당연하지만, 이 역시 간단한 과정은 아니다. 웨이퍼 한 장으로 수백 개의 칩을 제조하는데, 각 칩에는 수백억 개의 소자가 존재한다. 식각은 수조 개에 해당하는 수많은 패턴의 식각 정도를 유사하게 맞춰야 하는 공정인 셈이다.

증착은 초콜릿을 추가하는 과정에 해당한다. 식각 작업이 끝난 웨이퍼에서 포토레지스트를 제거한 뒤, 웨이퍼를 증착 기기에 투입하고 웨이퍼 표면에 추가하고자 하는 물질 자체, 혹은 해당 물질의 합성을 유도하는 물질을 기기에 주입하면 된다. 이후 공정 적용 시간을 조정하여 웨이퍼 표면에 증착할 물질의 두께를 조절한다. 식각과 유사하게 웨이퍼 전체에 균일한 두께를 만들기 위해서는 수많은 연구와 노력이 필요하다.

식각과 증착은 노광과 함께 반도체 제조 장비에서 가장 중요한 분야이다. 노광이 실제로 미세한 패턴을 그리는 작업이라면, 식각과 증착은 노광을 통해 형성한 미세 패턴대로 물질을 제거하거나 추가하는 작업이다. 이 작업 중 하나라도 빠지면 반도체 제조는 불가능하다. 그리고 최근에는 미세화의 어려움으로 인해 기존보다 증착과 식각의 중요도가 올라가기 시작했는데, 이 내용은 책의 더 뒷부분에서 다룰 예정이다.

반도체 제조는 노광, 식각, 증착 이외에 책에서 소개하지 않은 수많은 세부 공정을 포토마스크를 지속적으로 바꿔가며 실행하여* 반도체를 한 층씩 만들어가는 과정이다. 가장 아래층에는 원재료인 실리콘 웨이퍼가 존재하고, 그 위로 다양한 공정 기술을 통해 쌓아 올린 여러 개의 층이 만들어지는 것이다. 반도체의 첫 층은 트랜지스터 등 핵심 소자로 구성되는데, 첫 층을 만드는 작업을 FEOL Front End of the Line이라고 부른다. 앞서 우리는 반도체 물질을 실리콘을 통해 만들 수 있음을 알았다. 조그만 트랜지스터를 만들려면 실리콘이 필요하니, 당연히 반도체 제조에서 핵심 소자층은 최하부인 웨이퍼 표면 바로 위에 만들어지는 것이다. 소자 자체의 본질은 BJT와 크게 다르지 않은 것이다.

FEOL이 끝나고 나면, 웨이퍼 위에는 미세 소자들이 형성된다. 하지만 이들을 이 상태로 두면 바닥에 굴러다니는 개별소자와 비슷하게 아무 기능도 할 수 없어서 이 소자들을 연결해 주어야 하는데, 이것이 바로 BEOL Back End of the Line이라고도 불리는 금속배선공정이다. FEOL은 일반적으로 1층밖에 되지 않지만, BEOL 금속배선층은 2024년 기준 10개 층 이상이다. 2024년 기준, 로직 공정에서 FEOL과 BEOL을 만드는 데 필요한 노광, 식각, 증착, 세정 등의 공정 적용 횟수는 1,000번이 넘기도 한다.[5]

미리 이야기하면, 핀펫 FinFET이나 게이트 올 어라운드 Gate All-Around: GAA 기술은 전부 FEOL 소자층에 관한 것이다. 이런 기술이 등장한 이유는 뒤에서 서술하기로 한다.

앞서 설명하였듯, 반도체는 제품에 따라 특성이 다른 제조 공정이 필요하다. 예를 들면, CPU는 복잡한 공장과 같은 설계도를 가지고 있을 뿐만 아니라, 매우 빠르게 동작해야 한다. 따라서 CPU 제조에 사용하는 로직 공

---

* 마스크 N 노광 → (식각, 세정, 증착 등 다양한 작업) → 마스크 N+1 노광… 과 같이 이루어진다.

정은 복잡한 내부 구조를 연결하기 위해 10층이 넘는 여러 층의 복잡한 금속배선을 만들 수 있어야 하며, FEOL 층의 개별소자의 성능도 매우 높아야 한다. 반면 D램은 창고와 비슷한 단순한 역할을 하는 제품이므로 소자간 연결도 단순한 편이라서 금속배선 층수도 4~5층 정도면 충분하며, 개별소자 특성 역시 높은 성능보다는 높은 밀도가 더 중요하다. CPU와 달리 트랜지스터뿐만 아니라 캐패시터라는 저장 소자도 필요하다는 것 역시 중요한 차이점이다.

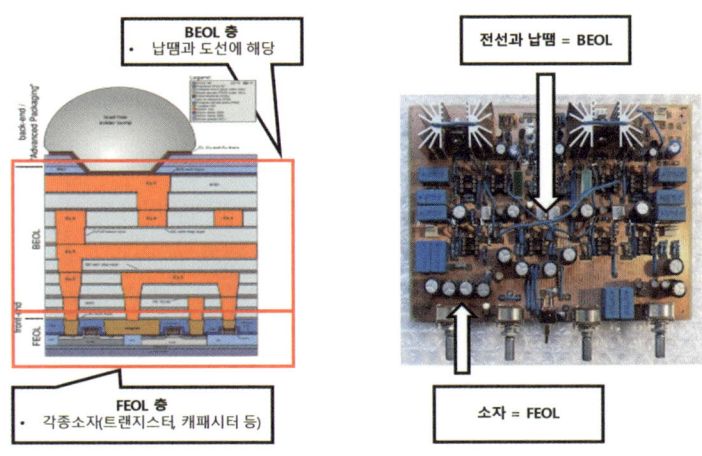

반도체 완제품의 단면도(왼쪽)와 기판 기반 제품에서 각 해당 부위(오른쪽)

위 그림은 가상의 반도체 완제품 단면도이다. 그림을 보면 알 수 있지만, 맨 아래층에는 웨이퍼와 트랜지스터 소자들이 위치하고, 그 위에는 납땜에 해당하는 여러 개의 금속배선층이 소자와 소자를 연결하고 있음을 알 수 있다. 현실의 반도체는 칩 하나에 소자 수십억 개가 배치되어 있으며, 웨이퍼 한 장으로 이런 칩을 수십~수천 개까지 생산할 수 있다. 매우 작은 소자 수조 개를 동시에, 균일하게 생산하는 것이 이 산업의 핵심인 셈이다.

어찌 보면 모든 제조업이 추구하는 미덕 그 자체라 할 수 있다. 다른 제조업과의 차이는 만드는 물건의 개수와 크기라고 할 수 있다.

반도체 패키징(후공정)

설계와 제조를 거치면 최종적으로 반도체 칩을 얻게 된다. 이들은 우리가 평소에 구매하여 사용하는 반도체 제품과는 달리, 은빛 광택이 나는 모습을 하고 있다. 멋지게 생기기는 했지만, 이 상태로는 사용자가 반도체를 사용할 수 없다. 가공 완료된 칩은 얇고 연약해 파손에 취약하며, 전자제품 회사가 구매하여 기판에 납땜해 스마트폰 등의 완제품에 결합하기 쉽지 않다.

웨이퍼, 칩, 패키징의 각 예시 (각 이미지는 별도의 제품)

따라서 전공정을 마친 칩에 외부 세계와 연결할 접점을 만들고 칩을 보호할 보호막을 씌워 줄 필요가 있는데, 이런 작업을 하는 과정이 패키징이다. 전공정을 마친 칩에는 패드라고 부르는 칩 내부와 외부를 연결하는 접점이 생겨나는데, 이 부위에 금으로 된 선이나 볼 등을 연결하고 칩을 패키지 기판에 올려 놓는 것이 일반적인 패키징의 첫 단계이다. 그 뒤에는 칩을 보호하기 위한 에폭시, 몰드 등의 보호 물질을 씌워서 마무리하면 드디어 반도체 완제품이 완성된다. 물론 이는 패키징의 예 중 하나일 뿐이고

CPU, 메모리 등 제품의 특징에 따라서 다양한 패키징 기술이 사용된다.

패키징은 반도체 전공정에 비하면 미세화 정도가 낮다. 반도체 전공정은 2024년 기준 20~40nm(나노미터: 10억분의 1미터)수준의 간격*을 가진 기초소자와 금속배선을 만드는 과정인 반면, 패키징은 아무리 작아도 마이크로미터~밀리미터 수준의 패턴을 사용하기 때문이다. 칩 내부에는 수십억 개의 소자와 소자 간 연결을 책임지는 수많은 작은 금속배선이 가득하지만, 칩이 외부 세계와 상호작용하는 데는 수천 개 수준의 배선만 있으면 충분하기 때문이다.

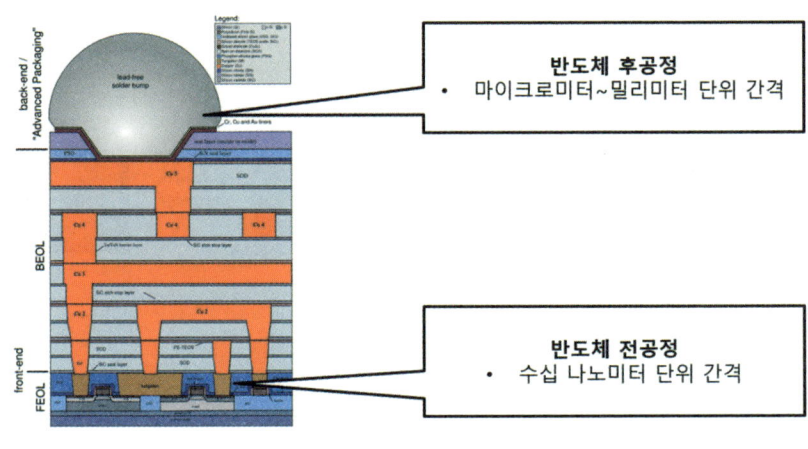

전공정과 후공정의 밀도 차이

하지만 최근 반도체 미세화가 어려워지면서 기존에는 반도체 제조로 해결할 수 있던 문제를 패키징이 해결해야 하는 경우가 늘어나게 되었다. 심

---

* 2024년 양산 중인 TSMC 3나노미터 공정의 금속배선 간격은 20nm 중반, 소자간 간격은 약 40nm 정도로 알려져 있다.

지어는 2024년 NVIDIA의 신제품 출하량이 전공정이 아닌 후공정의 병목으로 한계에 부딪쳤다는 이야기가 들리기도 한다. 이는 반도체 제조가 전반적 어려움을 겪고, 새로운 소프트웨어 요구사항이 생겨나면서 생기는 현상이다. 이에 관한 자세한 내용은 뒷부분에서 다루도록 한다.

다양한 반도체 사업 모델

우리는 지금까지 반도체를 만들기 위해 필요한 설계, 제조, 패키징을 살펴보았다. 이 업무들은 반도체를 만들기 위해 필요하지만, 반드시 한 회사가 모든 것을 해야 할 필요는 없다. 많은 회사가 이 업무 중 일부만을 스스로 처리하고, 자신이 할 수 없는 일은 다른 회사에 외주를 맡기는 방식으로 반도체를 만든다.

반도체 산업 중 설계만을 전문으로 하는 회사를 팹리스Fabless라 부른다. 팹리스라는 단어 자체가 반도체 공장인 팹Fab이 없단 의미이다. 2024년 현재 최고의 인기를 누리고 있는 인공지능 반도체 회사 NVIDIA 역시 팹리스에 해당한다. 팹리스 회사는 반도체 설계에 집중하고, 제조는 제조 전문 위탁 회사에 맡기는 방식으로 사업을 영위한다.

팹리스 산업은 장치산업인 반도체 산업에서 상당히 독특한 분야라고 할 수 있다. 소프트웨어 산업과 같은 유연한 특징을 가지고 있기 때문이다. NVIDIA의 완제품 패키지에는 NVIDIA 로고가 새겨져 있지만, NVIDIA는 설계를 한 것이고 실물 제조는 TSMC 혹은 삼성전자가 한다. 팹리스는 원한다면 자사 제품을 다양한 제조 전문 기업에 맡길 수 있다. 제조를 어디에 맡기건 패키지에는 NVIDIA 로고가 새겨지게 된다. 팹리스 중에는 아예 자사 로고가 새겨진 칩을 판매하지 않고, 칩의 일부분만을 설계하여 다른 팹리스에 지식재산권만을 파는 ARM과 같은 회사도 존재한다. 소프트웨어 회사도 페이스북, 구글과 같이 최종 사용자의 눈에 직접 보이는 회사가 있고 오로지 B2B만을 목적으로 하는 회사가 있듯, 팹리스에도 비슷한 회사가 있는 것이다.

설계 전문 기업이 있으니 당연히 제조 전문 기업도 있다. 반도체 시장에서 제조만을 전문으로 하는 기업을 파운드리라고 한다. TSMC, 인텔 파운드리 사업부, 삼성전자 등이 이에 해당하며, 이들은 위에서 설명한 팹리스의 설계를 받아 완제품을 제조해 주는 역할을 한다.

파운드리 회사는 수동적인 '을'에 해당하는 단순 위탁 제조 업체가 아니라, 팹리스가 따라야 할 규칙을 정하는 회사에 가깝다. 파운드리 회사는 자신들이 웨이퍼에 형성할 소자를 정하며, 팹리스는 파운드리가 형성할 수 있다고 발표한 소자를 조합하여 자신의 칩을 설계하는 것이다. 이는 외주 건설 업체가 설계 도면 회사와 일할 때, 자신이 다룰 수 있는 자재와 다룰 수 없는 자재를 설계 도면 회사에 공지하는 것으로 비유할 수 있다. 공장 도면을 아무리 훌륭하게 만들었어도 건설 업체가 가공할 수 없는 자재를 사용하거나 지을 수 없는 모양을 만들어 달라고 요구하면 공장을 지을 수 없듯, 파운드리가 제조할 수 없는 소자나 패턴을 팹리스가 요구하면 파운드리도 칩을 제조할 수 없다. 당연하지만, TSMC와 삼성전자는 둘 다 3나노미터 공정이 있지만, 이 두 공정의 설계는 호환되지 않는다. 두 회사가 만드는 소자가 다르기 때문이다.

한편, 반도체 회사 중에는 팹리스와 파운드리의 역할을 전부 다 하는 회사가 있는데 이런 회사를 IDM Integrated Device Manufacturer: 종합 반도체 회사이라 부른다. IDM은 자신의 회사가 사용할 설계를 자신의 제조 공정에 맞출 수 있기 때문에 이론상으로는 효율은 가장 높고 원가는 가장 낮은 제품을 출시할 수 있다. 이런 이유로 원가 경쟁이 치열한 메모리 시장은 삼성전자 메모리 사업부, 하이닉스와 같은 IDM만이 살아남아 있다. 메모리는 제조 웨이퍼 사용량도 매우 클 뿐만 아니라, 개별 회사가 전 세계 메모리 20~40%를 점유할 정도로 생산량이 커서 수직 통합의 이점을 크게 누릴 수 있기 때문이다.

IDM밖에 남지 않은 메모리 시장과는 달리, CPU 등 고성능 로직 제조는 IDM과 파운드리, 팹리스 모두 영위하고 있다. 메모리 반도체는 소모품에 가까운 특성이 있어 각 제조 회사가 기능 차이를 통해 고객에게 어필하기 힘들다. 메모리에서 중요한 것은 가격과 전력 대비 성능비이므로 이 둘을 극대화할 수 있는 IDM이 살아남은 것이다. 반면, 연산용 반도체는 각 회사가 만드는 제품의 역할이 다르고, 호환성 문제가 커서 IDM과 파운드리, 팹리스가 모두 남아 있는 것이다.

한편, 칩 패키징을 전문으로 하는 회사도 존재하는데, 이런 회사를 OSAT Outsourced Semiconductor Assembly and Test: 반도체 외주 조립 및 테스트라 부른다. 이들은 특정 반도체 회사들이 스스로 할 수 없는 반도체 패키징을 외주 받아 생산하는 역할을 한다.

마지막으로, 앞에서 살펴본 4가지 반도체 사업의 종류를 기계적으로 외우려 해서는 안 된다는 점을 짚고 넘어가고자 한다. 얼핏 봐서는 팹리스 → 파운드리 → OSAT로 비즈니스가 파이프라인처럼 이어질 것 같지만, 실제 반도체 회사 중 영위하는 사업의 경계가 위 분류와 100% 일치하는 예는 많지 않다. 예를 들면, 브로드컴Broadcom과 같은 팹리스는 자기 칩을 설계하면서도 자사 칩 설계 지식재산권을 타 팹리스에 매매하거나, 아예 타사의 칩 설계를 도와주기도 한다. 삼성전자는 메모리 사업부가 IDM의 형태를 띠지만, 삼성 LSI와 삼성 파운드리는 각각 팹리스와 파운드리처럼 움직이며 사내에 자체 패키징 능력이 있으면서도 필요한 경우 OSAT와 협력하기도 한다.

  이러한 일이 발생하는 이유는 반도체 산업이 크게 고도화되어 팹리스, 파운드리, IDM, OSAT 등 4개 분류 정도로는 각 회사의 특화 분야와 사업 모델을 설명하기가 어려워졌기 때문이다. 각 회사는 자신이 현재 처한 상황에 맞춰 강점은 더욱 강화하고, 부족한 역량은 파트너를 통해 채우려고 할 뿐임을 염두에 둘 필요가 있다. 팹리스들은 필요하다면 자신의 설계 자산을 경쟁 팹리스와 공유할 수도 있고, 제조와 설계를 모두 가진 회사도 다른 파운드리의 제조 기술이 필요하다면 그 기술을 얼마든지 사용할 수 있다. 반도체 회사들의 사업 선택지는 사전적 업종 정의보다 더욱 복잡할 수밖에 없다.

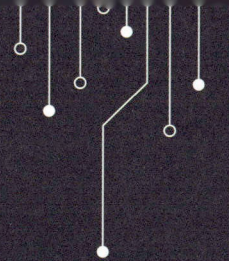

2장

미세화의 진척과 반도체 제조의 고민

앞서 살펴보았듯, 반도체 산업은 반도체 제조 장비를 이용해 더 작고 효율 좋은 소자를 낮은 원가로 제조한 뒤, 이를 금속배선으로 연결함으로써 최종적으로는 더 나은 처리장치와 저장장치 등의 컴퓨터 부품을 만들어 내는 사업이다. 반도체 회사는 신제품을 개발하여 컴퓨터 회사로부터 더 많은 수익을 올리고, 새로운 고성능 컴퓨터를 구입한 사람은 기존 프로그램을 더욱 빠르게 구동하거나, 기존에는 구동할 수 없던 프로그램을 구동할 수 있게 된다. 이렇게 발생하는 부가가치 중 일부는 다시 반도체 회사에 매출의 형태로 유입되어 미세화에 추가 투자가 이루어짐으로써 반도체 산업, 나아가 IT 산업이 성장하는 선순환이 일어난다.

달리 말하면, 더 작고 효율 좋은 소자를 만들어 내지 못하면 이 선순환이 깨진다는 의미이다. 이번 장에서는 크게 두 가지를 알아볼 것이다. 작은 패턴을 그리는 것이 점점 더 어려워지는 상황과 작게 그려도 효율이 잘 개선되지 않는 상황이다. 이 두 현상은 반도체 전공정 부분에 수많은 기술 용어들이 등장하게 만드는 핵심 원인이므로, 이를 알아 두면 용어들의 등장 이유를 이해하는 데 큰 도움이 될 것이다.

03.
노광 잔혹사: 패턴 그리기의 어려움

간략한 노광의 역사

상술하였듯, 노광은 반도체 제조의 꽃이라 할 수 있다. 노광을 이용해 더 작은 패턴을 웨이퍼 위에 그리면 소자 1개당 원가가 감소할 뿐만 아니라, 데너드 법칙에 의해 각 소자의 전력 소모가 줄어들어 효율도 높아지기 때문이다.

노광에는 광원이 필요하다. 광원은 물리학에서 말하는 빛 그 자체를 의미한다. 빛에는 파장이라는 성질이 있는데, 파장이 짧을수록 더욱 미세한 그림을 표현할 수 있다. 미세한 그림을 그릴 수 있는 정도를 분해능resolution이라 부르며, 분해능 숫자가 낮을수록 포토마스크에 더욱 미세한 패턴을 새겨서 사용할 수 있다.

따라서 노광의 여정은 새로운 광원을 찾아가는 여정이었다 해도 과언이 아니다. 새로운 광원은 파장도 짧아야 했지만, 출력도 높아야 했다. 신규 광원을 이용해 그림을 더 작게 그릴 수 있더라도, 출력이 지나치게 낮으면 처리 속도가 낮아져 반도체 제조 비용이 높아지게 되기 때문이다. 소자가 미세화되기만 해서는 안 되고, 단가도 싸져야 한다는 사실을 언제나 기억하자.

초기의 노광기 회사들은 i-Line이라고 부르는 360nm 근처 파장의 빛을 사용했다. i-Line은 수은 램프를 이용해 쉽게 만들 수 있었고, 가격이 낮아 반도체 회사들은 이를 이용해 대략 수백 나노미터급 공정까지 개발할 수 있었다. 이 시기의 반도체 미세화는 정말로 만능과도 같았다. 미세한 회로 패턴이 그려진 포토마스크의 초점 거리만 바꿔도 더 작고 제조 비용이 낮은 소자를 만들 수 있었기 때문이다. 그리고 작은 회로를 그리면 데너드 법칙 덕분에 전력 소모량이 감소한다. 칩에 새로운 기능이 추가되지는 않겠지만, 설계 변경 없이도 전력 대 성능비를 높일 수 있었던 것이다.

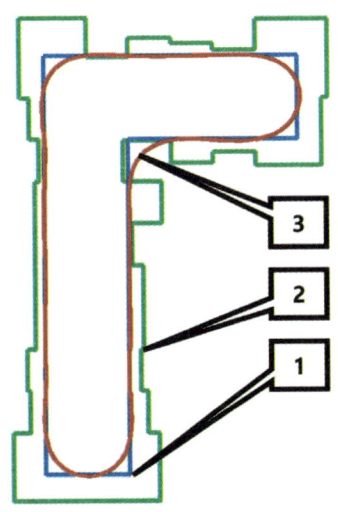

OPC의 예시. 이상적 패턴(1), 포토마스크 형상(2)과 실제 노광 결과(3)

하지만 미세화가 진행됨에 따라 마법과도 같았던 노광에도 하나씩 어려움이 생겨나기 시작한다. 초기에 등장한 문제는 회절이다. 회절은 빛이 좁은 틈을 통과할 때 틈 경계에서 약간 휘어지는 현상을 가리키는 말로, 빛이 통과하는 틈이 좁을수록 회절 현상이 강해지게 된다. 반도체가 미세화된다는 것은 포토마스크를 이용해 그리는 그림의 크기도 작아진다는 것이므로, 포토마스크를 통과한 빛의 회절도 함께 강해질 수밖에 없다. 문제는 회절이 강해지자, 본래 빛이 닿으면 안 되는 곳에 빛이 도달해 포토레지스트의 원치 않는 부분도 노광되기 시작했다는 것이다. 그뿐만 아니라, 마스크로 인한 음영 지대나 빛이 그리고자 하는 패턴에 골고루 도달하지 않는 등 다양한 문제가 발생하기 시작했다. 회절도 크게 보면 반도체 미세화를 방해하는, 세간에서 양자 효과라고 뭉뚱그리는 현상 중 하나라고 할 수 있다.

회절은 자연법칙으로 인해 필연적으로 발생하는 일이라서 이 문제 자체를 노광기 회사가 방지하는 것은 불가능하다. 그래서 반도체 회사들은 포토마스크를 만들 때, 회절이 발생할 것을 염두에 두고 회절 효과를 최소화하는 패턴을 마스크에 추가하기로 했다. 이런 작업을 OPC_{Optical Proximity Correction}라고 부른다. 이로 인해 포토마스크의 제조 난도가 올라가고, 포토마스크의 재사용성이 크게 하락하게 되었다. 제조와 설계 비용도 당연히 상승했다. 반도체 회사들의 많은 노력에도 반도체 회사들은 노광된 패턴의 모서리가 둥글게 변하거나, 패턴 두께가 일정하게 나오지 않는 등의 문제를 감내해야 했다.

어찌 되었든 반도체 회사들은 새로운 마스크 노하우를 이용해 미세화를 계속해 나갔다. 그다음에는 광원에서 문제가 발생하기 시작했다. i-Line 도입 이후, 반도체 회사들은 불화크립톤_{KrF, 248nm 파장}과 불화아르곤_{ArF, 193nm 파장}이라는 광원을 순차적으로 도입했고, 불화아르곤을 통해 대략

90나노미터 공정의 반도체까지 양산할 수 있었다. 그런데 불화아르곤 이후 새로운 광원을 찾는 것이 쉽지 않았다. 에너지 효율이 높으면서도 파장은 짧은 광원을 찾기가 힘들 뿐만 아니라, 새로운 광원을 찾아내더라도 노광기의 구조도 크게 바꿔야 했기 때문이다. 기존에 사용했던 광원과는 달리 193nm 미만의 광원은 공기에 잘 흡수된다. 따라서 새로운 광원을 사용하는 노광기는 기기 내부를 진공으로 만들어야 할 상황이었던 것이다.

엔지니어들은 기존 광원을 사용하면서도 해상도를 높일 수 있는 방법을 찾아 나섰고, 노력 끝에 액침immersion 노광 장비를 개발했다. 액침은 물에 담근다는 의미이며, 액침 노광기는 웨이퍼를 물에 담근 뒤 빛을 물에 통과시켜 패턴을 그리는 노광기이다. 빛은 물에서 속도가 느려지는 특징이 있는데, 빛이 느려지면 파장도 함께 짧아진다. 파장이 짧아지면 분해능이 개선되므로, 물속을 통과하면 빛의 분해능이 더 높아져 일반 불화아르곤 장비를 사용할 때보다 더 미세한 패턴을 그릴 수 있게 된다.

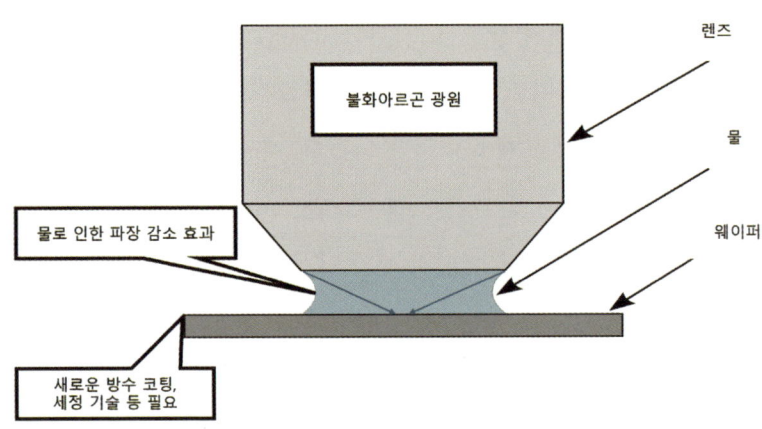

액침 노광기의 구조와 다양한 문제

반도체 회사들은 2006년부터 액침 장비를 도입하기 시작했다. 하지만 이 역시 쉽지 않았다. 일단 액침 노광 과정에서는 웨이퍼가 진공 상태가 아닌 물에 닿은 상태로 노광이 진행되어야 했다. 이로 인해 노광 과정에서 사용하는 포토레지스트가 크게 변화해야 했다. 포토레지스트 등 웨이퍼 표면에 도포한 물질이 물에 녹아 나오기 시작했고, 반도체 회사들은 방수 코팅Topcoat을 이용해 이 문제를 해결하고자 했다. 그런데 방수 코팅Topcoat이 약간의 빛을 반사해 수율을 저하시키는 문제가 생겨났고, 이를 막기 위해 또 반사 방지 코팅ARC을 추가하는 등 소재와 공정 기기들 역시 많은 변화가 필요했다. 노광 뒤 웨이퍼 표면에서 물 자국을 제거하는 세정 기술도 필요했다.

기술의 어려움이 증가함에 따라 노광 장비를 만드는 회사의 수도 줄어갔다. 노광기 연구개발 비용도 높아졌고, 반도체 회사들이 다양한 회사의 노광기에 적응하는 것이 쉽지 않았기 때문이다. 이로 인해 네덜란드의 ASML이 전 세계의 노광기를 과점하기 시작한다. ASML의 점유율은 2011년이 되면 82.0% 가까이 높아지게 된다[6].

이런 장비들을 이용해 반도체 회사들은 로직 공정은 7나노미터급*, 메모리**는 약 12나노미터급까지 미세화를 진행하는 데 성공한다. 액침 노광기는 매우 성공적이었고, 지금도 심자외선DUV 노광기라는 명칭으로 팔리고 있다. 하지만 2010년대에 들어서자, 로직 공정과 메모리 공정 모두 액침 노광기로는 미세화가 더는 힘들다는 사실을 깨닫게 된다. 전 세계 반도체 회사들은 새로운 노광기를 기다리고 있었다.

---

* 인텔, TSMC
** 마이크론 테크놀로지

EUV의 등장과 제조 회사의 어려움

반도체 회사들의 미세화를 도와줄 신제품은 극자외선EUV: Extreme Ultraviolet 노광기이다. 극자외선 노광기는 13.5nm 파장의 광원을 가지고 있어 기존 불화아르곤 노광기보다 10배(액침 노광기의 6배) 개선된 분해능을 제공할 수 있었다. 하지만 이렇게 강력한 미세화 능력을 갖춘 기기임에도 상용화가 지지부진했다. 실제로 노광기 회사가 광원을 불화크립톤에서 불화아르곤으로 교체하는 데는 약 10년의 시간이 소요되었지만, 불화아르곤이 극자외선으로 바뀌는 데는 20년 가까운 시간이 필요했다. 이는 극자외선 노광기가 프로펠러기에서 초음속 제트기로 넘어가는 수준의 변화를 요구했기 때문이다. 아음속 비행기인 일반 여객기와 초음속 여객기인 콩코드의 모습을 비교해 보면, 이 차이가 얼마나 큰지 대충 짐작할 수 있다.

복엽기와 초음속 제트기. 날개 이외에는 공통점이 거의 없다.

극자외선은 여러모로 다루기 까다로운 광원이다. 발생시키기도 힘들고, 빛을 모은 뒤 방향을 바꿔 내가 원하는 표적(=웨이퍼)에 명중시키기도 매우 힘들기 때문이다.

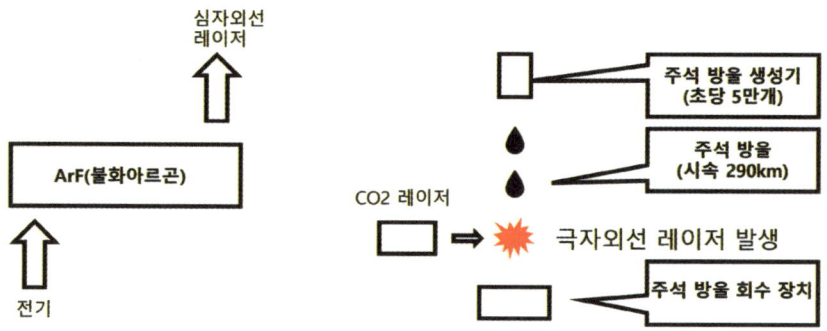

불화아르곤 레이저(왼쪽)와 EUV 레이저(오른쪽)의 비교

일단, 큰 문제 중 하나는 광원 효율이다. 극자외선을 만드는 과정은 불화아르곤 레이저를 만드는 과정과는 매우 다르다. 불화아르곤 레이저(빛)의 다른 이름은 엑시머Excimer 레이저다. 엑시머는 도시의 조금 큰 안과라면 보유할 수 있는 광원으로, 기본적으로는 불화아르곤 분자에 높은 에너지를 가하면 생성된다. 물론 노광기용 레이저는 의료용 레이저보다 더욱 품질 좋은 재료로 순수한 고출력의 빛을 생성해야 하지만, 기본 원리는 크게 다르지 않다.

하지만 극자외선은 생성 원리가 다르다. 극자외선은 두 단계를 거쳐야 생성된다. 이산화탄소CO_2에 에너지를 가해 레이저를 생성한 뒤, 이 레이저를 다시 액체 주석Sn 방울에 명중시켜 주석을 플라즈마화시켜야 비로소 13.5nm의 빛이 생성된다.

이로 인해 액침 노광기에 없던 새로운 요소들이 노광기 광원 부분에 추가되어야 했다. CO_2 레이저 발생장치가 필요한 것은 당연하고, 레이저로 명중시킬 주석은 수십 마이크로미터 정도의 작은 물방울 형태로 만들어야 했다. 그런데 주석은 상온에서는 고체이고, 240도 정도로 가열해야만 액체 상태로 변하기 때문에 주석 가열 장치와 주석 방울 생성 장치가 추가되어야 했다. 원하는 세기의 극자외선을 연속적으로 얻기 위해서는 주석 방울이 초당 약 5만 개가 필요하고, 방울들은 EUV 기기 안을 초속 80미터(약 시속 290킬로미터)로 날아다녀야 했으며, 레이저와 반응한 주석 방울 파편이 기기 동작을 방해하는 것을 막기 위해 고성능 주석 회수 장치를 추가해야 했다. 또한 주석 방울은 소모품이므로 주석 카트리지를 주기적으로 교체해야만 했다[7].

이런 복잡한 과정으로 힘들게 얻어낸 13.5nm의 빛은 해상도는 뛰어나지만, 다루기는 매우 힘들다. 인류는 빛을 다룰 때 반사와 굴절이라는 무기를 이용한다. 하지만 빛은 파장이 짧아지면 굴절이 잘 일어나지 않아서 유리 렌즈를 통해 빛을 모을 수 없다. 인간에게는 투명하게 보이는 볼록 렌즈가 극자외선에는 통과할 수 없는 검은 벽일 뿐이다. 과학자들은 극자외선을 반도체 제조에 사용하기 위해 30년 가까이 노하우를 축적한 렌즈 광학계를 포기하고, 거울 기반의 반사 광학계를 도입해야 했다. 물론 극자외선을 위한 반사 광학계 개발 역시 쉽지만은 않았다.

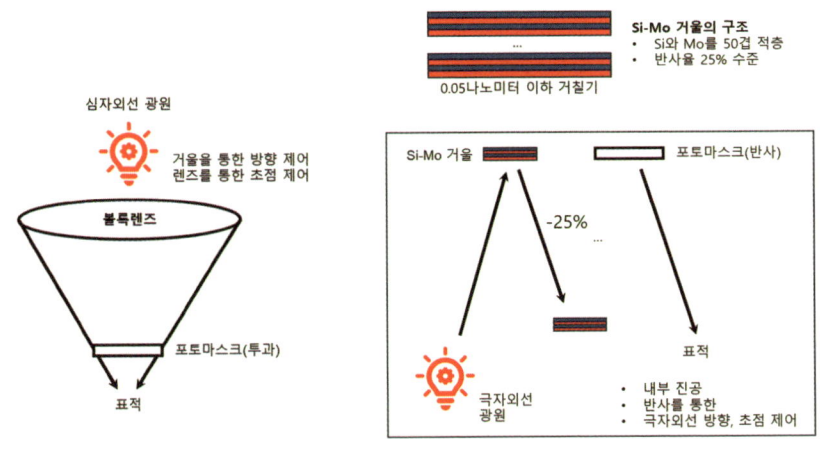

기존 노광기의 광학계(왼쪽)와 노광기의 반사 광학계(오른쪽)

위 그림은 과거 액침 노광기의 광학계와 극자외선 노광기의 광학계를 비교한 것이다. 액침 노광기의 광학계는 크게 보면, 결국 렌즈 여러 개를 조합해 빛을 표적 방향으로 모아서 보낸다. 반면 극자외선 노광기는 반사 광학계만을 사용해 빛을 모으고 방향도 바꿔야 하는데, 문제는 평범한 거울은 EUV를 흡수하기 때문에 EUV만을 위한 특수 반사 거울을 개발해야 했다는 것이다.

이 거울은 실리콘(규소)-몰디브덴 다층거울 Si-Mo Multilayer Mirror이라고 불린다. 이름에서 알 수 있듯, 실리콘과 몰디브덴[8]을 수십 겹을 균일하게 쌓은 거울이다. 학자들은 실리콘 원자를 2.7nm, 몰디브덴 원자를 4.1nm 두께로 교대로 50겹 정도 쌓으면 EUV를 반사시킬 수 있음을 알았다. 일단 빛을 반사할 수 있으면, 빛의 방향을 바꾸고 빛을 모을 수 있으므로 반도체 제조에 극자외선을 사용할 수 있다.

문제는 이 거울은 제조도 어렵고, 반사 효율도 과거 광학계에 사용되던 거울에 미치지 못한다는 것이다. 두 종류의 원자를 원자 10개 수준의* 두께로 교대로 50층 쌓아야 할 뿐만 아니라, 표면에 50pm(피코미터 = 1/1,000nm) 이상의 결함이 있어서는 안 되었다. 즉, 수십 nm 수준의 반도체를 만드는 데 사용되는 거울은 피코미터 레벨의 정확도가 필요한 것이다. 그뿐만 아니라, 이렇게 만들어진 거울에는 반사 1회에 극자외선을 25% 가까이 흡수해 버린다는 문제가 남아 있다.

포토마스크에도 변화가 생겼다. 기존 액침 노광기의 포토마스크는 웨이퍼 바로 위에 위치하지만, 극자외선 노광기의 포토마스크는 반사 거울 형태로 만들어지며, 웨이퍼 바로 위가 아닌 극자외선 진행 경로의 중간에 위

---

* 실리콘 원자의 지름은 약 0.22nm이다.

치하게 된다. 이로 인해 빛의 경로를 조절하기가 더욱 어려워졌다.

노광기 내부에 진공도 필요해졌다. 앞에서 설명했듯이 극자외선은 거의 모든 물질에 흡수되는데, 이는 공기도 예외가 아니다. 따라서 극자외선 노광기 내부는 거의 완전 진공에 가까운 상태를 유지해야 한다. 기존 노광기보다 크기가 커져야 할 상황에 내부 조건도 더욱 까다로워진 것이다.

이 많은 어려움을 극복하고 극자외선 노광기를 양산하여 반도체 회사에 납품해도 문제가 남는다. 액침 노광기에 비해 사용하기가 너무 어렵고 관리도 까다롭기 때문이다.

일단, 가장 큰 문제는 출력이 낮다는 것이다. 이산화탄소 레이저를 이용해 극자외선 레이저를 만드는 개념이라서 한 번에 레이저를 만들어 내는 과거 노광기에 비해서 레이저 발생 효율이 낮을 수밖에 없다. 이런 상황에 내부 반사 광학계가 빛을 흡수하므로, 최종적으로 웨이퍼에 도달하는 빛의 양은 더욱 줄어든다. 사실상 극자외선 노광기는 주목적이 난방이면서 부차적으로 노광도 가능한 기계에 가까운 것이다.

사용하는 빛의 에너지가 높다는 것도 문제다. 극자외선은 기존 광원인 불화아르곤 레이저보다 14배 에너지가 높은 빛이다. 불화아르곤 노광기가 100의 에너지로 100개의 빛 알갱이를 만들 수 있다면, 극자외선 노광기는 같은 에너지로 6개의 빛 알갱이밖에 나오지 않는다. 높은 에너지로 인해 극자외선은 웨이퍼 표면의 물질과 반응을 일으켜 웨이퍼 표면 성분을 변화시키기도 하고, 포토마스크와 반사광학계를 손상시키거나 심한 경우 웨이퍼 표면 물질이 튕겨 나가 노광기 내부를 돌아다니게 한다. 이렇게 돌아다니는 입자가 포토마스크나 웨이퍼 다른 부분에 달라붙으면 결함을 유발하게 된다.

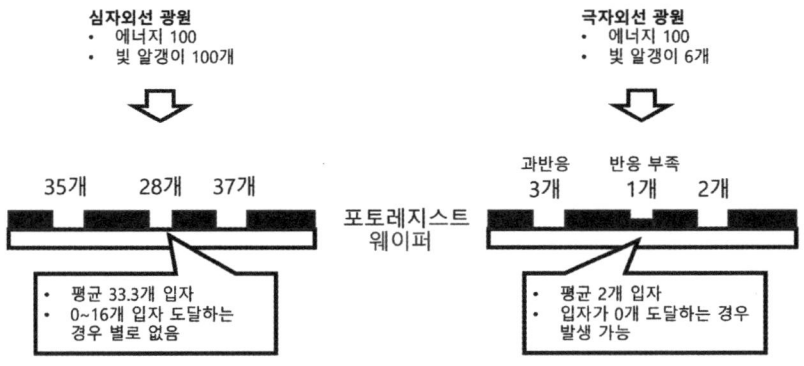

빛 입자 수의 감소로 발생하는 통계적 결함

    한편, 출력 저하와 각 빛 입자가 지닌 높은 에너지는 확률적 결함stochastic defect이라는 새로운 문제를 일으킨다. 반도체 제조(전공정)에서 살펴보았듯, 노광을 진행하려면 웨이퍼 표면의 포토레지스트를 노광기를 이용해 변성시켜야 한다. 하지만 앞서 설명한 대로 극자외선 기기가 발생시키는 빛 알갱이 개수는 동일 에너지에서 불화아르곤 기기의 1/15밖에 되지 않는다. 이로 인해 그림처럼 포토레지스트에 노광이 과도하게 진행되는 곳과 노광이 잘 진행되지 않는 곳이 확률적으로 나타나기 시작한다. 빛 알갱이가 많을 때는 웨이퍼 전체에 완벽하진 않아도 대체로 골고루 빛이 조사될 것으로 기대할 수 있지만, 노광에 사용하는 빛 알갱이 숫자가 줄어 버리니 가끔은 빛이 특정 영역으로 몰리는 경우가 생기는 것이다. 이는 동전 던지기 문제와 유사하다. 동전을 100번 던지면 앞면이 100번 연속으로 나올 확률은 매우 낮지만, 동전을 10번 던지면 0.1% 정도 확률로 앞면이 10번 연속으로 나올 수 있는 것과 같은 문제다.

    위에서 언급된 수많은 문제는 전부 상충 관계에 있다. 예를 들면, 노광기 내부를 떠돌던 이물질이 포토마스크에 달라붙는 것을 막기 위해선 펠

리클Pellicle이라는 포토마스크 보호막을 사용해야 한다. 그런데 펠리클은 10~20% 정도의 극자외선을 흡수해 노광기의 처리 속도를 감소시킨다. 이 속도를 보상하려면 포토레지스트 두께를 줄임으로써 노광 시간을 줄여야 하는데, 이렇게 되면 확률적 결함이 늘어나기 시작한다. 한 종류의 결함을 줄이려고 하면, 다른 결함이 늘어나는 것이다. 이 모든 결함을 줄이려고 하면, 이미 액침 노광기 대비 1/4밖에 되지 않는 처리 속도가 더욱 느려지게 된다.

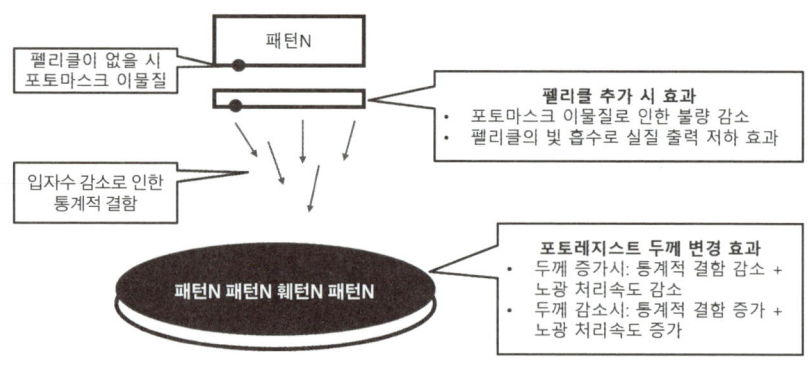

노광 결함과 통계적 결함 사이 상충 관계

혹자는 네덜란드의 ASML이 반도체 제조의 핵심 장비를 전부 생산하는데, 어째서 반도체는 직접 생산하지 않는지 의문을 제기하기도 한다. 그 이유 중 하나는 위와 같이 상충되는 문제를 해결하는 것이 너무나 어렵기 때문이다. 글로벌 반도체 회사들은 경쟁사가 사용하는 장비를 그대로 구매할 수 있음에도 경쟁사의 제조 성과를 따라잡지 못하는 경우가 많다. 장비보다는 제조 기술을 사용하여 최적점을 찾는 노하우가 기술력인 것이다. 이는 미슐랭 레스토랑에 칼을 납품하는 사람이 미슐랭급 요리를 하지 못하는 것과 비슷하다. ASML은 세계에서 노광기를 가장 잘 만드는 회사이지만, 노광기를 사용해 부가가치를 가장 잘 만드는 회사는 반도체 제조 회사인 것이다.

극자외선 노광기와 같은 어려운 기술을 기어코 성공적으로 상용화시키는 것을 보면, 미세화를 향한 학계와 업계의 집념이 어느 정도인지 짐작할 수 있을 것이다. 물론 이 집념의 결과물은 공짜가 아니고 비용 상승으로 나타난다. 이런 기술적 어려움이 우리가 평소에 뉴스에서 보는 '반도체 공장 한 채에 수조 원이 든다.', '반도체 제조 장비가 비싸다.' 등의 짧은 문장에 녹아 있는 것이다.

또한, 기술적 어려움으로 인해 노광기 회사뿐만 아니라, 노광기 부품을 만드는 회사 역시 점점 숫자가 줄어들게 된다. 반도체 장비 회사도, 실제 고객도, 공급자도 하나뿐인 이상한 시장이 되어 버린 것이다.

새 광원이 없는 미래: 하이-NA

극자외선 생성 과정을 보면 짐작할 수 있겠지만, 연구원들은 아직 상용화할 수 있는 극자외선 이후의 새로운 광원을 찾아내지 못했다. 전자빔electron beam, X선 등을 노광기에 사용해 보자는 의견이 꾸준히 제기되고 있지만, 아직 인류는 이 둘을 반도체 제조에 사용할 수 있을 정도의 고출력으로 만드는 방법과 방향을 바꿔 포토마스크와 웨이퍼에 명중시키는 방법을 찾아내지 못했다.

하지만 반도체 미세화는 계속 진행해야 하므로, 연구원들은 광원 교체 없이 해상도를 높일 방법을 찾아 나섰다. 그래서 선택한 방법이 바로 '하이NAHigh NA'라는 방식이다. 이 방식은 새 광원을 찾을 수 없다면, 있는 광원을 잘 써 보자는 것이다.

NA는 개구수Numerical Aperture라는 단어의 줄임말이다. 이는 일반인들에게는 생소한 광학 용어인데, 쉽게 말하자면 얼마나 큰 렌즈가 관찰 대상 혹은 표적을 향하고 있는지를 의미하는 수치다.

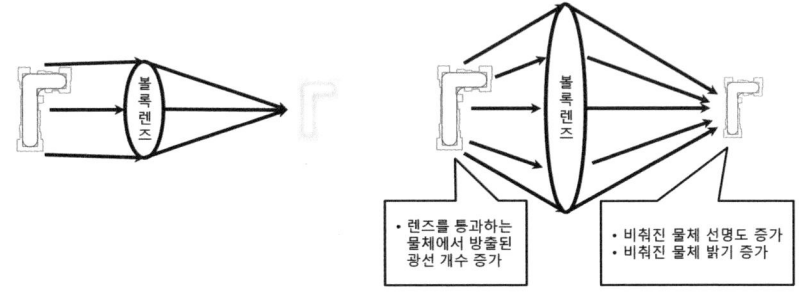

개구수의 대략적 개념. 낮은 개구수(왼쪽)와 높은 개구수(오른쪽)

위 그림은 확대율은 동일하지만, NA값이 다른 두 렌즈의 가상 예시이다. 개구수가 낮은 렌즈를 통해 비춘 사물은 덜 선명하게 보임을 알 수 있다. 직관적으로도 렌즈가 크다면 사물로부터 반사된 빛을 카메라가 더욱 많이 받아들일 수 있으니 초점을 맞춘 사물은 밝고 선명하게 보일 것이다.* 이 원리를 이용하는 것이 바로 하이 NA 극자외선 노광기이다. 기존 극자외선 노광기가 사용하는 것보다 더욱 큰 반사 거울을 이용하여 포토마스크에 더 많은 극자외선을 웨이퍼에 쏘아 보내 주겠다는 의미다. 노광기의 해상도는 빛의 파장이 짧아지거나 개구수가 커지면 개선되므로, 더욱 큰 거울을 사용하면 파장이 유지되더라도 더욱 미세한 패턴을 그릴 수 있다. 사실,

---

* 대신 초점을 벗어난 사물은 뿌옇게 보인다. 그래서 사진사들은 물체를 가까이서 찍을 때는 높은 NA 렌즈를, 넓은 영역을 볼 때는 낮은 NA 렌즈를 사용한다.

이는 액침 노광기에서 물의 역할과 크게 다르지 않다. 극자외선이 물에 흡수되기 때문에 다른 방법을 사용하는 것이다.

문제는 실제로 기기를 만드는 것이다. 높은 개구수의 광학계를 사용한다는 것은 결국 더 넓은 면적에서 반사시킨 빛을 포토마스크에 집중시키겠다는 의미이다. 문제는, 노광을 정확히 하기 위해서는 포토마스크에 들어온 빛과 반사된 빛의 경로가 겹쳐서는 안 된다는 것이다. 두 빛이 겹치면 간섭이 일어나 결함이 생길 수 있기 때문이다.

연구원들은 이 문제를 해결하기 위해 처음에는 포토마스크로 들어오는 빛의 각도를 조금 바깥쪽으로 틀어보려고 했다. 그런데 이 방식을 사용하니 75%밖에 되지 않던 마스크의 반사율이 더 낮아져 기기의 출력이 감소할 뿐만 아니라, 웨이퍼 표면에 각도를 가지고 들어온 빛으로 인해 회로 그림자가 생겨나는 문제가 발생한다는 사실을 알게 되었다. 그래서 이 방법은 사용할 수 없었다.

다른 방안으로 노광기의 확대율을 바꿔보고자 했다. 기존 포토마스크의 배율은 1/4배인데, 이는 포토마스크의 길이 100nm짜리 선이 웨이퍼에는 25nm로 찍힌다는 의미이다. 이 배율을 1/8로 바꿀 경우, 포토마스크에서 반사되는 빛의 면적도 반으로 줄어들기 때문에, 입사광과 반사광이 겹치는 것을 막을 수 있다. 문제는 이 경우 생산성이 1/4로 격감하고, 제조 가능한 칩의 최대 크기가 1/4로 줄어들게 된다.

포토마스크 좌우 길이를 2배로 키우면 확대율을 1/8로 바꾼 상태에서도 생산성이 유지되는데, 이는 기존 포토마스크 제조사들이 받아들일 수 없었다. 이미 기존 극자외선 노광기 포토마스크 크기에 생태계가 적응해 있었기 때문이다.

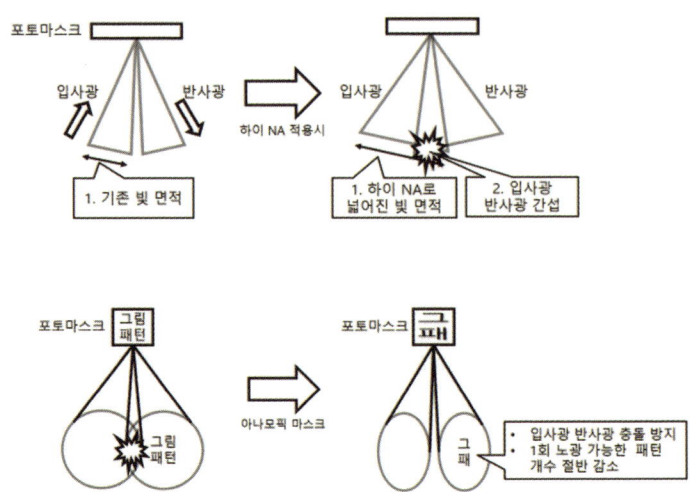

하이 NA 적용으로 인한 문제점(위)과 그 해결책(아래)

　이런 상황을 타개하기 위해 노광기 회사는 일종의 타협책을 사용하게 된다. 바로 아나모픽Anamorphic 마스크이다. 아나모픽 마스크는 가로 세로의 확대 배율이 비대칭인 마스크를 의미한다. 포토마스크의 면적은 유지한 채 입사광과 반사광이 겹치는 방향의 배율만 1/8로 줄이는 것이다. 이렇게 하면 기존과 동일한 크기의 포토마스크를 사용하면서도 NA값을 높이고, 동시에 입사광과 반사광이 겹치는 것도 막을 수 있다. 물론, 마스크의 최종 배율은 기존의 반밖에 되지 않으므로, 노광 1회에 그릴 수 있는 회로 크기는 절반으로 줄어들어 기기의 처리 속도는 감소하게 된다.

　노광기 회사는 내부 기기들의 물리적 이동 속도를 증가시켜 출력 감소를 상쇄하고자 하고 있다. 웨이퍼를 노광하기 위해서는 웨이퍼가 탑재된 웨이퍼 스테이지와 포토마스크를 움직이는 레티클 스테이지라는 두 부품이 구동해야 하는데, 이 둘의 가속도를 각각 8G, 32G까지 높이겠다는 것이다. 8G와 32G의 가속도는 자동차를 1초 만에 시속 80km, 시속 300km

가 넘는 속도로 가속시킬 수 있는 수준의 높은 가속도이다. 하이 NA 노광기는 내부 부품들을 이런 높은 가속도로 구동함과 동시에, 수십 nm 수준의 미세한 노광 패턴을 틀리지 않고 그려내야 한다는 의미이다.

실제로 이런 조치를 취하더라도 하이 NA 노광기의 시간당 처리량은 기존 노광기보다 적다. 2024년 개발된 일반 극자외선 노광기는 시간당 220장의 웨이퍼를 처리할 수 있지만, 하이 NA 시제품은 시간당 150장을 처리할 수 있다. 물론 면적당 소자 개수가 2배로 증가한다면, 결과적으로 30% 가까이 추가 소자를 얻은 셈이니 미세화를 통한 이득은 여전히 존재한다. 하지만 미세화를 통한 원가 절감이 더욱 어려워지는 것이다.

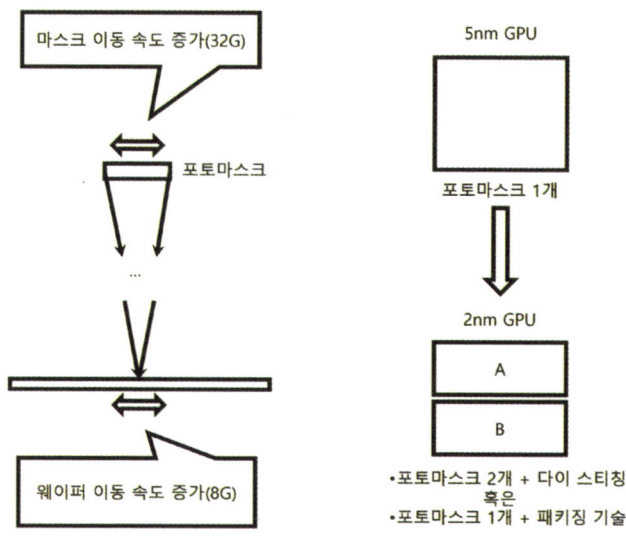

처리 속도 증가 노력(왼쪽)과 설계의 추가 부담(오른쪽)

출력 문제를 해결하더라도 제조업체와 설계업체가 해야 할 일이 또 있다. 아나모픽 마스크 채용으로 인해 만들 수 있는 칩의 최대 면적이 절반으로 감소했기 때문에, 넓은 면적의 칩을 사용하던 회사들은 고급 패키징 기술을 사용해 작은 두 칩을 결합하여 사용하거나 두 칩을 노광 레벨에서 결합하는 다이 스티칭Die stitching이라는 기술을 사용해야 한다. 전자의 방식을 사용할 경우 칩의 전력 소모가 커질 수 있으며, 후자의 방법을 사용할 경우 제품 하나에 포토마스크가 두 쌍이 필요해진다.

거울의 크기를 늘리면서도 노광기 크기 증가를 억제하기 위해 거울 중앙에 구멍을 뚫어 광원을 통과시키는 방식obscuration도 필요하다. 이는 피코미터 레벨의 정확도를 요구하는 거울 중 일부에 구멍을 만들어야 한다는 의미이다. 이로 인해 초점 근처의 노광 강도가 약해지며, 기존과는 다른 새로운 회절 간섭 무늬가 생겨나게 된다. 이 역시 설계와 제조에 추가적인 부담으로 작용하게 된다.

하이 NA 기술을 읽고 나서 뭔가 이상함을 느끼는 독자도 있을 것이다. 반도체 미세화 기술을 연구하고 있어야 할 회사들이 정작 하고 있는 일이 애매한 타협안을 만들고, 이로 인해 발생한 출력 감소를 기계공학적 노력으로 극복하려는 것이기 때문이다. 그리고 이런 노력의 대가로 반도체 제조를 도와주어야 할 신규 장비가 도리어 넓은 면적의 반도체 제조와 설계를 힘들게 하는 상황이니 그럴 만도 하다.

극자외선 노광기의 발전사와 어려움은 현재 반도체 제조 기술이 처한 어려움을 가장 잘 보여 주는 예이다. 반도체 산업이 처음 시작되고 무어의 법칙이 등장했을 때, 사람들은 광원과 광학계의 힘을 빌려 미세화를 주도해 왔다. 이후 노광의 어려움이 생길 때마다 액침 주석 레이저 생성 등 새로운 기술을 도입하여 한계를 넘어섰는데, 이제는 기기 내부의 웨이퍼 물리적 이동 속도까지 절약해야 다음 미세공정으로 나아갈 수 있는 상황이 된 것이다. 노광기 구매자도 마찬가지이다. 기존에도 극자외선 노광기의 크기가 너무 크고 전력 소모량도 많아서 노광기를 도입하기 위해 건물을 새로 지어야 했는데, 하이 NA 극자외선 노광기는 이보다 더욱 클 뿐만 아니라 새로 익숙해져야 할 것도 더욱 많아졌다.

재미있는 사실은 하이 NA 기술이 다른 대안들보다는 그나마 쉬운 미세화 방법이라는 것이다. 새로운 광원과 그 광원에 맞는 광학계, 제조 관련 소모품을 찾는 것이 어렵다는 것은 액침 노광기에서 극자외선으로 넘어오는데 20년의 세월이 필요했다는 사실을 통해 알 수 있다. 적어도 하이 NA 극자외선 노광기의 광원은 기존 노광기와 동일하므로, 반사 광학계 노하우와 사용하던 소모품 노하우를 상당수 다시 이용할 수 있다.

이런 이유로 이제는 반도체 미세화를 한 발짝 더 진행하려면 많은 회사들의 연구개발 협조가 필요하다. 하이 NA 차기 장비로 하이퍼Hyper NA라는 장비가 개념상으로는 존재한다. 만약 이 장비를 실제로 개발하고 양산하고자 할 때, 노광기 회사가 아나모픽 마스크의 축소율을 더욱 낮추기로 결정해 13mm×17mm의 칩밖에 양산할 수 없게 된다면 작아진 최대 칩 크기의 부담은 팹리스와 파운드리가 고스란히 나눠 가져야 한다.

만약 칩 크기 하락을 감내할 수 없다면 마스크의 크기가 커져야 하는데, 포토마스크 제작 업체 전체가 고작 3~5년간 미세화를 더 진척시키기 위해 과거 수십 년 쌓아둔 기반을 포기할지는 미지수이다.* 레티클 스테이지와 웨이퍼 스테이지 이동 속도(32G, 8G)를 지금보다 개선할 수 있을지 역시 알 수 없다. 어쩌면 약한 광원을 보상하기 위해 반응성이 2배 이상 좋은 포토레지스트를 찾아야 할지도 모른다. 미세화는 이렇게 점점 더 많은 분야의 협조와 희생에도 불구하고, 불확실성을 감내해야 하는 상황이 되었다.

---

* 마스크 크기를 늘리는 것이 필요하다는 의견은 계속 늘어나고 있으며, 그 나름의 지지를 얻고 있다.

02.

데너드여 안녕:
작게 그려도 잘 동작하지 않는 반도체

우리는 위에서 노광기를 살펴보았다. 노광이 어려워지면 웨이퍼 표면에 작은 그림을 그리기 어렵기 때문에, 동일한 웨이퍼 면적 위에 더 많은 소자를 만들기 어렵고, 이로 인해 원가 절감과 전력 대 성능비 개선이 어려워지게 된다.

그렇다면, 작은 그림을 그릴 수만 있다면 미세화의 모든 문제가 해결되는 것일까? 안타깝게도 아니다. 따라서 이번 장에서는 노광기 개발에 성공하더라도 발생하는 반도체 제조의 어려움을 알아볼 것이다.

트랜지스터 동작 자세히 보기

반도체 업계에 최근 일어나는 일을 이해하려면 트랜지스터가 어떤 식으로 구동되는지 개략적으로 이해할 필요가 있다. 상술하였듯, 트랜지스터

(모스펫)는 전기(전압)를 이용해 전기(전류)를 통제하는 소자이다. 전류는 0과 1을 나타내는 신호 역할을 하며, 채널Channel이라는 통로를 지나서 반대편으로 전달된다. 채널은 게이트Gate라는 신호 통제 장치로 제어되며, 게이트가 열려 있을 때만 0이나 1 신호가 전류를 통해 전달된다. 잘 생각해 보면, 트랜지스터 동작 자체도 반도체의 사전적 정의인 '전기 전도도를 변화시킬 수 있는 물질'과 부합한다는 것을 알 수 있을 것이다. 게이트를 제어하면 채널의 전도도가 변화하기 때문이다. 결국 반도체 회사들이 하는 일은 전기 전도도를 변화시킬 수 있는 물질(N형 반도체, P형 반도체)을 이용해 전기 전도도를 조절 가능한 소자를 대량으로 만들고 이들을 연결하여 우리가 아는 전자 제품을 만드는 것이다.

트랜지스터의 채널을 고속도로, 게이트를 톨게이트, 신호를 전달하는 전류를 자동차라고 생각하면 동작을 이해하는 데 도움이 된다. 신호를 전달한다는 것은 자동차가 짐을 일정량 반대 방향으로 옮기는 것이고, 자동차는 톨게이트가 열려야만 짐을 옮길 수 있다. 전류는 채널 표면으로만 움직인다. 이는 자동차가 아스팔트 위에서 주행하는 것과 비슷하다.

이전 장에서 간단히 언급하였지만, 트랜지스터는 N형NMOS과 P형PMOS 두 종류가 존재한다. 이는 트랜지스터의 구동 원리상, 한 개 트랜지스터가 신호 0과 1 중 한 종류만 정확하게 통과하도록 만들 수 있기 때문이다. 그래서 디지털 회로를 만들기 위해서는 반도체로 두 종류의 트랜지스터를 전부 만들 수 있어야 한다. NMOS와 PMOS를 전부 사용하여 만든 회로를 CMOS라고 부르며, CMOS는 0과 1의 신호 조합이 필요한, 수많은 전자 제품의 근간을 이루고 있다.*

---

* 범용성은 부족하지만, NMOS나 PMOS만을 활용한 기초 회로도 존재한다.

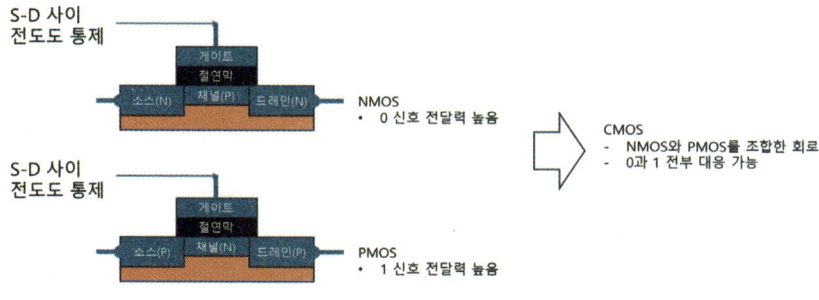

NMOS, PMOS와 CMOS의 관계

한편, 디지털 회로는 0과 1을 정확히 전달하고 구분하는 것만이 중요하지, 전달된 0과 1의 세기는 중요하지 않다. 이 특징 덕분에 우리는 직관적으로 좋은 트랜지스터, 나아가 좋은 소자*가 무엇인지 정의할 수 있다.

일단, 게이트의 열림 닫힘 상태를 전환할 때 전력이 적게 든다면 좋은 소자이다. 게이트는 트랜지스터의 핵심 역할인 신호 전달 유무를 결정하기 때문에 동작 변화가 빈번하다. 따라서 상태 전환에 적은 전력을 사용한다면 반도체의 효율이 높아지게 된다. 채널을 통해 신호를 짧은 시간에 다른 소자에게 정확하게 전달할 수 있으면 역시 좋은 소자이다. 만약 트랜지스터의 신호 전달 속도가 2배가 되면, 동일한 설계의 반도체가 2배의 속도로 동작할 수 있게 된다. 마지막으로 동작하지 않을 때 전력을 적게 쓰면 좋은 소자이다. 반도체 소자는 결국 신호를 전달하는 것이 목적이기 때문에, 목적 이외의 에너지 소모는 결국 낭비이다. 그리고 반도체 회사들은 이러한 특성을 개선하는 방법을 이미 알고 있다.

상태 전환에 전력 사용을 줄이려면 게이트의 채널 영향력을 높이면 된

---

* 트랜지스터 이외의 소자도 미세공정으로 만들 수 있다. D램의 경우 캐패시터가 대표적인 예이다.

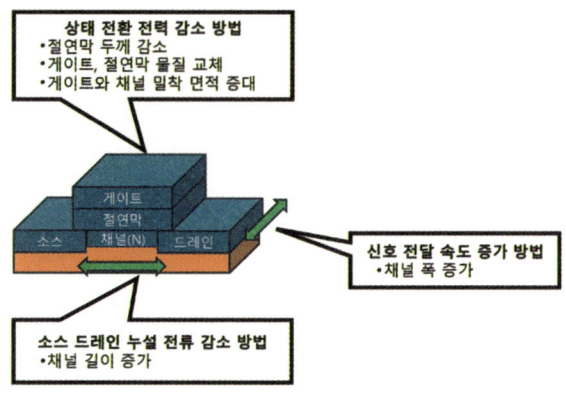

트랜지스터의 특성을 개선하는 방법

다. 이를 위해서는 게이트를 채널에 더욱 가까이 붙이거나, 게이트와 채널의 밀착 면적을 높이고, 게이트 전압이 동일할 때 더욱 강한 영향력을 발생시키는 물질을 사용하면 된다. 이는 더욱 숙련된 톨게이트 통제 인원을 고용하거나, 통제 인원을 도로에 좀 더 가까이 붙이는 것과 같다.

0과 1 신호를 빠르게 다른 소자로 전달하려면 채널을 통과하는 전류의 속도를 높이거나, 채널의 폭을 넓혀 시간당 더 많은 전류가 통과하게 만들면 된다. 문제는 전달 속도를 2배로 높이기 위해서는 전력이 4배 가까이 필요하다는 것이다. 이는 자동차가 과속할 때 연비가 급락하는 것과 비슷한 현상이다. 그래서 신호 전달 속도를 높일 때는 채널의 폭을 넓히는 방식이 선호된다. 두 도시 사이에 물건을 2개 옮길 때, 시속 200km 자동차 한 대가 두 번 왕복하거나 시속 100km 자동차 두 대가 한 번 왕복할 수 있다. 2개의 물건을 옮기는데 걸리는 시간은 같지만, 후자의 연비가 더 높다. 마찬가지로 트랜지스터도 도로에 해당하는 채널의 폭을 넓히면 에너지 소모량을 줄이면서도 신호 전달 속도는 유지할 수 있다.

작동하지 않을 때 에너지 소모를 줄이기 위해서는 누설 전류를 줄여야 한다. 이를 위해서는 트랜지스터의 게이트가 두꺼워지면 된다. 채널을 통제하는 문이 두꺼울수록 문틈으로 새어 나가는 전류를 줄일 수 있게 된다. 톨게이트가 두꺼워지면, 게이트가 차단되기 전에 넘어가려는 차를 막을 수 있게 되는 것이다. 누설 전류가 감소하면 신호 정확도가 높아지고 에너지 소모도 적어지게 된다.

눈치가 빠른 분들이라면, 위 방법은 대부분 소자의 크기를 크게 만들어 원가에 악영향을 미치는 해결책임을 알아챘을 것이다. 게이트(문)를 두껍게 만들거나, 채널(도로)의 폭을 넓히면 당연히 소자의 크기가 커질 것이다. 그러면 소자의 크기가 커져 원가가 높아지게 된다. 이 문제를 수십 년간 해결해 주었던 것이 바로 데너드 법칙이다. 데너드 법칙에 따르면 소자 크기가 절반으로 줄어들면, 작동에 필요한 전력도 자동으로 절반으로 줄었다. 만약 크기 100의 소자가 0에서 1로 상태가 변화하기 위해서는 10의 에너지를 소모했다면, 크기 50의 소자는 동일 작업을 위해 5의 에너지만 사용한 것이다. 미세화를 진행하면 자동으로 전력 소모가 줄어들고 성능이 높아지므로, 위와 같이 소자의 크기가 커지는 해결책을 사용할 필요가 없었다. 하지만 미세화가 더욱 진행되자, 데너드 법칙이 제대로 작동하지 않기 시작했다. 물론 무어의 법칙은 유효하기에 매해 더 많은 소자를 얻어낼 수 있었지만, 과거처럼 각 소자의 성능과 전력 소모량을 빠르게 개선할 수는 없게 되었다. 어째서 이런 일이 일어나는 것일까?

양자 효과와 누설전류

미세화가 진행되자 세간에서 '양자 효과'라 부르는 문제들이 터져 나오며 데너드 법칙을 흔들기 시작했다. 양자 효과는 다양한 종류가 존재하지만, 그중 가장 대표적인 것이 터널링이다. 터널링은 에너지가 적은 전자가 매우 얇은 벽*을 확률적으로 통과해 버리는 현상을 의미한다. 이는 체육관 벽을 얇게 만든 뒤 야구공 1만 개를 벽에 던졌더니, 공 1개가 벽을 통과해 버리는 이상한 현상과도 같다. 터널링은 우리가 사는 일반적 세계(거시세계)에서는 관찰되지 않고,** 전자와 원자 크기 수준의 미시 세계에서만 관찰된다. 그리고 반도체 미세화가 진행될수록 터널링 효과는 상대적으로 커지게 된다.

터널링 효과가 커지면, 반도체의 전력 대 성능비를 개선하기 힘들어진다. 기존에는 미세화가 진행될 때 최대 전류량과 비슷한 추세로 감소하던 누설 전류량이 잘 감소하지 않게 된다. 기존에는 칩의 전체 전력 소모가 100에서 50으로 줄어들 때, 누설전류가 10에서 5로 같은 비율로 줄었다면, 이제는 전력 소모가 50에서 10으로 줄어들 때 누설 전류가 1이 아닌 2가 되는 식이다. 전체 칩의 전력 소모는 줄어들지만, 의미 없이 낭비되는 전류의 비율은 10%에서 20%로 늘어나는 셈이다.

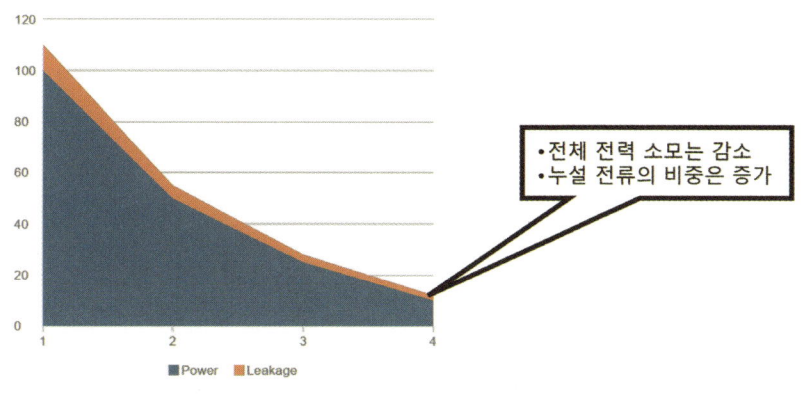

데너드 법칙과 누설전류의 개략적 관계

---

* 엄밀하게는 포텐셜 장벽(Potential wall)을 의미한다.
** 발생하지만 빈도가 매우 낮다.

터널링은 소자의 동작에도 영향을 미친다. 게이트가 닫힌 상태임에도 채널에서 전류가 살짝 흐르기도 하고, 본래는 전류가 흘러서는 안 될 게이트와 채널 사이에 전류가 흐르기도 하는 등 트랜지스터의 기본 전제를 무시하는 전류 흐름이 계속 나타난다. 이런 현상들은 0과 1 신호 전달을 교란함으로써 소자 작동을 방해한다. 이런 문제를 보완하기 위해 트랜지스터의 작동 전압을 높이면 소자 동작은 가능하지만, 전력 대 성능비가 악화되는 문제가 발생한다.

위와 같은 문제가 바로 데너드 법칙을 무너뜨린 주범이다. 기존에는 소자 크기가 절반 줄어들면, 전력 소모도 절반 줄어들었다. 하지만 누설전류의 비율이 높아지기 시작하면, 반도체 회사들은 크기가 절반인 반도체 소자를 개발해도 기존 소자의 절반보다는 더 큰 에너지를 써야 한다. 이로 인해 동일 면적의 반도체 안에 소자는 2배 늘어났는데, 전력은 2배 넘게 필요해지게 된다. 이는 칩의 성능 향상을 방해하고, 칩을 구성하는 소자 전체에 에너지 공급을 힘들게 하거나, 기존에 사용하던 간단한 발열 처리 솔루션을 사용하지 못하게 하는 등 전자 산업 전 분야에서 다양한 문제를 발생시킨다.

이러한 문제를 막으려면 위에서 살펴본 것처럼 소자 간 거리를 늘리고 게이트 등의 두께를 늘려야 하는데, 그렇게 되면 소자의 크기가 커지고 원가가 높아진다. 소자의 성능 열화에 대응하려 하니, 무어의 법칙이 영향을 받게 되는 것이다.

이제 회로를 기존보다 작게 그리는 정도로는 반도체가 제대로 동작한다는 보장이 없다. 90, 60, 45nm 등의 공정 전환을 거칠 때, 전 세대 공정의 소자를 크기만 축소해 만들면 소자가 제대로 작동하지 않는다. 미세화로 인해 일어난 소자의 특성 열화를 보상하기 위해 기존에 사용하지 않던 수

많은 기술이 도입되어야 한다.

　지금부터는 반도체 회사들이 미세화를 진행하면서도 소자의 성능을 개선하기 위해 취하는 수많은 노력을 알아볼 것이다. 반도체 회사들은 소자의 모양은 유지한 채 사용하는 물질을 바꾸는 것에서 시작하여, 소자의 특정 기능을 3차원화함으로써 평면상의 면적을 줄이고자 한다. 나아가서 이제는 기존에 제조와 무관했던 설계 회사와 협업하기도 한다.

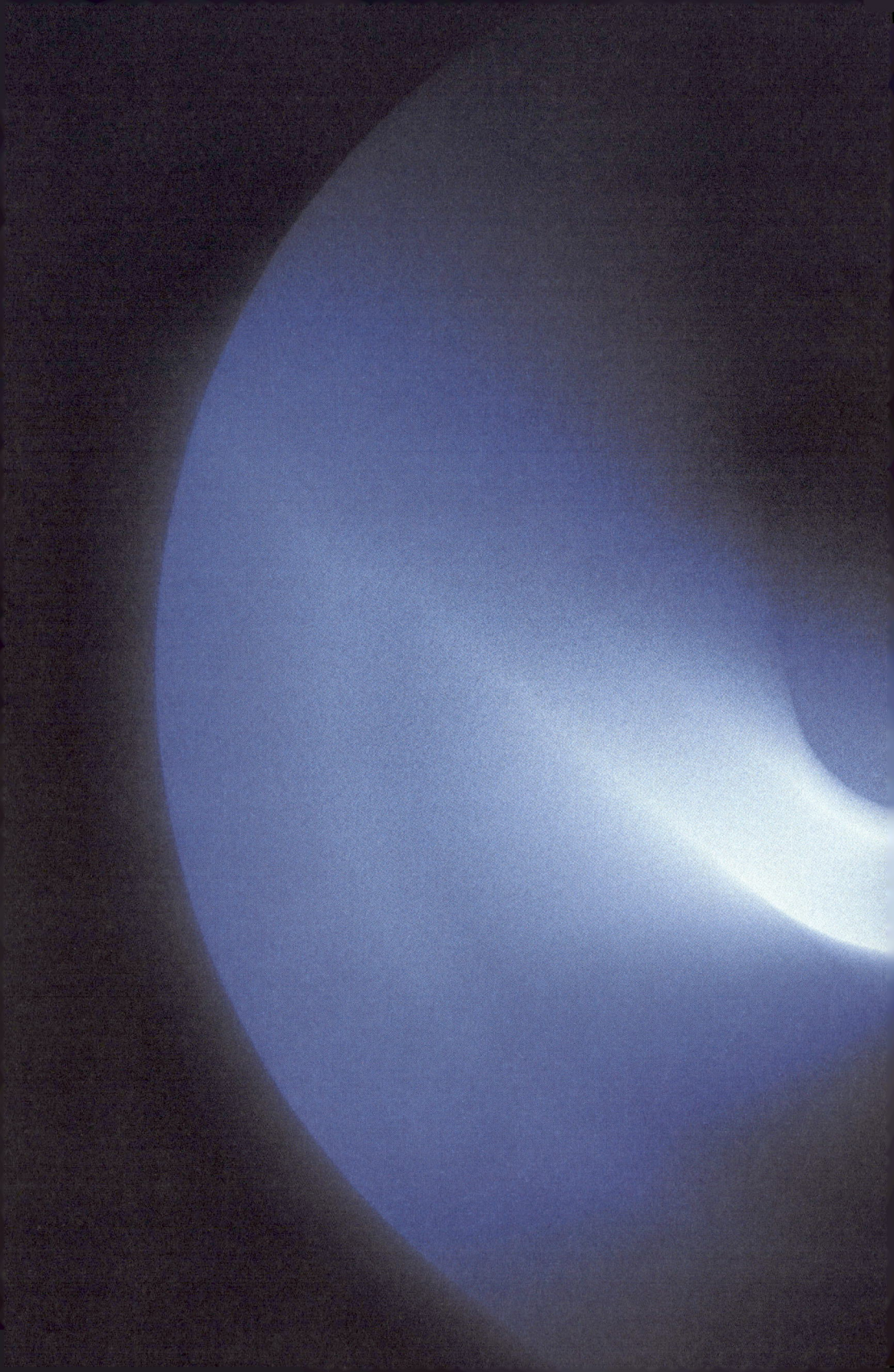

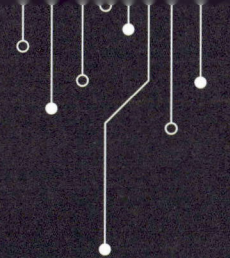

3장

아래층에서 위층까지: 전공정의 문제 극복하기

01.
전공정의 미세화 방식

소자층 기술 사용처 요약

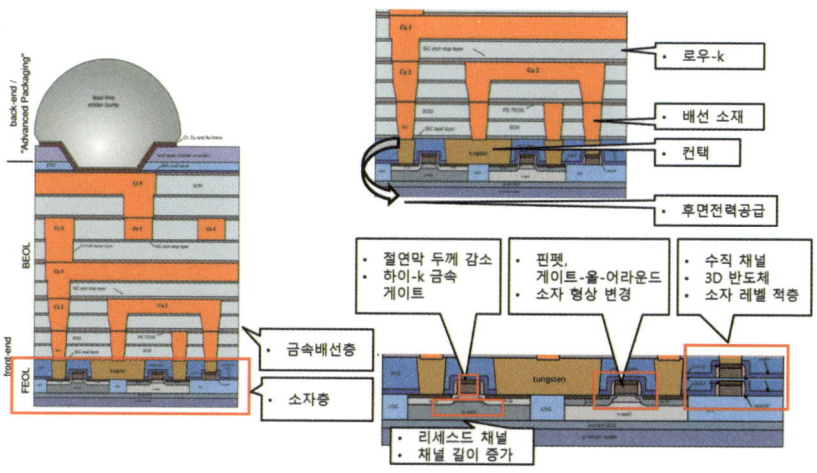

소자층에 적용되는 다양한 기술

일회용 밀도 부스터, 밀도와 성능

지금부터 시작할 내용은 이 책의 본론에 해당한다. 어려운 내용이 연속해서 등장하기 때문에, 기술 용어에 매우 익숙한 독자가 아니라면 모든 내용을 한 번에 소화하기는 쉽지 않을 것이다. 정말 바쁘고 시간이 없는 독자를 위해 책을 읽으면서 염두에 두어야 할 것을 한 가지 미리 언급하고자 한다. 바로 전공정의 미세화 방식 중 '일회성 미세화 기술'과 '지속 가능한 미세화' 기술이다.

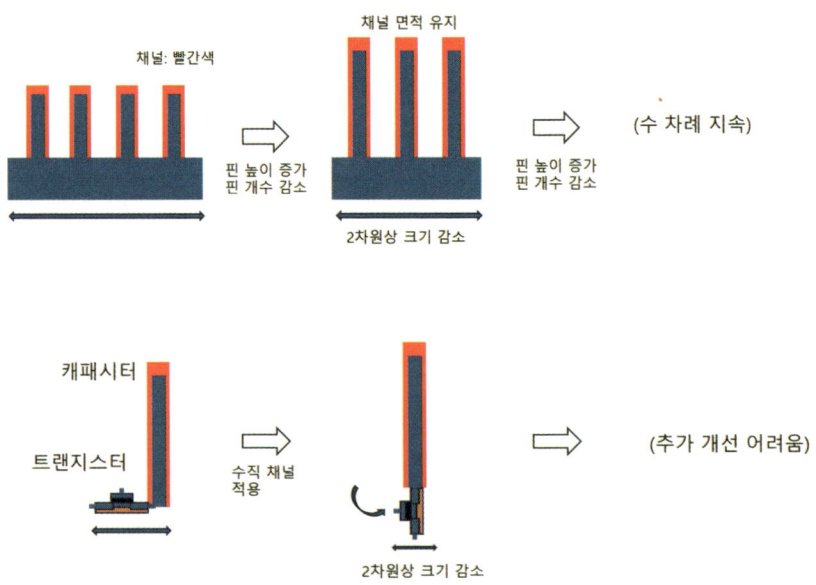

지속 가능한 미세화(위) vs 일회성 미세화 기술(아래)

예를 들면, 이 장에서 소개할 핀펫 기술은 핀의 높이를 매해 지속적으로 높이고 핀의 개수를 줄여가면 반도체의 밀도를 비슷한 방식으로 수년간 높이는 데 공헌할 수 있다. 반면 D램의 수직 채널과 같은 기술은 한 번 적용해 밀도 상승효과가 발생하면, 이후 기술을 개선해 발전시키더라도 지속적인 밀도 향상을 기대할 수 없는 기술이다. 전자의 개선 방식을 지속 가능한 기술, 후자의 방식을 일회성 기술로 이해하면 된다. 또한 미세화 진행에 따라 반도체 회사들이 전자의 방식과 후자의 방식 중 어떤 방식에 더 크게 의존하게 되는지 살펴보면 미세화의 어려움을 더욱 잘 이해할 수 있을 것이다.

또한, 다양한 제조 신기술이 개별소자의 크기와 개별소자의 효율 개선 중 어떤 부분에 영향을 크게 주는지 나누어 보면 도움이 될 것이다. 이 장에서 소개하는 다양한 기술은 반도체 제조가 더는 데너드 법칙에 의존할 수 없게 되어 등장한 것이다. 이 기술들은 데너드 법칙처럼 밀도가 50% 개선되면 전력 소모도 정확히 50% 줄여 주는 기술이 아니다. 특정 기술은 밀도 상승에 더 큰 영향을 미치고, 다른 기술은 전력 효율에 더 큰 영향을 끼친다. 이 과정에서 만약 소자의 밀도 증가 기술이 소자의 효율 향상 기술보다 더욱 많이 채용된다면, 어떤 일이 일어날지도 고민해 보면 좋을 것이다.

이 점을 이해하고 나면, 그다음 장에 나오는 패키징 기술의 중요성을 이해하는 데 큰 도움이 될 것이며, 패키징 기술이 할 수 있는 것과 없는 것을 구분할 수 있을 것이다.

02.
소자층의 문제: 작은 트랜지스터 만들기

게이트를 강화하는 고품질 물질: High-k Metal Gate

　반도체 미세화가 진행되자, 트랜지스터의 핵심 부위 중 하나인 게이트가 문제를 일으키기 시작했다. 게이트는 채널의 전도도를 조절하여 트랜지스터에 신호 전달 능력을 부여하는 부위라서 게이트가 제대로 동작하지 않으면 전자 회로 자체를 구성할 수 없게 된다.

　게이트에 문제가 발생하는 이유를 이해하려면, 먼저 트랜지스터 게이트가 채널을 통제하는 방법을 이해할 필요가 있다. 게이트는 전하*를 한 구역에 모아 놓으면 발생하게 되는 전기장이라는 일종의 영향력을 발생시켜 간접적으로 채널의 전도성을 통제한다. 게이트 전극에 전압을 가해 주면,

---

* 전기를 띄고 있는 단위 입자

게이트에 전하가 모이게 된다. 게이트에 모인 전하는 전기장을 채널 방향으로 발생시키고, 채널에는 게이트와 극성이 다른 전하가 모이게 된다. 이렇게 채널에 모인 전하는 반도체 물질로 이루어진 채널의 전도성을 증가시키게 된다.

한편, 게이트에 모여 있는 전하가 채널 쪽으로 누설될 경우, 게이트가 만드는 전기장이 약해지고 전력 소모량이 커지기 때문에, 게이트와 채널 사이에는 절연막을 설치해 둘 사이의 전류 흐름을 막는다. 즉, 게이트는 동물원의 호랑이처럼 존재감만을 방출해 채널 쪽에 경비병을 모이게 하지만, 정작 채널과 직접 닿아서는 안 되는 것이다.

반도체의 성능을 높이려면 더 낮은 에너지를 소모하면서도 초당 더 많은 신호를 전달해야 한다. 이를 위해서는 게이트의 채널 통제력을 높여 효율을 높일 필요가 있다. 채널 통제력을 높이는 방법은 두 가지가 있다. 게이트의 전하량을 높이거나, 게이트와 채널을 더욱 밀착하는 것이다.

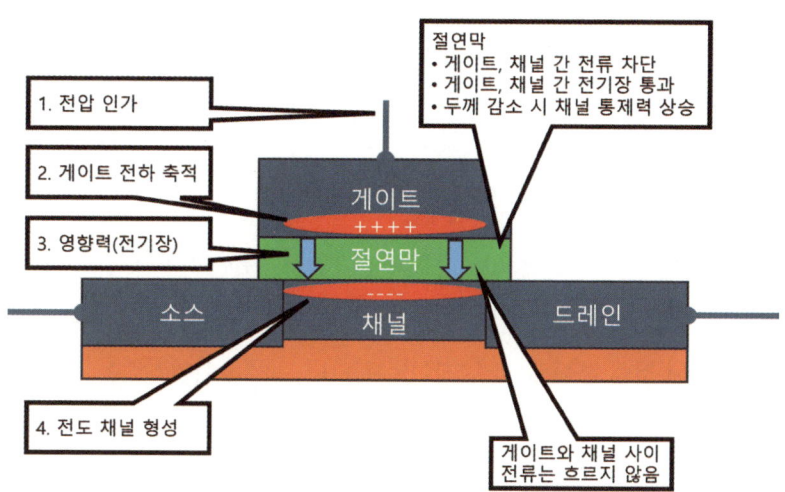

게이트의 채널 전도도 통제 원리

게이트 전하량을 높이는 가장 확실한 방법은 게이트 작동 전압을 높이는 것이다. 작동 전압이 높아지면 게이트가 더 많은 전하를 붙잡을 수 있게 되어 전기장이 강해져 채널 통제력이 높아진다. 문제는 그렇게 하면 소비전력이 증가한다는 점이다. 게이트에 전하를 고이게 하는 것도 약간이지만 전류가 필요하고, 높은 전압이 게이트 주변부에 영향을 끼치기 때문이다. 실제로 반도체 회사들은 미세화를 진행함에 따라 게이트 구동 전압을 낮추려 하지, 높이려 하는 경우는 거의 없다.

그래서 반도체 회사들은 게이트와 채널 사이 전류 흐름을 막는 절연 물질의 두께를 줄여 게이트의 통제력을 강화하는 방식을 사용했다. 절연막을 얇게 만들면 게이트에 모인 전하들이 채널에 가까워지므로, 동일한 양의 전하가 모여 있더라도 채널이 더욱 잘 반응하게 된다. 이런 이유로 반도체 회사들은 미세화를 진행함에 따라, 게이트와 채널 사이 절연막의 두께도 함께 지속해서 줄여 왔다. 이는 데너드 법칙을 유지하는 방법 중 하나이기도 했다.

하지만 미세화가 더욱 진행되자 절연막 두께를 더는 줄이기가 힘들어졌다. 절연막의 두께가 크게 얇아지자 양자 효과인 터널링이 발생해 전류가 게이트에서 채널로 무시할 수 없을 정도로 흐르게 된 것이다. 반도체 회사들이 누설 전류를 줄이기 위해 다시 절연막 두께를 늘리면 전기장이 약화되어 채널 통제력이 낮아지고, 이를 보상하려면 전압을 높여야 한다. 그렇다면 절연막 두께를 유지하면서도 게이트의 힘은 강하게 할 수 없을까? 그래서 도입된 것이 하이-k 금속 게이트High-k Metal Gate이다.

하이-k 금속 게이트는 두 가지 기술로 구성된다. 하이-kHigh-k는 고High 유전율 물질을 의미한다. 유전율이란 특정 물질이 전류를 이루는 입자인 전하를 유도하는 능력*을 의미하는데, 물리학에서 k(그리스 문자 kappa)

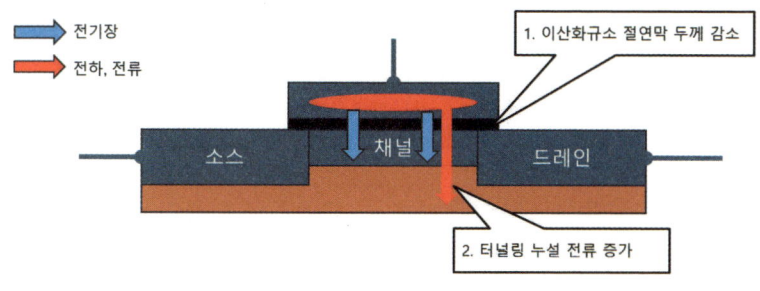

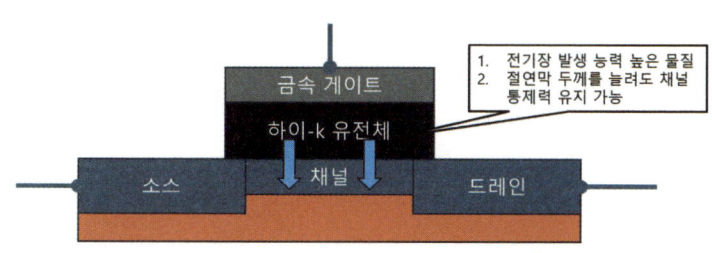

미세화로 인한 게이트 문제(위)와 하이-k 금속 게이트(아래)

로 표현하기 때문에 하이-k라는 이름을 얻었다. 메탈 게이트는 금속으로 만든 트랜지스터 게이트를 의미하는 것이다. 하이-k 메탈 게이트는 전압이나 절연막 두께를 조절하는 대신 게이트의 구성 물질을 바꿔 전기장 세기를 유지하는 기술이다. 이 기술을 이해하려면 하이-k 금속 게이트 이전의 절연막 물질을 알아볼 필요가 있다.

과거의 절연막은 이산화규소SiO_2라는 물질로 만들어져 있었고, 게이트 절연막Gate Oxide** 라는 이름을 가지고 있었다. 이산화규소는 실리콘 기반의 화합물이라서 실리콘 웨이퍼에서 생성하기 쉬웠으며, 절연성이 높고

---

* 엄밀하게는 특정 물질에 전기장을 가했을 때, 물질이 +와 -로 나뉘려는 성향을 의미한다.
** 엄밀하게는 게이트 (아래의)산화물이라고 번역해야 한다.

단단했다. 일상에서 보는 유리의 특성을 가졌다고 생각하면 이해하기 쉽다.

참고로 반도체는 동일한 물질이더라도, 다른 위치에 존재하거나 제조(증착 등) 품질이 달라지면 이름이 달라지는 예가 있다. 위에서 살펴본 이산화규소는 게이트 이외에도 반도체 제조 많은 곳에서 사용된다. 이산화규소가 소자와 소자 사이 경계부에 배치되어 두 트랜지스터 사이의 간섭을 막는 역할을 할 경우, STI Shallow Trench Isolation라는 이름을 가지게 된다. 자동차의 앞문과 뒷문은 이름은 다르지만, 재질은 동일한 금속인 것을 생각하면 이해하기 쉽다.

이산화규소 기반 절연막은 2000년도 초반에 로직 공정에서 한계에 다다르게 되었다. 2003년, 미세화의 선두 주자였던 인텔은 연구소에서 절연막 두께를 원자 8개 수준의 두께인 0.8nm까지 줄였다고 발표하면서, 이제는 (두께를 줄이기에는) 원자 숫자가 부족하다고 이야기하기도 하였다[9]. 이보다 게이트 두께를 더 줄이면, 터널링 현상이 너무 커서 게이트가 제대로 동작할 수 없게 될 상황이었기 때문이다. 인텔은 지금까지 게이트와 채

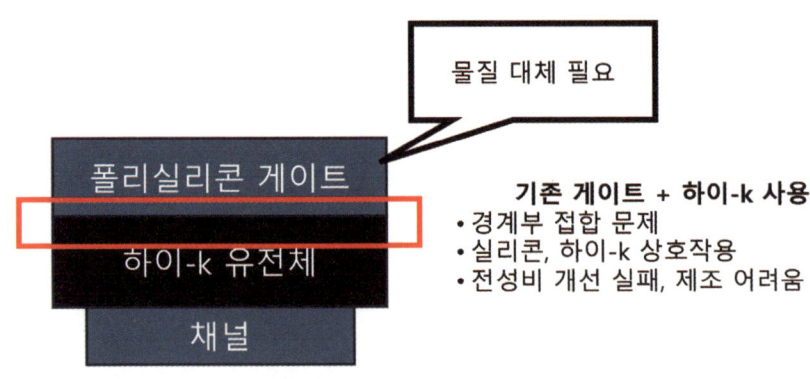

High-k 물질만을 사용할 때의 문제

널 사이의 거리를 좁히던 반도체 미세화의 경로를 살짝 틀어, 게이트 채널 사이 절연막의 두께를 다시 넓히고, 대신 절연막 재료를 전기장 발생 능력이 강한 물질로 교체하고자 했다. 두께를 늘리면 터널링으로 인한 누설 전류는 감소하지만, 채널 통제 능력은 하락한다. 하지만 물질을 하이-k로 교체하면, 두께 증가로 인한 채널 통제 능력 감소를 보상할 수 있는 것이다.

그런데 하이-k 물질을 사용하려 하자 문제가 생겼다. 반도체 회사들은 본래 게이트의 주요 구성 물질로 폴리실리콘Polysilicon을 사용해 왔다.* 폴리실리콘은 반도체 제조에 사용하는 웨이퍼와 분자식이 동일하지만, 결합 구조가 다른 물질이다. 규소 기반 물질이라서 반도체 회사들이 매우 잘 가공하는 물질이며, 비슷한 규소 기반 물질인 게이트 절연막과도 매우 잘 접합되었다.

이런 상황에서 절연막을 낯선 물질인 하이-k로 바꾸려 하자, 게이트와 절연막이 잘 접합되지 않는 문제가 생겼다. 하이-k 물질 중 하나인 하프늄 옥사이드HfO_2는 산소 원자를 가지고 있어 폴리실리콘과 결합해 원치 않는 이산화규소를 일부 생성하는 일이 발생하기까지 했다(HfO_2, Si → SiO_2). 그뿐만 아니라, 폴리실리콘과 하이-k 물질을 직접 접합하자, 하이-k 물질이 예상치 못한 방식으로 게이트 구동을 방해하여 게이트 구동 전압을 높여야만 사용 가능했다. 즉, 하이-k만 사용하면 도리어 전력 소모가 커지게 된다.

이런 이유로 인해 절연막 물질과 함께 게이트 물질 역시 교체해야 했다. 인텔은 게이트를 금속 재질로 교체하면 문제를 해결할 수 있음을 알아냈다. 채널을 통제하는 문을 교체하려 했더니, 손잡이와 경첩이 새로운 문 재

---

* 절연막은 폴리실리콘 하부, 혹은 게이트를 감싸듯 배치되어 있다.

료와 잘 결합되지 않고, 예상치 않은 이유로 문이 잘 닫히지 않는 상황이 발생해 경첩과 손잡이까지 바꾸는 상황인 셈이다.

참고로 하이-k 절연막이 등장하기 이전에도 게이트의 폴리실리콘은 미세화의 부작용을 겪고 있었다. 폴리실리콘은 실리콘 웨이퍼와 비슷하게 임플란트 공정*을 통해 특성을 제어할 수 있는데, 소자가 작아지자 제조 공정에서 폴리실리콘에만 확산되어야 할 물질이 인접한 실리콘 기반 물질로 확산되어 들어가 소자 특성을 원치 않게 바꿔 버리기도 했기 때문이다.

2007년, 인텔은 세계 최초로 하이-k 금속 게이트가 적용된 45나노미터 공정 기반 CPU 제품을 출시하였다. 인텔은 게이트 누설 전류가 25~1,000배 감소했다고 하였으며, 결과적으로 전 세대 제품 대비 신호 전달에 30% 적은 에너지를 소모한다고 발표하였다. 이는 인텔의 고든 무어가 '트랜지스터 발명 이래 최고의 변화라고 극찬[10]'할 정도의 혁신이었다.

그 후 10년이 지난 2017년, 하이-k 금속 게이트는 D램에도 서서히 적용되기 시작하였다. D램은 저장장치라서 CPU 대비 요구되는 소자 밀도가 높은 반면, 소자의 동작 속도 요구치는 CPU보다 낮다. 덕분에 하이-k 없이도 오래 미세화를 할 수 있었던 것이다. 하지만 D램도 미세화에 의한 게이트 성능 하락을 감내하기 힘들게 되자, 신물질을 사용하게 된 것이다. D램의 하이-k 물질은 일반 PC용 제품보다 고성능이 필요한 GPU용 메모리에 우선 적용되었다.

절연막 물질을 교체하기 위해 게이트 물질까지 교체해야 했던 것을 보면 알 수 있겠지만, 하이-k와 같은 신물질의 사용은 반도체 회사들에 많은 부담이 되었다. 반도체 내의 물질들은 서로 궁합이 잘 맞지 않는 때가 있다.

---

* 실리콘 등 반도체 원재료에 미량의 불순물을 추가해 물성을 변화시키는 공정.

폴리실리콘과 하이-k 물질처럼 둘이 잘 달라붙지 않거나, 뒤에서 살펴볼 구리와 실리콘처럼 제조 직후에는 문제가 없으나 시간이 지나면 둘이 서서히 확산되어 섞이는 등 현실에서 일어날 법한 문제가 끊임없이 일어난다. 인텔이 하이-k 물질의 장점을 알고 있음에도, 이산화규소 절연막을 최대한 오래 사용한 이유도 이런 어려움 때문이다. 익숙한 물질인 이산화규소를 얇게 만드는 것은 기존의 증착, 식각 노하우를 응용하면 되지만, 물질 자체를 바꾸면 노하우를 처음부터 축적해야 한다.

하이-k 금속 게이트가 적용되기 전, 반도체 회사들은 게이트와 게이트 절연막을 매우 쉽게 만들고 가공할 수 있었다. 반도체의 재료는 실리콘으로 만든 웨이퍼인데 게이트는 폴리실리콘이고 절연막은 이산화규소로, 둘다 실리콘 기반으로 이루어져 있었기 때문이다. 달리 말하면, 하이-k 금속 게이트를 적용한다는 것은 실리콘 웨이퍼에서 자연스럽게 만들 수 있던 게이트 물질과 절연막을 전혀 다른 방식으로 만들어야 함을 의미한다. 소자 형성 단계에서 산화와 같은 실리콘 자체를 사용하는 값싼 공정의 비율이 줄어들고, 고비용의 증착 공정 비율이 올라가게 된다.

하이-k 금속 게이트 기술은 2024년 기준으로 상용화된 지 20년 가까이 되었지만, 미세화의 미래에 대해 많은 시사점을 준다. 이 기술이 지속해서 미세화를 보장할 수는 없다는 점을 독자 여러분도 알 수 있을 것이다. 수십 년간 연속으로 새로운 하이-k물질을 발견한다는 보장도 없고, 새로운 물질을 가공하는 기술을 찾는다는 보장도 없기 때문이다. 하이-k 금속 게이트 기술은 소자를 작게 그리는 것도 어려워지고 있는 상황에, 작게 그린 소자를 동작하게 만드는 것 역시 어려워지고 있음을 보여 주는 예이다.

재미있는 사실은 하이-k 금속 게이트 기술은 트랜지스터의 재질만 바꾸고, 모양 자체는 기존과 비슷하게 유지하는 그나마 쉬운 기술이란 것이다.

다음에 살펴볼 기술은 트랜지스터의 물리적 모양 변화를 수반한다. 과연 모양 변화가 필요해지면, 어떤 변화가 함께 올 수 있는지 한번 알아보도록 하자.

채널 유효 폭 넓히기: 핀펫, 게이트 올 어라운드(나노시트)

하이-k 금속 게이트와 같은 기술도 미세화로 인한 트랜지스터 채널 문제를 완벽히 방지할 수는 없었다. 존재하는지조차 불명확한 신물질을 찾는 것은 어려운 일이다. 2~3년마다 계속 k 값이 2배 높은 신물질을 발견해 제조에 적용하여 무어의 법칙을 유지하는 것은 사실상 불가능하므로, 다른 해결책을 찾아야 했다.

반도체 회사들은 이번에는 물질을 바꾸는 대신, 채널과 게이트의 접촉 면적을 최대한 넓혀 보기로 한다. 직관적으로 생각해도 채널과 게이트가 더 넓게 접하고 있다면, 게이트의 전류 통제 능력이 높아질 것이다. 하지만 기존 2차원 평면 트랜지스터의 채널을 넓히면, 트랜지스터의 면적이 커져 미세화가 어려워지게 된다. 그래서 반도체 회사들은 게이트를 채널 위아래에 배치하는 등 칩 면적에 영향을 주지 않으면서도 채널 면적을 넓히는 다양한 시도를 하게 된다. 그러다가 드디어 성공적인 트랜지스터를 만들게 된다. 바로 핀펫FinFET이다.

핀펫은 채널 폭을 3차원 방향으로 넓힌 트랜지스터이다. 그림과 같이 평면 트랜지스터의 채널을 위 방향으로 뾰족하게 접으면, 소자를 위에서 봤을 때 면적은 채널을 접은 만큼 줄어든다. 채널의 전류는 표면으로만 흐르기 때문에, 채널의 모양을 핀(지느러미) 모양으로 만들면 채널의 면적도 넓어지고 게이트와 채널이 만나는 면적도 늘어난다. 그러면 반도체의 면적은 줄어들고, 성능도 개선된다. 채널을 도로, 자동차를 전하(전류)라고

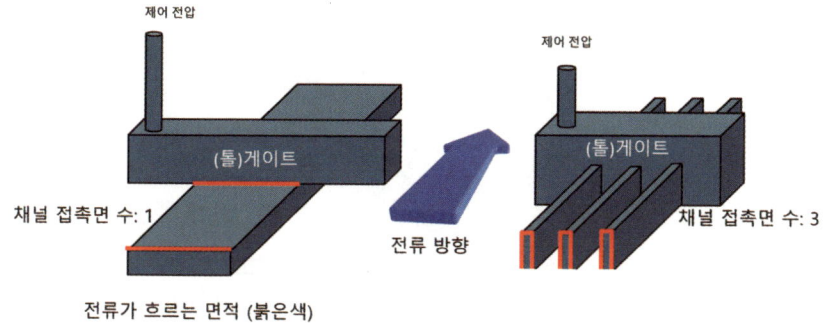

평면 트랜지스터와 핀펫의 채널 비교

하면 도로를 뾰족한 모양으로 만들고, 자동차를 벽에 붙어 달리게 만드는 것과 같다. 다행히 전하들은 자동차와는 달리 벽에 붙어서도 달릴 수 있으니 이런 방식이 가능하다. 앞서 살펴본 하이-k가 동일한 도로(채널) 면적을 유지한 채 게이트 물질을 교체하여 효율을 높인 것이라면, 핀펫은 도로 면적을 3차원 공간을 이용해 넓히고 게이트 모양도 바꿈으로써 효율을 개선한 것이라고 이해하면 된다.

당연하지만, 이런 변화는 반도체 제조 난도를 높인다. 하이-k와 같은 신물질 이용도 어렵지만, 3차원 구조 생성은 더욱 어렵다. 노광 기술로는 반도체를 위에서 본 2차원 패턴만을 만들 수 있다. 핀의 높이와 핀 표면에 씌워야 하는 다양한 물질 등 3차원 요소는 노광으로 조절하기 쉽지 않다. 이로 인해 식각, 증착 등 다양한 반도체 공정이 기존에 사용하지 않던 신기술을 사용해야만 했다. 특히 핀의 높이를 증가시키기 위한 깊은 식각과 핀에 고품질의 채널을 형성하기 위한 수평 방향의 증착이 중요해졌다.

공정 편차 관리도 더욱 어려워지게 되었다. 핀 모양의 3차원 구조를 가진 채널은 평면 채널보다 만들기 더욱 어렵다. 핀의 높이는 식각 공정을 정밀하게 제어해야 조절이 가능한데, 이는 컵을 위에서 바라보며 물이 넘치

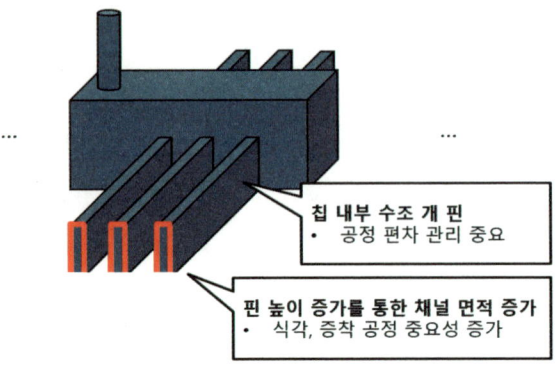

핀펫 제조의 어려움

지 않게 따르는 것과 비슷한 문제를 발생시킨다.

3차원 요소가 등장하자, 웨이퍼 위의 수많은 핀이 가지는 높이 등의 특성 분포도 덩달아 다양해지게 되었다. 반도체 회사들은 칩 한 개에 수십~수천억 개, 웨이퍼 한 장 위에 수조 개의 핀을 만들어야 하고, 반도체 제조 공정 특성상 웨이퍼 1장 위의 모든 핀은 동일 공정에서 한 번에 형성된다. 폭, 기울기, 높이 등 다양한 3차원 특성을 전부 동일하게 만들 수는 없다. 완성된 칩의 동작 속도는 동작하는 핀 중 가장 품질 나쁜 핀에 맞출 수밖에 없으므로, 좋은 핀과 나쁜 핀의 차이를 줄이는 것도 중요한 문제가 되었다.

제조 과정에 새로운 문제들도 발생했다. 노광, 식각, 증착을 반복해 핀을 만들고 나면, 핀이 쓰러지거나 핀 높이가 서로 맞지 않는 등 2차원 채널에서는 생기지 않던 문제가 발생했다. 금속배선과 트랜지스터의 채널이 만나는 부분 역시 단순한 평면에서 3차원 구조로 변화해야 했다. 이 과정에서 두 부위가 잘 밀착되지 않는 등 문제가 발생했다.

핀펫은 제조뿐 아니라 설계에도 큰 영향을 끼쳤다. 기존 2차원 평면 트랜지스터의 경우, 다양한 채널 넓이를 가질 수 있었다. 만약 한 칩 안의 전류를 많이 사용하는 영역이 있다면 해당 영역에는 채널 폭이 넓은 트랜지스터를 형성하고, 전류를 적게 사용하는 영역은 노광을 통해 폭이 좁고 밀도가 높은 트랜지스터를 형성하면 되기 때문이다.

하지만 핀펫을 사용하게 되면 채널의 폭을 개별 핀 크기의 배수로만 조절할 수 있다. 한 제조 공정에서 높이가 다른 두 개의 핀을 만드는 것은 힘들기 때문이다. 즉, 신호가 자주 오고 가는 부분에는 신호 전달 성능을 높이기 위해 트랜지스터 1개가 3개의 핀을 사용하고, 자주 사용하지 않는 부분은 트랜지스터 1개가 1~2개의 핀만 사용하는 식이다. 이를 핀 양자*화라고 부르며, 이는 구형 공정을 사용하던 설계 회사들이 핀펫 공정으로 넘어가지 않는 이유 중 하나이다. 신형 핀펫의 성능과 효율이 더 높은 것은 사실이지만, 이를 제대로 이용하려면 양자화를 고려한 새로운 설계를 해야 하기 때문이다.

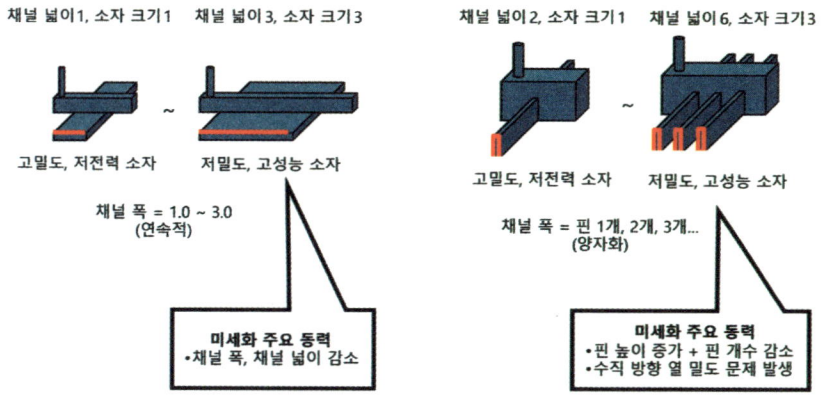

핀펫 도입(오른쪽)으로 인해 일어나는 핀 양자화 문제와 열 밀도 문제

---

* 양자 효과와 무관하다. 조절 가능한 특성이 1, 2, 3 등 정수 형태로 딱 떨어진단 의미이다.

핀펫이 등장하자, 미세화의 정의도 슬쩍 바뀌게 된다. 이제 미세화의 핵심 요소 중 하나는 핀의 높이를 높이고, 트랜지스터 1개가 사용하는 핀의 개수는 줄이는 것*으로 바뀌었다. 핀의 높이를 1.5배 높인다면, 3개 핀으로 만들던 트랜지스터를 2개의 핀으로 만들어 웨이퍼 면적은 절약함과 동시에 성능은 유지할 수 있기 때문이다. 비싼 노광 대신 다른 장비들을 사용해 미세화를 진행하는 것은 파운드리에는 다행스러운 점이지만, 설계 회사들은 매해 줄어드는 핀 개수와 각 핀 사이 성능 편차 덕분에 설계에 고려해야 할 것이 더욱 늘어났다.

발열 문제 역시 심해지기 시작했다. 핀펫은 결국 기존 트랜지스터에서는 평면 형태로 만들어졌던 채널을 3차원 방향으로 잡아 늘린 것이기 때문에, 전력 소모 개선보다 밀도 향상 효과가 더 큰 기술이다. 미세화를 진행했으니 칩의 열 발생 총량은 줄어들지만, 칩 면적당 열 발생량은 높아진 것이다. 면적 100에 열 100이 발생하던 상황에서 핀펫으로 미세화를 진행하면 면적 50에 열 60이 발생하는 상황이라는 의미이다.

핀펫은 약 10년 정도의 미세화에 도움을 주었다. 하지만 핀을 무한히 높게 만들 수는 없었고, 그래서 게이트 올 어라운드GAA: Gate-All-Around가 등장하게 된다. 게이트 올 어라운드는 그림에서 보는 것과 같이 채널을 여러 층으로 구성한 것이다. 채널의 개수가 늘어난 셈이니, 반도체의 면적을 유지하면서도 채널 폭을 넓힐 수 있다. 또한 게이트가 3차원으로 적층된 채널을 전부 감싸기All-Around 때문에, 게이트 통제 능력이 핀펫보다 높다.

또한, 게이트 올 어라운드는 수년간 지속 가능한 미세화 방안을 제공한다. 채널의 폭을 좁히고 대신 채널의 개수를 위 방향으로 늘리면 반도체 면

---

* Fin depopulation이라고 부르며, 14나노미터 공정 이후 미세화를 이끄는 주요 동력이다.

적이 줄어들기 때문이다. 물론 이런 미세화는 실제로 더욱 작은 그림을 그리는 방식은 아니며, 반포대교의 차선 수를 줄이고 대신 잠수교를 여러 층으로 지어 도로 통행량은 늘리면서도 하늘에서 본 도로 면적은 줄이는 것에 가깝다.

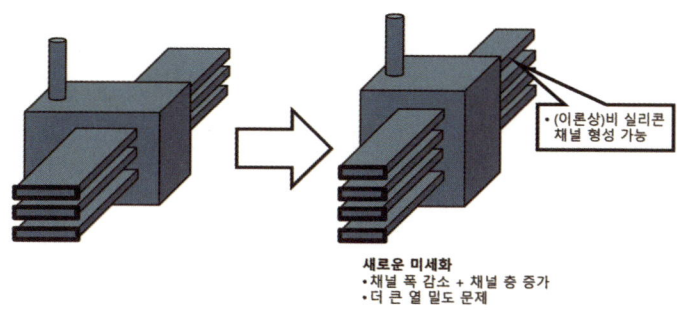

게이트 올 어라운드 구조 도입을 통한 새로운 미세화 방법

당연히 이 기술 역시 큰 변화를 수반한다. 실리콘 표면 위에 채널을 여러 층 쌓기 위해서는 매우 순도가 높은 물질을 원자의 방향까지 맞춰 가며 쌓아야 한다. 이를 에피택시얼epitaxial 성장이라고 부르는데, 이는 아주 느리고 어려운 과정이다. 이 과정 뒤에는 물질을 선택적으로 제거한 뒤, 3차원 형태가 된 채널의 모든 방향에 골고루 물질을 발라야 한다. 게이트 올 어라운드에서도 비 노광 장비들의 부담이 커지고 있음을 알 수 있다. 노광기는 작은 패턴을 그려줄 뿐, 에피텍시얼 성장이나 선택적 물질 제거를 도와줄 수는 없다. 당연히 열 밀도 문제도 더욱 커질 것이다.

게이트 올 어라운드는 많은 어려움을 동반하지만, 반도체 회사들에 새로운 기회를 제공하는 측면도 있다. 실리콘 기반이 아닌 채널을 만들 수 있게 되기 때문이다. 기존 트랜지스터는 원재료인 실리콘 웨이퍼 윗면을 가공하여 채널로 만들었다. 하지만 게이트 올 어라운드 기술을 사용하면 채널이 웨이퍼 위에 별도로 증착되므로, 이론상으로는 실리콘이 아닌 물질로도 채널을 만들 수 있다. 물론 이를 위해서는 비 실리콘 물질을 다루는 것에 익숙해져야 한다.

우리는 이번 장에서 간략하게 핀펫과 게이트 올 어라운드 기술을 살펴보았다. 이 기술들은 반도체 제조 회사들 앞에 놓인 변화의 난도와 빈도가 얼마나 큰지 짐작할 수 있게 해 준다. 평면 트랜지스터는 모스펫이 등장한 이래 40년 가까이 사용되었지만, 핀펫은 상용화 10년 만에 더 어려운 트랜지스터 모양인 게이트 올 어라운드에 자리를 내주게 되었다. 그리고 2024년, 업계는 게이트 올 어라운드가 스마트폰용 반도체 등을 양산하는 데는 적용되지 않고 있음에도 이미 차기 트랜지스터 모양을 논의하는 중이다.

달리 말하면, 반도체 제조 회사와 장비 업체들은 날이 갈수록 더 빠르게 변화해야 한다는 의미이다. 핀펫으로 넘어갈 때 더 어려운 식각과 증착 기술이 필요했는데, 10년 만에 에피택시얼 성장 등 더 어려운 기술을 사용해야 하는 상황이다. 반도체 미세화의 한계를 트랜지스터 형상 변경을 통해 극복해야 하는 이상 이런 경향은 더욱 강해질 수밖에 없다.

채널의 3차원 적층은 이후 로직 반도체의 미세화를 이끌어 갈 중요한 요소이다. 게이트 올 어라운드 이후 포크시트$_{\text{Forksheet}}$*, CFET$_{\text{Complementary FET}}$** 등의 다른 트랜지스터 구조가 거론되고 있는데, 이 기술 모두 반도체 제조사들이 게이트 올 어라운드와 유사한 3차원 채널을 만들 수 있음을 전제하는 기술이다. 이는 3차원 채널을 제조하지 못하는 회사는 이후 미세

---

* NMOS와 PMOS 절연막(STI)을 줄인 트랜지스터. GAA의 일종
** NMOS와 PMOS를 전부 수직으로 쌓은 새로운 트랜지스터. GAA의 일종

화 레이스를 지속할 수 없다는 의미이다. 또한, 평면 트랜지스터는 수십 년간 미세화의 첨병이었지만, 핀펫은 약 10년 정도만 미세화가 가능했다는 점을 고려하면 새로운 3차원 채널을 통한 미세화 기간은 핀펫보다 짧을 것임을 짐작할 수 있을 것이다. 3차원 채널 뒤에는 어떤 것이 기다리고 있을지 모두 한 번쯤은 고민해 볼 필요가 있다.

여담이지만, 이번 장을 읽고 혹자는 D 램에 핀펫과 게이트 올 어라운드 기술을 사용하지 않고 있는 것에 의문이 생길 수도 있다. D 램에 이 두 기술을 사용하지 못할 이유는 없다. 다만 D 램은 두 기술이 적용되더라도 밀도 향상 효과가 크지 않아서 현시점에서는 도입되지 않은 것뿐이다. D 램의 단위 저장소는 1개의 트랜지스터와 1개의 캐패시터 총 2개의 소자 쌍으로 구성되는데, 핀펫과 같은 기술은 트랜지스터 크기는 줄여 주지만, 캐패시터의 크기는 줄여 주지 못한다. D 램에서의 핀펫의 밀도 향상 기여도는 로직 공정에서의 기여도에 비해 반밖에 되지 않는 것이다.

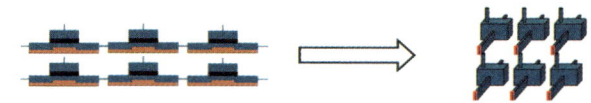

로직 공정
- 소자 대부분 트랜지스터 ➔ 핀펫 미세화 효과 큼

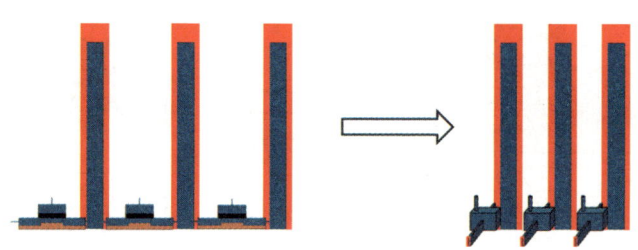

D 램 공정
- 소자 절반만이 트랜지스터 ➔ 핀펫 미세화 효과 적음

로직 공정과 D 램 공정에서의 핀펫 도입 시 효과 차이

이후 아래 장에서 알아보겠으나, 2024년 현재 D램 회사들 역시 3차원 기술을 연구개발 중에 있다. 수직 채널 트랜지스터라는 기술인데, 수직 채널 트랜지스터와 본 장에서 설명된 게이트 올 어라운드 기술의 장단점과 비교해 보면 많은 도움이 될 것이다.

D램 채널의 유효 거리 넓히기: Recessed Channel

반도체 미세화는 채널 폭뿐만 아니라 채널의 길이에도 영향을 끼친다. 미세화로 인해 트랜지스터 채널의 양 끝인 소스와 드레인의 거리가 매해 가까워지자, 양자 효과 중 하나인 단채널 효과Short Channel Effect가 커지기 시작했다. 단채널 효과는 게이트가 닫힌 상태임에도 소스와 드레인 사이에 전류가 흐르는 현상이다. 앞서 하이-k 금속 게이트 기술에서 게이트와 채널 사이의 누설 전류에 관해 알아보았는데, 단채널 효과는 동일한 현상이 소스와 드레인 사이에서 발생하는 것이라고 이해하면 좋다. 당연하지만, 이 역시 더 작은 트랜지스터를 만들면 일어나는 피할 수 없는 물리 현상이다.

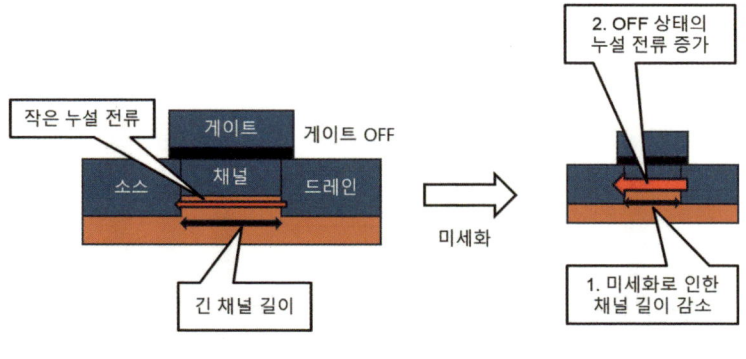

미세화와 단채널 효과

단채널 효과를 막는 방법은 간단하다. 채널의 길이를 늘리는 것이다. 소스와 드레인 사이의 게이트 길이를 증가시켜 소스와 드레인의 물리적 거리를 떨어뜨리면 양자 터널링이 줄어든다. 이는 감전될 것 같은 물건을 만질 때, 기존보다 더욱 두꺼운 고무장갑을 끼면 감전 확률이 줄어드는 것과 같은 이치이다. 문제는 이 방법을 사용하면 소자의 크기가 커진다는 것이다. 이 문제를 해결하기 위해 연구원들은 리세스드 채널Recessed Channel이라는 방법을 고안해 내게 된다.

리세스는 오목하다는 뜻의 영어 단어로, 리세스드 채널은 직역하면 오목한 채널이란 의미이다. 채널을 2차원 평면으로 만드는 대신, 게이트 아래쪽을 살짝 파서 채널을 U자 모양으로 오목하게 늘어뜨리자는 아이디어이다. 이렇게 되면 직선으로 연결된 채널보다 신호가 더 먼 거리를 이동해야 하고, 결과적으로 채널의 유효 길이가 길어져서 단채널 효과가 약화된다. 게이트가 채널을 접하는 면적이 넓어지니 게이트의 통제력이 높아져 신호 조절 능력도 증가하게 된다. 한국의 메모리 회사들은 이 기술을 리세스드 게이트Recessed Gate, RCATRecssed Channel Array Transistor라고 부른다.

리세스드 채널의 개선 원리

이 기술의 개선판은 베리드 채널Buried Channel이라고 불린다. 채널을 아래 방향으로 길게 늘어뜨리는 것을 넘어 게이트 몸통까지 실리콘 속에 묻어 버리는 방식이다. 이 방식을 사용하면 단채널 효과가 더욱 감소할 뿐만 아니라, 소스, 드레인과 게이트의 물리적 거리까지 멀어져 이들 사이의 원치 않는 상호작용도 감소하게 된다. 3차원 공간을 이용해 채널의 길이를 늘리고 게이트와 소스, 드레인의 거리를 벌림으로써 웨이퍼 위 소자의 밀도는 높이면서도 미세화의 부작용은 최소화 하는 것이다.

물론 이런 방법은 제조에 새로운 어려움을 불러온다. 기존에 평평하던 채널을 아래 방향으로 늘어뜨려 형성해야 하므로, 각 트랜지스터 소자에 형성된 채널 깊이에 따라서 소자 간 성능 격차가 커진다. 그런데 칩의 성능은 칩 내부에 있는 가장 성능 낮은 소자가 발목을 잡는 경우가 많아서 소자들을 균일하게 식각 하는 능력이 더욱 중요해지게 된다. 우리는 칩 한 개 위에는 수백억 단위의 소자가 있음을 늘 기억해야 한다.

리세스드 채널을 보고 나면, 핀펫과 이 기술 사이의 유사성이 느껴질 것이다. 핀펫을 90도로 회전시키면 리세스드 채널과 유사한 구조가 됨을 알 수 있다. 둘 사이의 차이는 3차원 공간을 통해 채널 폭을 넓혔느냐, 채널 길이를 늘렸느냐 뿐이다. 이처럼 3차원 공간을 잘 활용하는 것은 미세화에서 점점 더 중요해지고 있음을 늘 기억해야 한다.

D램 미세화의 한계와 소자 적층: 수직 채널(Vertical Channel)

밀도 향상의 벽에 가장 먼저 부딪친 제품은 CPU, GPU와 같은 로직 제품이 아닌 메모리 제품이다. 이번에는 D램이 밀도 향상 한계를 이겨내는 방법 중 소자 자체를 3차원 공간으로 숨기는 방식의 한 예를 알아볼 것이다.

D램의 단위 저장소는 크게 데이터를 저장하는 캐패시터와 캐패시터의 입구에 해당하는 트랜지스터 두 소자로 구성된다. D램 트랜지스터의 게이트를 가동한 뒤 게이트 채널에 전류를 흘려보내면(데이터 1) 전류가 캐패

시터에 저장된다. 데이터를 읽고 싶을 때는 게이트를 가동한 뒤 캐패시터에서 흘러나오는 전류를 측정하면 된다. 전류가 흘러나온다면 1이 적혀 있는 것이고, 전류가 나오지 않는다면 데이터를 적은 적이 없거나 0이 적힌 것이다. 간단한 구동 원리 덕분에 D램은 설계도 간단했고 미세화를 하기 용이했다.

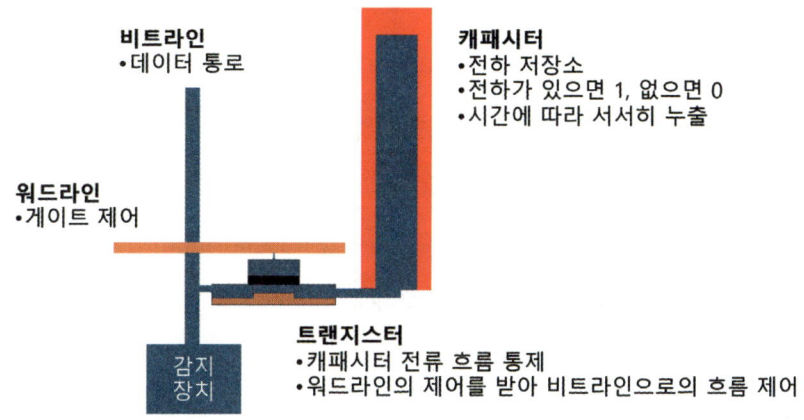

D램 단위 저장소의 구조. D램은 단위 저장소 집합 + 주변 회로로 구성

하지만 미세화가 진행되자 D램 캐패시터에 문제가 생기기 시작했다. 본래 D램 캐패시터도 데너드 법칙을 따르는 소자였기에 회로가 미세화되면, 데이터를 저장하는데 필요한 전하의 양도 함께 줄어들었다. 하지만 다양한 양자 효과가 나타나 누설 전류의 비중이 높아지기 시작하자, 캐패시터의 전하 저장 용량을 함부로 줄일 수 없게 되었다. 캐패시터 용량이 너무 적을 경우 1을 적어 두었음에도 캐패시터에서 전류가 누설되어 센서가 측정에 실패해 1을 0으로 착각하게 될 수 있기 때문이다. 즉, D램 회로의 크기를 50% 줄이더라도 캐패시터의 저장 용량은 50%보다 많게 유지해야

했다는 의미이다.

이로 인해 D램 캐패시터는 더는 데너드 법칙에만 의존할 수는 없게 되었다. 그래서 D램 회사들은 캐패시터의 높이를 키움으로써 저장이 가능한 전하량을 유지하고자 하였다. 예를 들어, D램의 전체 크기를 50% 줄였는데 데이터 감지에 필요한 전하량은 30%밖에 줄이지 못했다면, 부족한 나머지 20%는 캐패시터의 높이를 키워 대응하겠단 의미이다. 이러한 방식을 통해 2024년 현재까지 D램의 미세화를 진행할 수 있었다.*

하지만 캐패시터 높이를 증가시키는 것도 서서히 한계에 달하기 시작했다. 이미 2012년에 D램 캐패시터의 종횡비aspect ratio**는 25를 넘어섰고, 2024년 종횡비는 40 이상에 캐패시터의 높이는 1,000nm 이상이 되었다. TSMC, 삼성전자 등이 만드는 핀펫의 높이가 40~60nm, 채널 길이는 20nm 수준인 것을 고려하면, D램 회사들이 얼마나 높고 깊은 구조를 만들고 있는지 짐작할 수 있을 것이다. D램 회사들은 캐패시터를 컵 모양, 실린더 모양으로 부르지만 실제로는 빼빼로에 가까운 소자인 셈이다. D램 제조는 웨이퍼 한 장 위에 종횡비 50이 넘는 빼빼로를 수조 개 세운 뒤, 각 빼빼로와 미세 트랜지스터를 연결하는 매우 어려운 작업이다.

캐패시터 아랫변을 줄이고 높이를 증가시키는 것이 한계에 달하자, D램 제조사들은 새로운 방법을 사용하고자 하고 있다. 소자를 만들 때 3차원 공간을 사용하는 것이 아닌, 단위 소자 자체를 3차원 공간에 감추는 것이다. 그러한 노력 중 하나가 바로 수직 채널 트랜지스터Vertical Channel Transistor 혹은 4F2라고 부르는 방식이다. 정확하게는 4F2는 수직 채널 트랜지스터

---

* 밀도 향상에 비해 효율 향상이 느리므로, 면적당 열 발생량은 증가한다. 동일한 작업을 할 때 칩의 전력 소모량은 줄어들지만, 동작할 때 만지면 더 뜨거워진다고 이해하면 좋다.
** 아랫변 길이와 높이의 비율. 종횡비 25의 경우, 아랫변이 2라면 높이는 50이다.

를 통해서 얻을 수 있는 밀도 이익을 칭하는 것이므로, 본 책에서는 수직 채널 트랜지스터로 칭하도록 한다.

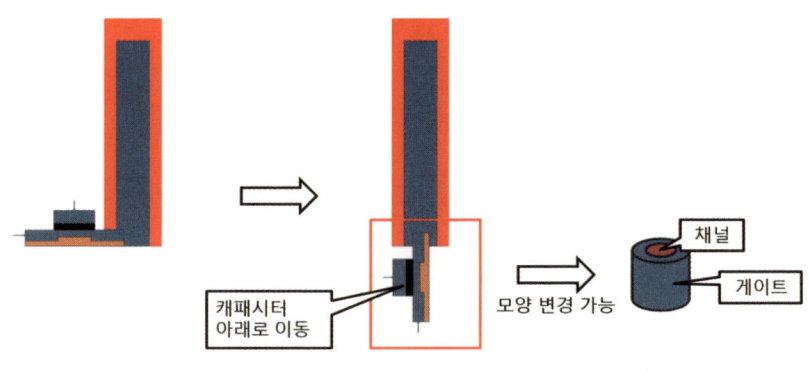

수직 채널 트랜지스터의 기본 아이디어

기존 D램은 기본적으로는 평면 위에 트랜지스터와 캐패시터를 하나씩 늘어 놓는 형태이다. 그리고 트랜지스터 반대쪽 끝에는 데이터 이동을 담당하는 배선을, 게이트에는 전류 흐름 제어를 담당하는 금속배선*을 연결함으로써 읽기 쓰기 등의 동작을 제어한다. 수직 채널 트랜지스터 D램은 본래 평면에 늘어서 있던 두 소자 중에 트랜지스터를 캐패시터 아래로 옮기겠다는 아이디어이다.

평면상에 존재하던 두 소자가 위아래로 늘어서게 되니 D램의 면적은 당연히 트랜지스터 크기만큼 줄어들게 된다. 수직 트랜지스터를 제대로 구현하면, 동일한 미세공정 수준에서도 이론상 최대 33%의 저장소 면적을

---

* 비트라인과 워드라인으로, 소자를 연결하는 배선이지만 공정상으로는 BEOL이 아닌 FEOL단계이다.

절약할 수 있다고 알려져 있다. 이는 D램 1~2세대 밀도 향상에 해당하는 수치이다. 다용도실에 따로 놓여 있던 세탁기와 건조기를 위아래로 포개어 두면, 공간 활용도가 높아지는 원리이다. 세탁기와 건조기 각자의 크기가 작아지지 않더라도 다용도실 공간 활용은 개선된다.

그뿐만 아니라, 트랜지스터의 구동 속도를 높일 새로운 기술도 적용할 수 있다. 기존 D램은 평면 트랜지스터를 사용하지만, 트랜지스터가 캐패시터 아래로 이동하면 게이트가 채널을 완전히 감싸는 형태를 구현하기가 쉽다. 게이트 올 어라운드 형태의 트랜지스터가 되는 것이다. 물론 전류가 흐르는 방향이 위에서 아래이므로 로직 공정의 게이트 올 어라운드와는 다른 모습이지만, 구조가 가지는 장점 자체는 공유한다.

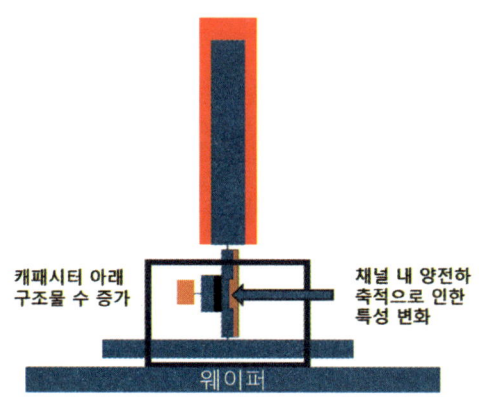

수직 채널 트랜지스터 도입 시 발생하는 어려움

하지만 이런 밀도 향상을 위해 지불해야 하는 대가 역시 만만치 않다. 가장 큰 문제는 수직 방향으로 배치된 트랜지스터의 특성 변화다. 트랜지스터 채널에는 양전하와 음전하가 함께 존재한다. 게이트를 가동하면 양전하와 음전하는 서로 반대 방향으로 움직여 전류를 생성하는데, 양전하는 음전하보다 무겁기 때문에 움직임이 느려 트랜지스터 채널 하부에 축적되려는 경향이 있다. 기존 트랜지스터에서는 하부에 축적되는 양전하가 실리콘 웨이퍼 아랫면을 통해 흘러가 제거되지만, 트랜지스터가 웨이퍼 위에 떠 있는 수직 채널 구조에서는 양전하가 제거되지 않고 축적되어 트랜지스터의 동작 특성을 바꾼다.

제조 변화도 상당하다. 기존에는 트랜지스터에 연결되는 배선이 캐패시터와 거리를 두고 있었지만, 이제는 배선이 캐패시터 아래를 바로 지나가야 한다. 게이트 형성, 배선 공정, 캐패시터 공정이 서로 영향을 줄 가능성이 커진다. 또한, 트랜지스터의 채널 역시 더는 고품질의 웨이퍼 실리콘을 바로 사용할 수 없고 에피택시얼 증착을 통해 만들어져야 하므로, 채널 전류 흐름을 보상하기 위해 더욱 정밀하게 공정을 관리해야 한다. 수직 채널 트랜지스터 제조는 앞서 살펴본 게이트 올 어라운드 기술과 많은 특성을 공유함을 알 수 있다.

수직 채널 트랜지스터는 D램 앞에 놓인 험난한 미세화 여정을 보여 주는 상징적인 기술이다. D램을 구성하는 다양한 소자 중 크기가 줄어든 소자는 아무것도 없으니, 이 기술은 생각하기에 따라서는 진짜 미세화 기술은 아니다. 이제 칩 면적당 용량을 높이기 위해 사용할 수 있는 기술이 줄어드니, 각종 배선과 소자의 위치 관계, 채널 물질까지 바꾸는 대공사까지 해야 하는 상황이 된 것이다. 그리고 이렇게 해서 얻어낼 수 있는 것은 1~2세대 정도의 D램 미세화에 불과하다. 당연하지만, 이런 방식의 미세화는 밀도 상승치에 비해 원가 절감 수준은 낮을 수밖에 없다. 이후에 등장할 미세화 신기술 역시 이와 비슷하게 원가가 높고 낯선 기술이 될 가능성이 크다. 연구소 수준의 실험적 기술이 양산에 적용되어야 하는 타이밍도 빨라지게 되기 때문에, 전보다 더 반도체의 다양한 부분을 이해해야 반도체 미세화의 전체 상황을 이해할 수 있게 된다.

단위 저장소의 3차원화: 3D낸드와 3D D램

우리는 앞 장에서 수직 트랜지스터와 같은 방식으로 단위 저장소를 구성하는 일부 요소를 3차원화 할 수 있음을 알았다. 그렇다면 단위 저장소 자체를 수십~수백 겹 웨이퍼 위에 적층할 수 있다면 반도체의 밀도가 더욱 올라갈 것이다.

3차원 저장소의 선구 주자는 낸드 플래시NAND Flash이다. 낸드 플래시는 SSD와 같은 영구 저장소의 주요 부품이라서 전원이 끊겨도 내부의 데이터를 잃지 않는 것이 중요하다. 그래서 낸드 플래시는 D램이나 로직 반도체가 사용하는 일반적인 트랜지스터를 변형하여 사용한다. 트랜지스터 게이트를 2개 층으로 나누고, 위층에는 일반적인 게이트를 붙인 뒤 아래층에는 전하를 반영구적으로 포획할 수 있는 절연체로 둘러싸인 플로팅 게이트Floating Gate라는 방을 붙이는 것이다. 게이트 동작에 따라 방에는 전하가 포획되기도 하고, 포획된 전자가 방출되기도 한다. 그리고 전하가 포획되면 0, 포획되지 않은 상태를 1로 정의하면 된다.

이를 보면 제조 방식에 따라 트랜지스터가 얼마나 다른 특성을 가질 수 있는지 알 수 있다. 낸드 플래시의 단위 저장소는 두 개의 소자1T1C를 사용하는 D램의 단위 저장소와 달리, 한 개 트랜지스터만으로 구성된다. 칩의 면적이 동일하다면 저장장치의 용량이 D램보다 클 수밖에 없다. 또한 D램은 트랜지스터 게이트와 채널 사이에 전류가 흐르면 효율이 감소하지만, 낸드 플래시의 트랜지스터 게이트는 채널의 전류 일부가 게이트로 흘러 방에 전하가 포획되어야만 데이터 저장이 가능하다.

물론 이런 방식은 단점도 있다. 낸드 플래시의 읽기 쓰기 동작은 D램보다 느리다. 쓰기 동작의 예를 들어 보자. 낸드 플래시 쓰기 동작은 전도도가 낮은 방에 억지로 전하를 포획하는 것이지만, D램의 쓰기 동작은 밸브를 열어 캐패시터라는 물통에 물을 채우는 동작이다. 직관적으로도 D램의 읽기 쓰기 속도가 빠를 것임을 짐작할 수 있다. 대신, 전하를 절연층에 강제로 포획한 것이므로 데이터 보존성은 높아진다. 결국 낸드 플래시의 저장 밀도와 데이터 보존성은 성능 하락을 대가로 얻은 것이다.

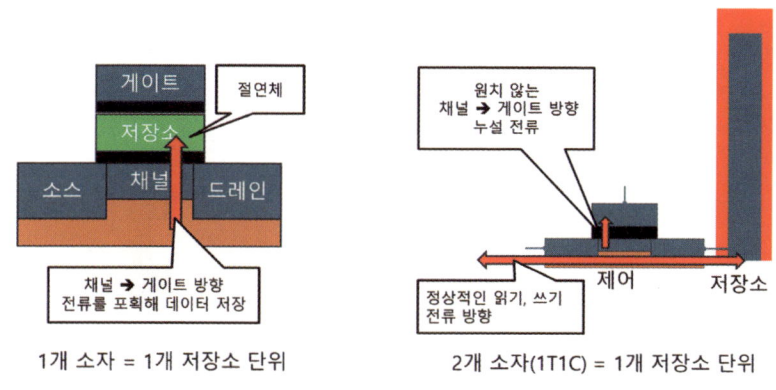

낸드 플래시 단위 소자의 구동 원리(왼쪽)와 D램(오른쪽)과의 비교

미세화는 낸드 플래시에도 영향을 끼쳤다. 절연체에 전하를 포획해 데이터를 기록하거나, 포획된 전자를 제거하여 데이터를 삭제하기 위해서는 높은 전압을 반복적으로 사용해야 하는데, 이 과정이 반복되면 플로팅 게이트가 손상을 입는다. 그래서 D램의 소자 수명이 사실상 무한대인 것에 반해,* 낸드 플래시를 구성하는 개별소자는 수명이 유한하다. 이런 특성으

---

* D램은 칩의 저장 소자가 망가지는 예보다 D램 칩이 탑재된 PCB보드 등이 망가져 수명이 끝나는 예가 더 많다.

로 인해 낸드 플래시를 미세화하게 되면 플로팅 게이트도 얇아져 수명이 짧아지게 된다. 낸드 플래시 역시 '소자를 작게 그리기만 해서는 잘 동작하지 않는' 제품인 셈이다. 반도체 회사들은 낸드 플래시 칩 소자 사이에 에어 갭 Air gap, 즉 공기층을 만드는 어려운 기술까지 적용하며 미세화를 밀어 붙였지만, 그것도 어느 순간 한계에 부딪혔다. 이를 해결하기 위해 반도체 제조 회사들은 낸드 플래시의 단위 소자의 크기 축소를 포기하고, 소자를 3차원으로 쌓기 시작했다. 이것이 바로 3D 낸드 플래시의 시작이다. 반도체 회사들은 2010년 초부터 3D 낸드 플래시의 상용화를 진행하였다.

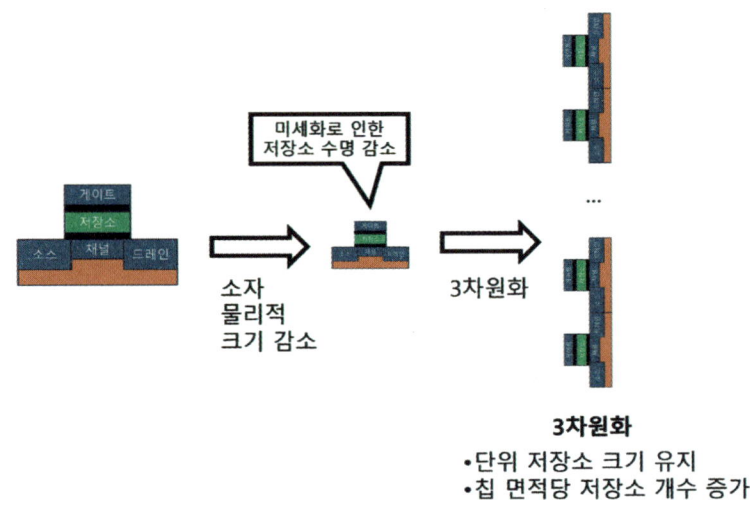

낸드 플래시 미세화로 인한 문제와 3차원화를 통한 문제 해결

2차원 평면상의 미세화를 포기해 노광 부담이 줄어들었음에도 낸드 플래시를 3차원으로 쌓는 것은 많은 어려움을 동반하였다. 기존에는 웨이퍼 2차원 평면에 형성했던 수많은 구조를 수직 방향으로 형성해야 하므로, 식

각과 증착 등 비 노광 장비의 부담이 커졌다.

    10년 이상 낸드 플래시 소자의 적층이 진행되자, 4,000nm가 넘는 깊이의 구멍을 파야 하는 상황이 되었다. 이는 D램 캐패시터의 4배, 로직 공정 핀 높이의 100배 가까운 엄청난 깊이다. 이로 인해 식각 공정 소요 시간이 수십 분~1시간으로 늘어났다. 그렇게 긴 시간 식각을 진행해도 식각 구멍 지름이 상부와 하부에서 큰 차이가 나는 것을 막을 수 없어, 상층부의 데이터에 접근할 때와 하층부 데이터에 접근할 때 사용하는 전압을 다르게 사용하는 등 다양한 설계 기술로 제조의 어려움을 보완해야 했다. 장비 회사들은 반도체 회사들의 요청으로 HAR High Aspect Ratio이 가능한 장비를 개발해야 했다.

    아마 여기서도 흥미로운 사실을 깨달을 수 있을 것이다. 반도체 제조는 모든 8대 공정이 중요하긴 하지만, 로직과 메모리가 미세화를 진행하기 위해 필요로 한 기술이 다르다는 것이다. 로직 반도체와는 달리, D램과 낸드 플래시 미세화는 식각이 매우 중요하다. 이는 저장장치 밀도가 중요한 메모리와 작동 속도가 중요한 연산 반도체의 차이가 제조 공정에까지 영향을 미친 것으로 생각하면 될 것이다.

    이러한 단위 저장소의 3차원화는 낸드 플래시뿐만 아니라, D램에서도 일어날 조짐이 있다. 바로 3차원 D램이다. 앞서 살펴본 수직 채널 트랜지스터 D램은 게이트를 캐패시터 아래로 옮기는 정도의 3차원 기술이었다. 하지만 3차원 D램은 1T1C 구조 자체를 수직 방향으로 수십, 수백 개 적층하는 방식이다. 이 방식은 단발성 기술인 수직 트랜지스터와는 달리, D램의 밀도를 수차례 지속적으로 향상시키는 데 사용될 수 있다. 단위 소자의 크기를 유지할 수 있으니 노광과 미세화로 인해 발생하는 문제에서도 비교적 자유로워진다.

하지만 3차원 D램 역시 다양한 어려움에 직면해 있다. 일단, 경제성을 얻기 위한 최소 적층 수가 매우 높다. 3D 낸드 플래시는 낮은 적층 단 수에서도 경제성이 쉽게 확보되었다. 2차원 평면상에서도 단위 소자의 높이가 수십 nm 정도로 매우 작았기 때문이다. 이에 반해 D램의 단위 소자는 높이가 1um(마이크로미터: 백만분의 1미터)에 육박한다. 3D D램은 수십 층 적층으로는 경제성을 가지기 힘들 것임을 의미한다. 실제로 ASML은 2024년 125단 정도의 적층[11]이 가능해야 3D D램이 양산 할 정도의 경제성을 확보할 것으로 예측하였다. 반면 3D 낸드 플래시는 36~48단 정도 적층으로 2D 낸드 플래시보다 높은 경제성을 확보했다.

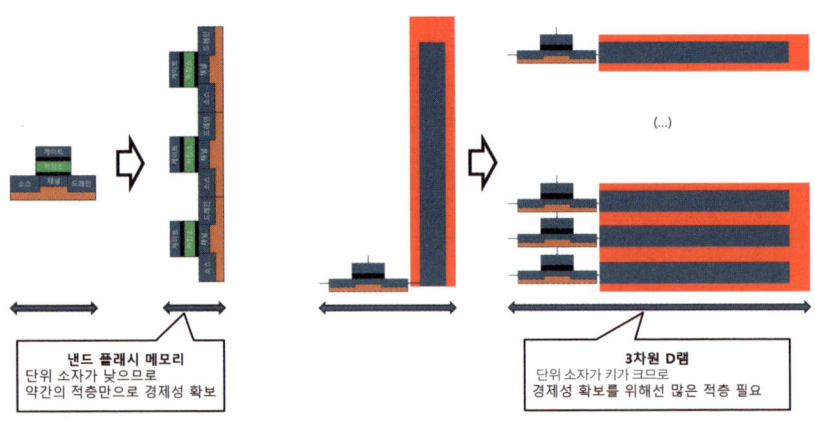

낸드 플래시(왼쪽)와 D램(오른쪽)의 3차원 소자 적층 시 경제성 차이

적층 뒤에도 문제가 남는다. 3D 낸드 플래시는 3차원화 과정에서 단위 소자의 크기를 다시 키울 수 있어서 소자 수명이 증가하는 장점이 있었다. 하지만 3차원 D램은 트랜지스터와 캐패시터 사이의 신호 전달 능력이 감소하여 성능이 감소하거나, 수많은 캐패시터에서 발생하는 누설 전류가

모여 신호를 왜곡하는 등 3D 낸드 플래시에는 없던 문제가 생길 가능성이 크다. 이러한 문제를 해결하기 위해선 새로운 장비 개발과 신물질 발견이 필요하다.*

이제 독자분들도 반도체 회사들이 전통적인 의미의 미세화 비중은 줄였음을 이해할 수 있을 것이다. 현재 미세화는 대부분 절대적인 소자 크기를 줄이기보다는 최대한 많은 소자 구성 요소를 수직으로 배치함으로써 칩의 2차원 면적을 절약하는 방향으로 진행되고 있다. 쉽게 말하면, 가로와 세로 길이를 모두 10퍼센트 줄인 뒤, 20퍼센트의 구조물을 상부나 하부에 감춤으로써, 35%(0.9 x 0.9 x 0.8 = 0.648, 원래 크기의 약 65%) 정도의 소자 크기를 감소시키는 것이다. 하지만 이러한 3차원 구조 생성은 난도가 높아서 면적 절약 대비 원가 절감이 어렵고, 열 밀도 문제는 계속 심각한 문제로 남게 된다.

---

* 신물질은 2차원 D램의 미세화에도 도움이 되기 때문에, 3차원 D램의 상용화를 늦출 가능성도 있다.

03.
금속배선의 문제: 소자와 소자 연결하기

미세화가 금속배선에 일으키는 문제

　이 장을 잘 이해하기 위해서는 반도체에서 금속배선이 하는 일을 개략적으로 이해하고 출발할 필요가 있다. 금속배선 역시 데너드 법칙이 흔들림에 따라 미세화를 진행해도 성능과 효율성이 과거만큼 잘 개선되지 않게 되었다. 하지만 금속배선은 소자층과는 다른 이유로 문제를 겪고 있으며, 이로 인해 다른 방식으로 문제를 해결해야 하는 경우가 많다.

　금속배선공정은 칩 최하부의 소자를 만든 뒤, 각 소자를 금속으로 연결하는 과정이다. 반도체 제조의 특성상, 반도체는 아래에서 위로 쌓아 올리듯 만들 수밖에 없으므로, 금속배선공정은 소자층 제조가 완료된 뒤에 시작할 수 있다. 소자를 생성하기 전에는 금속배선공정을 진행할 수 없고, 반대로 금속배선공정이 끝나고 나면 소자에 추가 조치를 취할 수 없다.

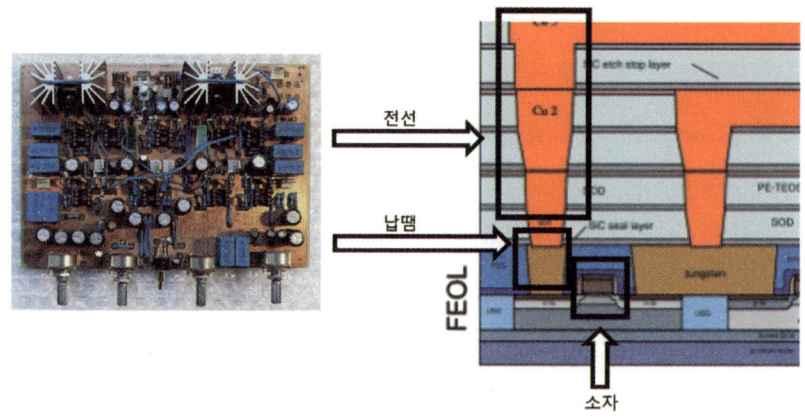

납땜과 금속배선층

전원이 없는 트랜지스터나 서로 연결되지 않은 트랜지스터는 바닥에 홀로 떨어진 전자부품과도 같다. 반도체 칩이 제대로 동작하려면 웨이퍼 위에 형성된 소자들에 전력을 공급하고 소자와 소자를 연결해 기능 블록들을 만들어야 하는데, 이 일을 하는 것이 금속배선층이다. 설명은 매우 거창하지만, 사실은 기판 위에 땜납과 전선을 연결하는 작업과 동일하다. 연결해야 하는 소자가 나노미터급으로 매우 작아서 땜납과 전선도 미세공정을 사용해 만드는 것뿐이다.

미세화 초기에는 금속배선 역시 데너드 법칙의 혜택을 받았다. 도선은 옴의 법칙을 따른다. 이에 따르면, 도선의 폭이 반으로 줄어들면 도선에 흐를 수 있는 전류도 반으로 줄어들지만, 데너드 법칙에 따라 내부 소자가 필요로 하는 전류도 반으로 줄어들기 때문에 반도체 제품을 구동하는 데는 아무 문제가 생기지 않았다.

문제는 금속배선층이 소자층보다 더 빨리 미세화 문제에 부딪치기 시작했다는 것이다. 금속배선이 가늘어지자, 상술한 옴의 법칙보다 더 빠르게 도선 저항이 증가하기 시작해 하부 소자층에 제대로 된 전원과 신호가 공급되지 않는 문제가 생겼다. 전류의 매개체인 전자는 미세화되지 않기 때문에, 신호 지연과 간섭 문제도 커지기 시작했다. 배선의 두께가 너무나 얇아져, 반도체 속 고밀도 전류가 금속배선을 구성하는 일부 원자를 밀어내 위치를 바꾸는 일렉트로마이그레이션Electromigration 현상도 제품 성능과 수명에 영향을 끼치기 시작했다. 이런 효과들은 소자층이 겪는 문제와는 다르지만, 역시 양자효과라고 뭉뚱그려 이야기할 수 있다.

문제는 소자층이 겪는 어려움은 게이트의 물질을 통째로 바꾸거나, 채널의 모양을 핀이나 나노 시트 형태 등 3차원화하여 문제를 해결할 수 있지만, 금속배선은 배선 재료를 바꾸는 정도의 조치밖에는 할 수가 없다는 것이다. 이로 인해 소자 크기는 빠르게 감소하는데, 배선층의 밀도는 그 속도를 따라가지 못하는 현상이 나타난다.

한편, 사용자들이 반도체에 요구하는 작업이 늘어남에 따라, 반도체는 프로그램이 원하는 더 많은 기능을 내재화해야 했다. 칩 1개 내부에 복잡한 기능이 늘어나면서 금속배선층은 점점 더 가늘어지고, 금속배선 층수도 더욱 높아졌다. 현대의 첨단 반도체 내부 금속배선 길이를 합치면 100km에 가깝다는 조사 결과가 있을 정도다. 칩 하나의 크기가 가로세로 1~2센티미터 수준임을 생각해 보면, 칩 한 개 내부에 얼마나 많은 금속배선이 복잡하게 연결되어 있을지 짐작할 수 있다.

배선 미세화의 어려움과 설계에 필요한 금속배선의 길이 증가는 반도체 밀도 개선을 힘들게 만들었다. 소자 크기는 축소되는데, 정작 각 소자를 연결하는 전선은 굵고 많아져 칩 전체의 면적이 잘 줄어들지 않게 된 것이다. 반도체 회사들은 앞서 살펴본 소자층 미세화 문제와 함께 금속배선층 문제도 해결해야 했다.

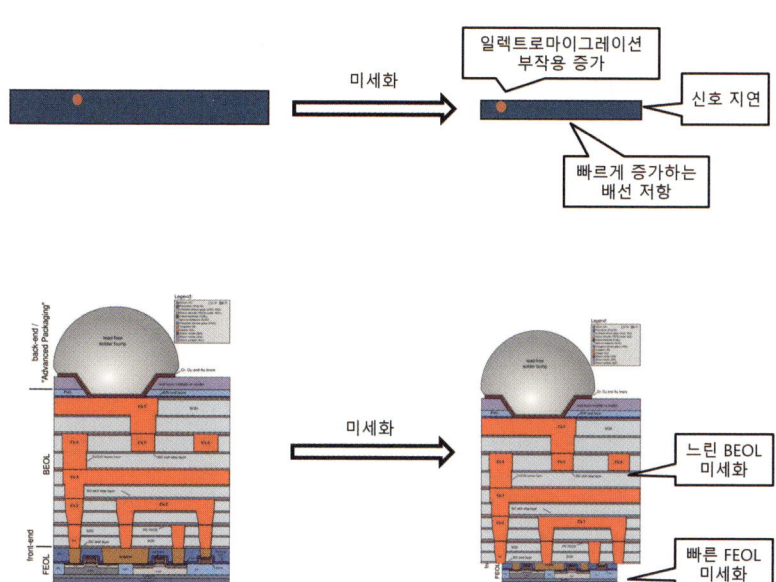

다양한 금속배선층 문제

이번 장에서는 금속배선층 제조의 어려움과 이를 극복하려는 반도체 회사들의 대응을 살펴볼 것이다. 이 과정에서 반도체 회사들은 소자층에서 사용되는 것과는 완전히 다른 특징의 물질을 사용하기도 하고, 도저히 미세화할 수 없어 다른 곳으로 구조물 전체를 치워버리는 등 소자층의 위기 극복과는 다른 방식을 사용한다는 것을 알 수 있을 것이다. 이 차이에 집중해 보는 것도 흥미로울 것이다.

새로운 배선 소재: 알루미늄, 구리, 그다음

반도체 회사들이 처음 사용한 금속배선 소재는 알루미늄이었다. 알루미늄은 전기적 특성이 좋고, 전공정 과정에서 가공하기 쉬웠기 때문이다. 알루미늄은 산성 물질과 염소와 같은 할로겐 가스와 잘 반응하고, 반응 물질이 기체로 산화해 버리는 장점이 있어 증착하고 식각하기 쉽다. 이런 이유로 반도체 회사들은 약 2000년도 초반까지 알루미늄을 주력 금속배선 재료로 사용하였다.

하지만 알루미늄에도 한계가 나타나기 시작했다. 상술하였듯, 배선 두께 감소는 배선의 저항을 증가시켜 전류 흐름을 방해하는데, 다양한 양자 효과로 인해 누설 전류가 발생하자 알루미늄으로는 소자층이 원하는 대량의 전류를 공급하기 힘들어졌다. 가느다란 도선에 더욱 고밀도 전류가 흐르게 되자 전류 흐름이 원자에 힘을 가해 위치를 바꿔 버리는 일렉트로마이그레이션electromigration 현상도 심해지기 시작했다. 이 현상은 물리학적 현상으로 과거에도 존재했으나 배선이 두껍던 시절에는 큰 문제가 되지 않았다. 하지만 미세화로 배선이 가늘어지면서 이 현상이 문제를 일으키기 시작한 것이다. 특히나 알루미늄은 원자 무게가 가벼운 경금속이어서 이 현상에 더욱 취약했다. 반도체 회사들은 알루미늄을 대신할 다른 소재를 찾아야 했다.

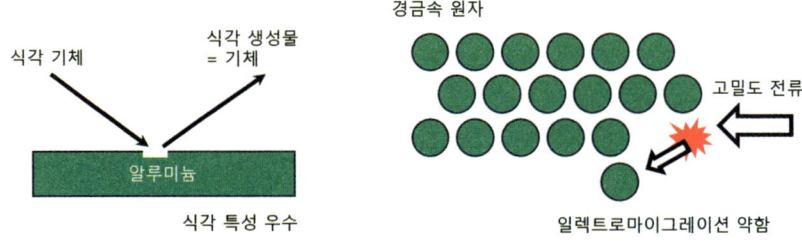

알루미늄의 장점(왼쪽)과 단점(오른쪽)

알루미늄 다음 금속배선 소재는 구리였다. 구리는 모든 원자 중에서 두 번째로 전도도가 높고, 지구상에서 구하기도 쉬운 금속이다. 참고로 알루미늄의 전도도Conductivity* 순위는 4위로, 구리보다 30% 정도 낮다. 전도도가 높으면 더 가는 금속배선으로도 큰 전류를 흘릴 수 있어, 더 가느다란 금속배선을 만들기 용이하다. 원자의 무게도 알루미늄보다 2.35배나 무거워서 일렉트로마이그레이션 현상에 더 강했다. 하지만 신소재가 장점만 있지는 않다. 인류는 이미 200년 전부터 구리가 알루미늄보다 전도도가 높은 것을 알고 있었다. 반도체 회사만 이를 수십 년간 모르고 알루미늄을 쓴 것은 아니다.

구리의 큰 문제는 가공이 까다롭다는 것이다. 앞서 설명했듯, 알루미늄은 산과 할로겐 원소와 잘 반응하고, 반응 부산물도 기체 형태여서 웨이퍼 위의 불필요한 알루미늄 부분을 쉽게 제거할 수 있었다. 하지만 구리는 내부식성이 강하여 원소와의 반응성이 좋지 않았다. 심지어는 반응 물질이 고체 형태로 녹처럼 변해 웨이퍼에 달라붙기까지 했다. 일상에서는 내부식성이 좋다는 특징이 장점이지만, 반도체 제조에서는 단점으로 작용하는 것이다. 반도체 제조를 공부하고 있다면, 반도체 회사들은 특정 물질의 전도도 등 이론상의 성능 지표만을 보는 것이 아니라, 식각 증착 등 얼마나 가공이 용이한지도 중요하게 본다는 것을 늘 기억할 필요가 있다.

또한 구리는 알루미늄과는 달리 실리콘 화합물 내부로도 잘 침투하는 특성이 있었다. 이로 인해 차단막, 절연체 등으로 사용하던 이산화규소를 사용하는 것이 힘들어졌다. 차단막에 금속 원자가 침투하게 되면 원치 않는 방향으로 전류가 흐르게 되기 때문이다.

반도체 회사들은 구리를 사용하기 위해 많은 공정을 변경했다. 구리는 기체, 액체 어떤 것으로도 식각이 되지 않기 때문에 알루미늄처럼 금속을

---

* 저항의 반대이다. 저항 1위라면 전도도는 꼴등이라고 생각하면 좋다.

구리 사용을 위한 제조 공정 변화

칩 표면에 증착한 뒤 포토마스크를 씌워 식각하는 방법을 쓸 수 없었다. 그래서 반도체 회사들은 전기도금법을 이용해 구리를 아래부터 꼼꼼히 채운 뒤 칩 전체를 물리적으로 갈아내는 방식을 사용해야 했다. 이러한 새 공정들은 여러 가지 새로운 어려움을 불러왔다.

전해도금을 하기 위해서는 금속배선을 만들 영역에 구리가 잘 달라붙게 도와주는 시드 레이어Seed Layer를 먼저 얇게 도포해야 한다. 기존 금속배선 공정에도 금속배선 성분이 소자층으로 침투하는 것을 막고 금속배선을 보호하는 일종의 피복인 배리어 메탈Barrier Metal이 증착되어 있었는데, 구리 배선을 사용하려면 층이 1개 더 추가되어야 하는 것이다. 그뿐만 아니라 구리 도금을 원활하게 해주는 다양한 전해도금용 용액 조합과 전압 인가 패턴을 찾아야 했다. 전해도금이 끝난 뒤 불필요한 구리 부위는 CMP 공정을 통해 제거해야 하는데, 이는 물리적 제거 작업이어서 식각보다 더 많은 비산 물질을 발생시켰으며 웨이퍼에 경사가 생기는 새로운 문제도 생겼다. 이로 인해 새로운 웨이퍼 세척 기술도 필요해졌고, CMP 공정 수행 뒤 웨이퍼의 편평도도 확인해야 했다.

위 내용을 보면 재료 하나를 바꾸기 위해 얼마나 많은 제조 공정이 변해야 하는지 알 수 있다. 수십 년간 쌓은 알루미늄 가공 노하우를 쓸 수 없으니, 낯선 공정인 전기도금과 CMP를 반도체 제조에 사용해야 한다. 뉴스와 언론에 등장하는 수많은 신물질이 양산의 벽을 넘지 못하는 이유가 바로 이런 어려움 때문이기도 하다. 신물질을 사용하기 위해서는 바꿔야 할 것이 너무나 많다.

반도체 회사들은 구리를 이용해 금속배선층을 얼마 동안 미세화를 진행할 수 있었다. 하지만 일렉트로마이그레이션은 구리도 피해 갈 수 없었다. 본질은 원자가 고밀도 전류에 부딪쳐 위치가 바뀌는 것이기 때문에, 미세화를 통해 배선 간격이 수십 nm 수준으로 가늘어지고 전류밀도가 높아지면 다시 이 현상이 심해질 수밖에 없었다. 반도체 제조사들은 다시 고민해야 했다. 인텔은 이 문제를 해결하기 위해 더 무거운 금속인 코발트Cobalt를 미세 배선층의 주 재료로 사용하고자 하였다. 코발트는 구리보다 약간 가벼운 원자이지만, 대신 열에 더 안정적이고 금속 표면의 원자가 확산되기 어려운 결정 구조로 결합되어 있다. 반도체 회사들이 금속배선층 배리어 메탈과 일종의 덮개인 캡핑Capping으로 이미 사용해 본, 익숙한 물질이기도 했다.

하지만 코발트의 전도도는 구리의 1/4 정도밖에 되지 않아, 많은 전류를 멀리 전달하기 위해선 높은 에너지가 필요하다. 따라서 모든 배선 층을 코발트로 교체하면 전력 소모가 지나치게 많아질 우려가 있어서, 인텔은 배선 간 거리가 짧고 전류 밀도가 높은 하부 금속층에 코발트를 도입하였다. 인텔은 이를 통해 접점부의 저항을 개선했을 뿐만 아니라, 일렉트로마이그레이션에 대한 저항성을 5~10배 높였음을 발표하였다.

하지만 인텔은 자사 7나노미터 공정Intel 7에 코발트 금속배선을 도입했으면서 차기 공정인 4나노미터 공정Intel 4에서는 구리에 탄탈륨Tantalum과 코발트 재질의 피복을 씌운, 개선된 구리Enhanced Cu라는 공정을 도입한다. 인텔 7나노가 굉장히 어려움을 겪으며 개발한 공정임을 고려하면, 코발트 금속배선 도입으로 인해 많은 제조 문제가 발생했음을 짐작할 수 있다.

인텔은 개선된 구리를 사용하면 구리의 장점과 코발트의 일렉트로마이그레이션 저항성을 모두 갖출 수 있다고 설명하였다. 대신 이로써 구리배선은 기존 2겹에서 배리어 메탈, 코발트, 구리의 3겹으로 이루어진 층을 가지게 되었다. 기존 배리어 메탈도 1nm에 가까운 얇은 두께를 가지고 있는데, 여기에 피복이 한 겹 더 생기는 것이다. 제조 난도가 증가했을 것이라는 사실을 짐작할 수 있다.

현재 많은 회사들이 구리를 대체할 신물질 혹은 구리배선의 단점을 극복하기 위한 새로운 제조 공법을 찾고 있다. 하지만 여정은 쉽지 않을 것이다. 이미 인류는 미세화를 위해 전도도 2위, 4위 물질을 금속배선층에 사용해 버렸고, 그 금속들조차 한계에 다다르자 이젠 다른 금속들의 미시적 특성을 조합해 사용하는 상황이기 때문이다. 알루미늄은 30년 가까이 금속배선으로 사용되었고, 구리는 약 15년간 주 금속배선층으로 사용되었다. 다음 배선 재료의 수명은 더 짧을 것으로 예상할 수 있다.

2024년 현재, 반도체 회사들은 몰디브덴, 루테늄 등의 물질을 배선 재료나, 배선 보호 물질로 사용하기 위해 장비 회사들과 지속적으로 협력하고 있다. 회사들은 물리적 선폭이 20nm 미만으로 감소하기 시작하면 새로운 금속 물질을 사용해야 할지 모른다고 생각하고 있다. 하지만 실제 양산은 언제 시작될지, 양산에 적용되더라도 미세화를 몇 년 더 연장할 수 있을지는 고민해 봐야 할 일이다.

미시 세계의 땜납: 컨택

우리는 앞에서 금속배선공정은 기판 위에 배치된 소자를 납땜하는 것과 같다고 하였다. 바로 앞 장에서 금속배선의 재질을 살펴보았으니, 금속배선과 소자를 결합하는 납땜 과정 역시 존재해야 한다는 것을 짐작할 수 있을 것이다. 반도체 회사들은 이 과정을 컨택Contact, 접점 형성이라고 부른다. 소자를 만드는 공정인 FEOL과 금속배선공정인 BEOL의 중간이란 의미에서 MOLMiddle-End-Of-The-Line이라고 부르기도 한다. 결국 MOL 공정의 목표는 FEOL과 BEOL 공정을 매끄럽게 연결하는 것이다.

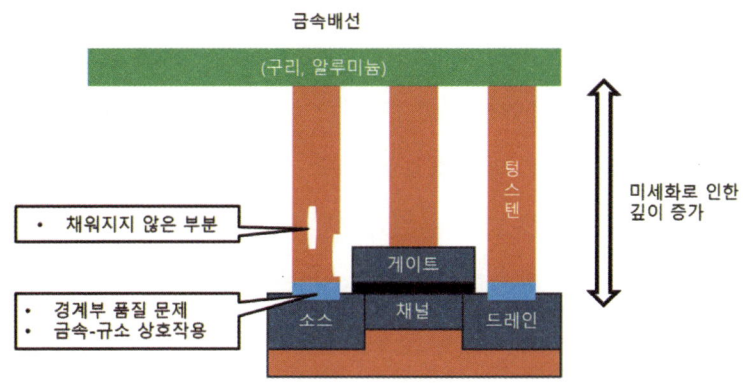

소자(FEOL)층과 금속배선(BEOL)층 연결 시 발생하는 다양한 문제

위 그림을 보면 컨택 형성의 중요성을 짐작할 수 있다. 웨이퍼 최하부에는 트랜지스터 소자들이 자리를 잡고 있다. 트랜지스터에 역할을 부여하기 위해서는 공장 내부의 기기에 연료와 원자재를 공급해야 하듯, 각 트랜지스터에 전력과 신호를 보낼 수 있어야 한다. 이 역할을 하는 것이 금속배선이다. 문제는 금속배선을 하부에 있는 규소 기반의 소자층과 직접 결합하려 하면 여러 문제가 발생한다는 것이다.

문제 중 하나는 금속배선과 소자층 컨택 지점의 깊이 증가다. 반도체 미세화가 진행됨에 따라 배선이 가늘어졌을 뿐만 아니라, 소자층과 배선층의 높이 차이도 점점 벌어지게 되었다. 예를 들면, 2024년 현재 D램 캐패시터 높이는 1마이크로미터 이상이고, 배선의 굵기는 수십 나노미터 수준이다. 금속배선이 하부의 소자*와 만나기 위해서는 수십 nm 도선 폭 수준의 매우 가느다란 구멍으로, 1마이크로미터 가까운 깊이를 파고들어 가야 한다는 의미이다.

또 다른 문제는 접합면의 품질이다. 금속배선을 구성하는 금속 물질과 소자층을 구성하는 규소 기반 물질은 화학적으로 접합되지 않으므로, 결국 이 둘은 물리적인 방법으로 붙게 해야 한다. 그 과정에서 둘 사이의 경계면이 매끄럽게 붙지 않는 경우 전반적으로 반도체 완제품의 성능이 나빠질 수 있다. 또한, 소자층의 규소와 금속배선 물질 간 열팽창 특성이 다르다면, 열을 사용하는 공정으로 인해 접합면의 특성이 변할 수도 있다.

끝으로 금속 물질과 규소 기반의 소자층의 원치 않는 상호작용도 문제다. 초기 배선 물질로 사용된 알루미늄은 규소 소자층에 물리적으로 뾰족하게 파고드는 성질이 있다. 그 이후 배선 물질로 사용된 구리는 규소와 만나면 원자 단위로 규소 내부로 확산되어 소자층의 특성 자체를 바꿔 버린다. 제조 과정에서 고품질의 소자층을 만들었더라도 금속배선공정으로 인해 소자층의 특성이 변화하면 최종 제품을 완성할 수 없다.

반도체 회사들은 이 문제를 해결하기 위해 텅스텐Tungsten, W을 사용하였다. 텅스텐은 전도도가 구리나 알루미늄보다는 좋지 않지만, 틈을 빈틈없이 채우며 차오르는 장점이 있어서 깊은 식각 뒤, 구멍을 메우는 데 유리하다. 텅스텐의 녹는 점은 무려 섭씨 3,422도로 금속 중 가장 높아, 반도체 FEOL 공정에서 사용하는 온도 정도로는 크게 특성이 변화하지 않는다.

---

* D램의 경우 금속배선층과 비트라인(bitline) 접점부 등.

텅스텐은 그 자체로 금속이므로, 구리와 알루미늄 등의 금속배선과도 잘 결합한다. 이러한 장점 덕분에 텅스텐은 항공, 군사 등 다른 영역에서도 사용된다.

물론 텅스텐을 사용하는 것은 쉽지만은 않다. 위에서 설명하였듯, 금속 물질과 비금속인 규소 기반 물질은 쉽게 결합되지 않는다. 그래서 텅스텐을 증착하기 전*에 텅스텐과 소자 경계면에 실리사이드라고 부르는 물질을 미리 형성해야 한다. 실리사이드는 금속과 규소 원자의 화합물로, 금속과 규소의 중간 성질을 가지고 있다. 실리사이드는 보통 티타늄, 코발트, 니켈 등을 규소와 고온에서 반응시켜 생성한다. 이러한 층을 둠으로써 반도체 회사들은 금속과 소자층을 연결할 수 있었다.

실제 텅스텐 증착을 할 때는 육(6)불화텅스텐 가스를 이용한다. 가스가 증착해야 할 부위에 도달하면 텅스텐 원자를 반도체 표면에 내어놓고, 불소는 기체가 되어 사라진다. 문제는 불소 가스가 반도체 소자층의 핵심 물질인 규소 식각에도 사용되는 기체라는 것이다. 텅스텐을 소자층 위에 형성하려고 했더니, 부산물인 불소 가스가 주변 소자층을 깎아 버리게 되는 것이다. 웨이퍼의 장점인 불소로 가공이 잘 된다는 점이 이 경우에는 단점이 된다. 그뿐만 아니라 텅스텐 역시 규소층으로 파고드는 성질이 존재한다.

반도체 회사들은 이 문제를 해결하기 위해서 새로 코팅 과정을 추가했다. 이 코팅은 확산 방지막Diffusion Barrier으로 불리며** 질화티타늄TiN 등을 이용해 만들어진다.*** 질화티타늄은 분자식에 규소 원자가 없어서 불

---

* 텅스텐이 아니더라도 금속과 소자를 결합하기 전에.
** 근본적으로 금속배선의 배리어 메탈과 크게 다르지 않다.
*** 일반적으로 금속 + 산소, 질소 형태의 물질은 매우 안정적이다. 소자층에서 많이 다루었던 이산화규소($SiO2$) 역시 매우 안정적이고 절연성이 강한 물질이었던 것을 기억하자.

소에 매우 강하고, 틈을 메꾸는 특성이 좋다. 게다가 순수 금속이 아닌 질화물인데도 독특하게 전기 전도도가 높다*는 특성이 있어, 수직 방향의 틈을 잘 메꾸면서도 불소 기체로 인한 소자층 손상을 막을 수 있는 뛰어난 물질이다. 이렇게 반도체 제조는 제조 과정에서 생기는 문제를 때때로 발견되는 예외적인 물질로 해결하기도 한다. 만약 질화티타늄과 같은 방지막 물질이 없다면, 텅스텐 플러그를 통한 컨택 형성은 더욱 어려울 것이고, 반도체 회사들은 D램 캐패시터 등 높은 구조물을 만들기가 힘들어지게 될 것이다.

반도체 제조의 많은 기술은 'A는 B에 사용된다.'라는 식으로 암기하기보다는 반도체 제조의 각 공정이 해결하고자 하는 현상 자체를 이해하는 것이 더욱 중요하다. 이번 장에서는 텅스텐을 주요 컨택 물질로 소개하였으나, 반도체 회사들은 필요하다면 실리사이드와 확산 방지막을 생략하거나, 텅스텐 위치에 구리나 알루미늄을 바로 사용할 수도 있다. 만들고자 하는 제품의 성능 요구치가 높지 않다면 컨택의 품질이 조금 낮아도 되기 때문이다.

질화티타늄과 같은 물질도 마찬가지이다. 이 물질은 컨택뿐만 아니라 하이-k 금속 게이트에도 사용할 수 있는 물질이다. 전도도가 높고 금속 경계부의 틈을 잘 메우는 물질은 컨택뿐만 아니라 금속 게이트에도 필요하기 때문이다. 필요하다면 아예 짧은 길이의 배선 재료로 사용하는 것도 가능하다.

이제 텅스텐은 D램, 낸드 등 메모리와 CPU를 포함한 로직 제품 등 거의 모든 제조 분야에 사용되고 있다. 하지만 컨택 형성 역시 반도체 미세화와 함께 계속 새로운 어려움을 겪고 있다. 반도체 미세화로 인해 매해 더 좁고

---

* 구리, 텅스텐과 같은 순수 금속과 비교될 만큼 뛰어나지는 않다.

깊은 컨택을 만들어야 할 뿐만 아니라, 컨택과 소자층의 결합 모양도 복잡해지고 있기 때문이다.

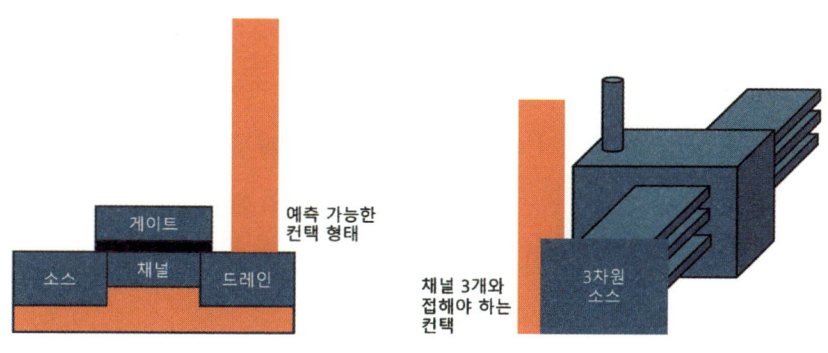

컨택의 형태 변화

앞 장에서 살펴본 핀펫과 게이트 올 어라운드와 같은 새로운 소자의 경우, 컨택의 모양도 기존과 크게 달라진다. 기존의 2차원 평면 트랜지스터의 경우 컨택과 채널이 단순한 2차원 평면 형태로 만나게 되지만, 3차원 채널의 경우 컨택은 2차원 평면 형태가 아니라 채널을 감싸는 모양으로 만들어져야 한다. 따라서 채널에 각종 실리사이드와 방지막을 채우고, 그 위에 텅스텐 플러그를 만드는 과정 역시 기존보다 더욱 번거로워진다.

물질 자체를 대체하려는 노력도 계속되고 있다. 그중 하나가 몰리브덴이다. 반도체 장비회사인 램 리서치Lam Research에 따르면, 몰리브덴은 규소층으로 파고들려는 성질이 약하며, 불소 화합물을 사용하지 않아도 증착이 가능하다고 한다. 불소 화합물을 사용하지 않아도 된다면, 확산 방지막이 필요가 없어지므로 제조가 간단해지고 전기 전도도가 개선된다. 다만, 몰리브덴은 구리나 텅스텐보다 갈아내기CMP 힘들다는 단점이 있어, 당분간은 더 연구가 필요할 것이다. 이와 달리 텅스텐을 그대로 사용하되, 육불화

텅스텐 가스를 사용하지 않는 증착 방식을 개발함으로써 확산 방지막을 생략하려는 연구도 있다. 이렇게 하면 익숙한 텅스텐을 사용하면서도, 확산 방지막을 생략함으로써 비용을 절약하고 전기적 특성도 개선할 수 있다.

컨택 형성은 반도체 미세화 과정에서 반도체의 각 부분이 주고받는 상호작용을 매우 잘 보여 주는 공정이라 할 수 있다. 컨택은 반도체 제품에서는 매우 작은 영역을 차지하지만, 소자 영역FEOL과 금속배선 영역BEOL의 변화에 모두 큰 영향을 받는다. 따라서 컨택 부분의 변화를 확인하다 보면, 다른 분야의 변화도 짐작할 수 있게 된다.

얇은 절연막으로 전류 막기: 로우-k

우리는 D램의 핵심 소자 중 하나가 캐패시터임을 알고 있다. 캐패시터는 D램 내부뿐만 아니라 TV 내부 기판 등에도 존재하는 전기를 잠시 저장하는 소자이다. 캐페시터는 메모리 반도체인 D램에서 전하가 저장된 상태를 1, 전하가 없는 상태를 0으로 간주함으로써 데이터를 저장하는 소자로 사용된다.

캐패시터의 구조는 간단하다. 두 금속판에 양극(+)과 음극(-)을 결합한 뒤, 그 사이에 유전 물질을 채워 넣는 것이다. 유전 물질은 전류가 직접 흐르지는 않는 부도체이지만, 양 끝에 양극과 음극을 연결하면 극성을 지니게 되는 물질을 의미한다. 양극과 음극 사이에 유전 물질을 넣고 전압을 가해주면, 양쪽 금속판의 +전하와 -전하가 서로 잡아당겨지지만, 유전체에 가로막혀 전류가 흐르지는 않는 상태로 모여 있게 된다. 캐패시터의 전하 저장 용량은 유전체의 품질과 유전체의 두께가 결정한다. 참고로 유전체 두께는 얇을수록 전하가 많이 저장된다. 전하는 유전체 내부가 아닌 유전체 표면에 모이고, 양극과 음극이 가까워지면서 더욱 양극과 음극이 서로를 세게 잡아당길 수 있게 되어 더 많은 전하를 끌어들일 수 있게 되기 때문이다.*

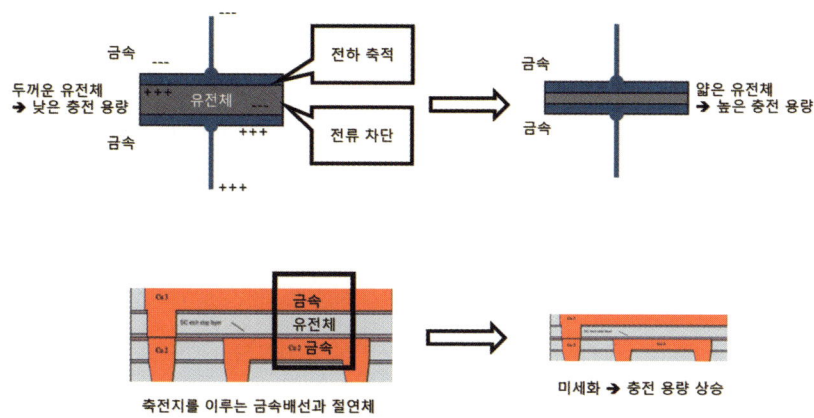

캐패시터의 구조(위)와 금속배선층에 생겨나는 기생 용량(아래)

한편 반도체 미세화가 진행되자, 금속배선 사이의 간격 역시 가까워지기 시작했다. 그러자 금속배선과 금속배선 사이의 충전재가 의도치 않게 캐패시터와 유사하게 동작하기 시작했다. 이른바 기생 (충전)용량Parasitic capacitance이다. 금속배선층의 모식도를 보면, 금속배선층은 금속과 금속 사이에 무언가 물질이 충전된 구조, 즉 캐패시터와 동일한 모습임을 알 수 있다. 의도했건 아니건, 캐패시터처럼 생긴 구조는 캐패시터처럼 동작한다.

이로 인해 미세화가 진행될수록 금속배선층 사이에 수많은 캐피시터가 의도치 않게 생겨난다. 기생이라는 이름에서 알 수 있듯, 이들은 칩에 부정적인 영향을 끼친다. 캐패시터는 완전 충전 상태와 방전 상태에서는 전력

---

* 직관적으로 이해하고 싶다면, 두 금속판이 10미터 떨어져 있는 경우를 생각하면 된다. 두 금속판이 어떠한 상호작용도 하지 못하니 전하 저장이 불가능할 것이다.

을 거의 소모하지 않지만, 충전 방전이 반복되는 상황에서는 전력을 소모한다. 신호 0과 1이 끊임없이 변하는 디지털 회로 특성상, 금속배선부의 기생 캐패시터는 끊임없이 충·방전되며 전력을 소모한다. 또한, 정상적으로 흘려보내야 할 신호를 잡아 둠으로써 신호 전달을 느리게 하고, 원치 않을 때 배출함으로써 신호를 왜곡한다. 이런 신호 왜곡을 RC 딜레이라고 부른다.

기생 용량은 금속 사이에 절연 물질이 존재하면 당연히 발생하는 물리적 현상이므로 반도체 산업 극초기부터 존재하였으나, 금속배선의 두께가 수백~수십 nm급으로 낮아지면서 본격적으로 반도체 성능에 영향을 미치기 시작했다. 충전 용량은 두 금속 사이 절연 물질이 얇을수록(하지만 두께가 0이 되어 합선되지 않으면) 높아지므로, 미세화가 진행되면 도리어 기생 용량이 커지게 된다.

참고로 소자층 장에서 게이트 절연막의 두께가 감소하면, 게이트의 채널 통제 능력이 상승한다는 것을 확인하였다. 실제로도 게이트와 절연막은 일종의 캐패시터를 이루며, 트랜지스터는 게이트에 전하를 모음으로써 채널의 전도도를 통제한다. 채널을 통제해야 하는 게이트는 충전 용량이 클수록 유리하지만, 신호를 전달해야 하는 금속배선층 사이의 기생 용량은 충전 용량이 클수록 많은 문제를 일으킨다. 금속배선과 소자층이 미세화로 인해 명암이 갈리는 것이다.

반도체 회사들은 이를 해결하기 위해 로우-k Low-k라는 신물질을 금속배선층에 사용하기 시작했다. 앞서 우리는 하이-k라는 물질을 살펴보았다. 이 물질은 전압이 가해지면 극성이 크게 분리되는 물질이다. 로우-k는 반대로 전압이 가해져도 쉽게 분극 되지 않는 물질이다. 금속배선층에 로우-k를 사용하는 것은 쉽게 말해 금속배선층 사이에 분극이 잘되지 않는 물질을 넣음으로써 기생 용량을 줄이겠다는 것이다. 참고로 반도체 회사들은 이런 층을 층간 유전체ILD: Inter-layer dielectric라 부른다.

본래 반도체 회사들은 금속배선층 사이에 이산화규소SiO2를 사용해 왔다. 이산화규소는 웨이퍼를 산화시키기만 해도 생성할 수 있고, 고품질 층이 필요할 경우 증착을 이용해서 만들 수도 있다. 하지만 미세화가 진행되어 배선과 배선 사이가 좁아지자, 배선 사이에 이산화규소를 채우는 것만으로는 기생 용량으로 인한 누설 전류를 제어하기 힘들어졌다. 그러자 반도체 회사들은 경제적인 방법부터 하나씩 시도하기 시작했다.

처음에는 이산화규소에 불순물을 섞는 방식을 사용했다. 이산화규소 사이에 불소 원자나 탄소 원자를 끼워 넣으면, 유전율이 낮아진다는 사실을 발견했다. 조금 더 나아가 이산화규소 사이에 물리적인 공간, 즉 공극을 만드는 방식을 사용하기도 했다. 공기는 인간이 아는 물질 중 가장 유전율이 낮은 물질이므로, 금속배선 사이에 일종의 공기층이 존재한다면 유전율이 더욱 낮아지는 것이다. 낸드 플래시에서 살펴본 에어 갭Air gap과 유사한 방식이다.

당연하게도 새로운 물질은 또 다른 문제를 발생시켰다. 다양한 방식으로 로우-k 물질을 개발했지만, 이들은 대부분 유전율이 낮다는 장점만 있을 뿐, 이산화규소보다 거의 모든 면에서 열등했다. 대부분 로우-k 물질은 무언가 푸석푸석했고, 반도체 내 구리, 알루미늄 등 금속배선 물질과 경계면

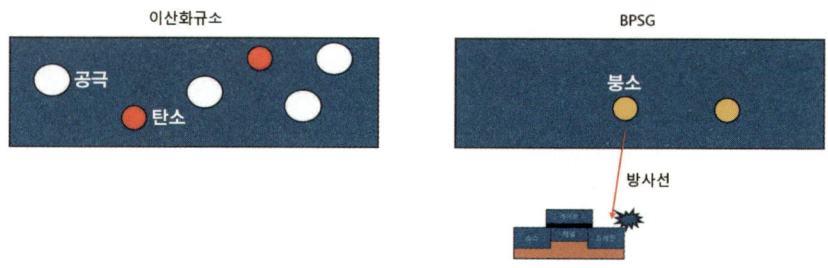

로우-k 물질의 제조 방법(왼쪽)과 방사선 문제를 일으키는 BPSG(오른쪽)

이 잘 부착되지 않았다. 때로는 배리어 메탈이나 구리가 로우-k 물질로 누출되기도 했다. 이물질이 많고 내부에 공간이 많아야 하는 로우-k 물질의 특성상 이는 피할 수 없었다.

반도체 제조에서 사용되는 물질들은 때로 상상치 못할 부작용을 일으키기도 한다. 그 예 중 하나가 BPSG(붕규산염유리)라는 로우-k 물질이다. 이 물질은 붕소 원자를 함유하고 있는데, 붕소는 일부*가 자연에 존재하는 중성자를 흡수한 뒤, 방사선을 내뿜는 물질로 변화하는 독특한 성질을 가지고 있다.[12] 문제는 방사선도 일종의 에너지 덩어리이므로 BPSG의 방사선으로 인해 금속배선층을 지나는 신호 0이 1로 바뀌어 버릴 가능성이 존재한다는 것이다. 반도체 소자 크기가 매우 커 0과 1을 표현하는 데 사용하는 전류가 크다면 방사선으로 인한 노이즈는 무시해도 되지만, 미세화가 진행됨에 따라 노이즈의 상대적 크기가 커지게 되면 문제가 일어날 수 있는 것이다.

현재도 반도체 회사들은 다양한 로우-k 물질을 증착하고, 식각하기 위해 노력하고 있다. 연구 중인 물질은 일반적으로 규소에 탄소 등 다양한 원자를 섞고 그 안에 공극을 만드는, 쉽게 말하면 위에서 써 본 것을 다 섞어 보는 형태다. 규소는 반도체 회사들이 매우 익숙하게 다루는 물질이고, 원자를 추가하면 다양한 특성을 띠기 때문일 것이다.

로우-k 물질은 반도체 제조에 단일한 만능 물질은 없음을 알려 준다. 소자층에는 하이-k 물질을 이용해 게이트 전하를 늘려 전기장을 강하게 해야 하고, 금속배선 사이에는 로우-k를 사용해 전기장을 약화시켜야 한다. 이론상 가장 낮은 유전율을 가진 물질을 사용하면 절연성은 좋아지겠지

---

* 붕소 동위원소 붕소-10이 문제를 일으킨다.

만, 물질의 강도가 약하고 증착이 잘되지 않아 배선층의 구조가 무너질 수도 있다.* 독자 여러분들도 언론과 TV에서 무언가 만능 물질을 개발했다는 뉴스를 봤다면, 그 물질을 '정말 제조에 사용할 수 있는지' 질문해 보는 것도 좋을 것이다.

한편, 로우-k 물질은 현대 반도체 제조가 사용하는 여러 고식적인 해결책이 한계에 달했음을 알려 주는 예이기도 하다. 로우-k 물질을 읽고, 앞 장의 하이-NA 극자외선 노광기의 문제 해결 방법이 떠오른 독자도 있을 것이다. 로우-k 물질이 가진 문제를 해결하는 방법은 결국 물질 내부에 불순물을 첨가하고 빈 공간을 만든 뒤, 무너지지 않도록 잘 쌓아 보는 것에 가깝다. 고순도 물질 증착이나 깊은 식각 기술과 비교해 보면 무언가 시시하다는 느낌마저 들 것이다. 물론 이는 해당 분야 연구원들의 잘못은 아니다. 애초에 선택지가 많지 않았을 뿐이다. 물리 세계는 진공에서조차 기생 용량이 존재하게 되어 있을 뿐이다.

마지막으로, 이번 장에서도 이산화규소가 절연체로 등장했음을 기억해 두기를 바란다. 추후 패키징 영역에서 이산화규소의 특징이 어떤 식으로 제품 개발에 반영되는지 살펴볼 것이기 때문이다.

웨이퍼의 뒷면까지: 후면전력공급(BSPDN)

제조사들의 많은 노력에도, 금속배선의 미세화는 소자의 미세화를 따라가기 힘들어졌다. 반도체 단체인 IMEC의 2022년 예상에 따르면, 금속배선의 물리적 미세화는 약 3나노미터급 공정부터 급격히 둔화[13]된다. 이에

---

* 인류가 알고 있는 가장 유전율이 낮은 물질(상태)은 진공이다. 하지만 물질을 채우지 않고 위로 쌓아 올릴 방법은 없다.

따르면 5옹스트롬 공정(0.5나노미터 공정)에 다다르면 금속배선의 간격이 16~12nm 수준에 도달하는데, 그 뒤에는 간격이 잘 좁혀지지 않게 된다. 이런 상황이 되면, 반도체 내부에서 금속배선 밀도가 높은 부위의 미세화는 사실상 정지하게 된다.

이러한 일이 발생하는 이유는 금속배선층은 이미 오래전부터 3차원 적층을 해 오고 있기 때문이다. 메모리 반도체는 약 5층, CPU나 GPU와 같은 반도체는 이미 10층이 넘는 금속배선층을 사용한다. 그래서 현시점에 금속배선층의 밀도를 높이기 위해서는 기존보다 일단 가늘게 그려 보는 방법밖에 없는데, 이 경우 기생 용량 등으로 인해 전력 소모가 많이 늘어나게 된다.

결국 하부층의 소자는 3차원화를 통해 고밀도로 생성할 수 있는데, 정작 소자를 연결할 배선을 만들지 못해 미세화가 진행되지 않는 상황이 오는 것이다.* 이는 땜납과 전선이 너무나 두꺼워서 다리가 여러 개 달린 조그만 소자에 납땜을 하지 못하는 상황과도 같다. 반도체 회사들은 금속배선 미세화의 위기를 타개하기 위해 미세화가 아닌 새로운 방법을 시도하는데, 바로 후면전력공급BSPDN: Backside Power Delivery Network 기술이다.

이 기술을 이해하려면 반도체 속 수많은 금속배선이 어떤 역할을 하는지 조금 더 자세히 알아볼 필요가 있다. 앞 장에서 금속배선이 소자와 소자를 연결한다고 하였는데 이를 조금 더 자세하게 살펴보면, 금속배선은 대략 3가지 서로 다른 역할을 하는 요소로 구성되어 있음을 알 수 있다. 반도체 바깥(센서 및 다른 반도체)과 반도체 내부를 연결해 신호와 데이터를 주고

---

* 정작 회로를 그릴 수 있더라도, 기생 소자와 누설 전류 등으로 인해 전 세대 공정보다 전력 대 성능비가 나빠져 사용하기 힘들 가능성이 크다.

받기 위한 금속배선, 반도체 내부 소자를 연결해 기능을 구현하는 금속배선, 마지막으로 반도체 소자에 전원을 공급하는 금속배선이다. 이는 복잡한 화학공장 내부의 파이프와 비슷하다고 할 수 있다. 공장이 구동되려면 원자재와 완성 제품을 공장 내외부로 이동시킬 수 있는 파이프, 공장 내부에서 기기 사이 재공품 이동을 담당하는 파이프, 전력 공급을 위한 전선이 필요한 것과 같다.

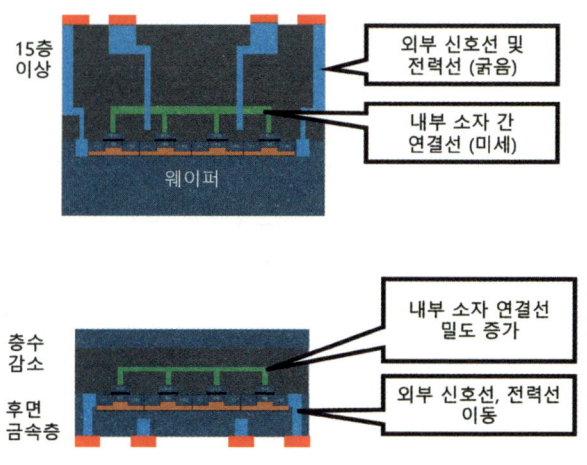

기존 금속배선층의 구조(위)와 BSPDN의 구조(아래)

후면전력공급 기술은 본래 소자 상부에 존재하던 금속배선 중 전력 배선 Power Delivery과 각종 외부 신호 배선을 웨이퍼 뒷면 backside으로 옮기는 기술이다. 기존에는 전원, 외부 신호, 내부 소자 간 연결을 담당하는 모든 금속배선이 소자층 상부에 있었다. 기존에는 이 모든 배선을 소자층 위에 BEOL 공정을 통해 생성했다. 당연하지만, BEOL 최하층의 배선 복잡도는 매우 높았고, 이로 인해 반도체 밀도를 높이기 쉽지 않은 상황이 생기기도 했다.

복잡한 배선 중 전원이나 외부 신호 배선만이라도 빼서 웨이퍼 뒷면으로 옮긴다면, 금속배선 밀도로 인해 미세화가 둔화되었던 부위를 조금 더 미세화할 수 있다. 공장 내의 파이프와 전선이 너무 많아지자, 전선과 일부 자재 공급 배관을 바닥을 파서 묻은 뒤, 전선과 배관을 기계 아랫면을 통해 연결한 것으로 생각하면 좋다.

이 설명을 들으면 어째서 소자 간 연결 배선이 아닌 전원 배선과 신호 배선만을 웨이퍼 하부로 옮겼는지 궁금할 것이다. 이는 칩 내부 소자 간 연결 배선과 칩 외부에서 들어오는 전력선 및 신호선의 특징이 크게 다르기 때문이다. 전자의 경우 상대적으로 가까운 거리에 있는 소자들을 연결해야 하므로 미세한 배선을 사용하는 것이 좋지만, 후자는 최대한 큰 전류와 외부 신호를 노이즈 없이 반도체 소자층까지 전달해야 하기 때문에 배선이 굵어야 한다. 그래서 기술의 이름은 후면전력공급이지만, 실제로는 BEOL 공정을 미세 배선과 굵은 배선으로 나눠 각각 웨이퍼 상하부에 별도로 배치함으로써 면적 효율과 제조 효율을 높이는 기술이라 할 수 있다.

이 기술의 가장 큰 장점은 밀도 향상이다. 반도체 회사들은 후면전력공급 기술을 통해 CPU, GPU 등 로직 반도체 밀도를 15~20% 정도 향상시킬 수 있을 것으로 기대하고 있다.

참고로 인텔은 이 기술을 파워비아PowerVia, TSMC는 슈퍼 파워 레일SPR: Super Power Rail이라고 부른다. 세부적으로는 전원 공급부의 형태가 조금씩 다르지만, 전원 배선을 웨이퍼 뒷면으로 옮겨 소자에 공급한다는 큰 그림은 동일하다. 이 기술이 뒷장에 소개할 TSV 기술 기반의 HBM과 어떤 차이가 있는지 비교해 보는 것도 흥미로울 것이다.

또한, 웨이퍼 후면에 배선을 형성할 수 있게 되면 전원 배선이나 외부 신호 배선이 아닌 다른 배선도 후면으로 옮길 수 있게 된다. 예를 들면, 반도체는 클럭이라고 부르는 일종의 박동 신호에 따라 동작하는데, 클럭을 배분하는 배선 역시 후면으로 옮기면 칩의 성능과 안정성이 향상될 수 있다. 클럭의 특성상 신호 품질이 중요하고, 칩 여러 군데에 골고루 전달되어야 하기 때문이다.

제조 관점에서도 이익이 될 수 있다. 상부 금속배선층에 극자외선 노광기와 같은 고급 장비를 집중하고, 후면 금속배선층은 출력이 높은 기존 노광기를 사용하는 방식으로 공정을 최적화할 수 있게 된다.

하지만 이 기술도 반도체 회사들에 상당한 부담을 준다. 설계와 제조 패키지 모두 크게 변해야 하기 때문이다. 설계 회사의 주요 업무 중 하나는 금속배선을 통해 소자를 연결하여 반도체의 기능을 구현하는 것이다. 그런데 금속배선의 위치가 웨이퍼 하단으로 바뀌면, 기존 설계의 상당 부분을 후면전력공급에 맞춰 바꿔야만 한다. 그리고 후면전력공급용으로 설계된 배선층은 기존의 후면전력공급을 사용하지 않는 제조공정에는 사용할 수 없다. 후면전력공급을 사용하고자 한다면, 신뢰할 수 있는 제조 파트너를 찾아야만 한다.

제조 회사들의 부담은 더욱 크다. 후면전력공급을 하려면 반도체 제조 회사들은 웨이퍼의 뒷면을 갈아 얇게 만든 뒤, 구멍을 뚫어 전극을 연결하여 소자에 전원을 공급해야 한다. 이 과정에서 소자층에 원치 않은 손상이 생길 수 있다. 칩의 열 밀도 문제도 커진다. 이 기술 역시 수직 공간으로 구조물을 배치해 밀도를 향상시키는 기술이기에, 전력 대비 성능 개선 효과보다 밀도 개선 효과가 더 크다. 예를 들어, 이 기술을 통해 소자 전력 효율이 10% 증가하고 소자 밀도는 20% 증가한다면, 최종적으로 면적당 열 발산은 10% 정도 증가하게 될 것이다.

칩의 응용처와 패키지 전략을 일찍 정하는 것 역시 더욱 중요해진다. 후면전력공급 기술이 적용된 칩은 칩과 외부세계의 연결점인 패드Pad를 칩 전면과 후면에 나눠 배치할 수도 있고,* 전부 후면에 배치할 수도 있다. 제조된 칩이 여러 칩을 3차원 적층한 시스템에 사용될 예정이라면 전자의 방식이 유리하고, CPU나 AP와 같이 칩 1개만 기판에 납땜해야 할 경우에는 후자의 방식이 유리하다. 사용처를 일찍 정하지 않으면 칩의 잠재력을 제대로 끌어낼 수 없게 된다는 의미이다. 이 부분은 이 책 뒷장의 패키징 부분을 읽은 뒤 다시 읽어보면 이해에 큰 도움이 될 것이다.

다양한 어려움으로 인해 2024년 기준 후면전력공급 기술이 적용된 반도체 제품은 시장에 출시되지 않았다. TSMC, 삼성전자는 기술 도입을 미루었으며, 도입을 공헌한 인텔은 위탁 제조 고객을 제대로 확보하지 못하고 있는 상황이다. 그리고 이렇게 해서 밀도를 한 번 더 올린다고 해도 후면전력공급 기술 역시 본질적으로는 일회용 밀도 향상 기술이다. 조금 더 다양한 기능을 후면배선층으로 이동시키는 정도의 최적화는 가능하지만, 지속적으로 큰 밀도 향상을 가져다줄 수는 없다. 이제 반도체 미세화를 1회 진행하려면 제조, 설계, 패키징까지 한번에 영향을 미치는 기술을 도입해야 하는 상황이 된 것이다. 단 하나의 요소기술이라도 문제를 일으키면 제품을 출시할 수 없기에 이론상 이득이 많지만, 설계와 제조 모두 도입을 망설이는 것도 이해가 된다.

---

* TSV가 적용된 것과 유사한 효과를 얻는다.

04.

개선되지 않는 소자로 반도체 만들기 : 설계와 미세화

우리는 앞 장에서 작은 소자 제조의 어려움에 관해 알아보았다. 반도체 회사들은 고성능 제조 장비를 사용해 작은 소자를 만든 뒤, 작은 소자에서 발생하는 누설 전류 등의 문제를 해결해야 한다. 이를 위해 하이-k와 같은 신물질을 도입하고, 핀펫과 같은 방식으로 소자의 형상 자체를 바꾸고 있다.

이런 노력에도 불구하고 미세화는 점점 어려워지고 있으며, 다양한 신기술을 도입해도 개선할 수 없는 소자 특성이 나타나는 경우가 있다. 세상의 어떤 제조사도 해결할 수 없는 소자 문제라면, 결국 이는 소자를 사용하는 주체인 설계가 감내해야만 한다. 비록 과거만큼은 아니지만, 미세화로 얻는 이득이 아직은 더 많기 때문에 미세화된 소자의 일부 단점은 감내하고 신제품을 출시해야 한다. 당연히 이 과정에서 많은 문제가 생기고 문제 해결을 위한 다양한 해결책이 등장하게 된다. 흥미로운 것은 문제를 발생시키는 주체와 문제를 해결해야 하는 주체가 서로 다른 경우도 매우 많다는 것이다. 제조가 감당할 수 없는 문제가 생기면 설계가 해결하기도 하며, D램 설계로 해결할 수 없는 문제를 CPU 설계로 해결하기도 한다.

참고로 이 장에서 다루는 설계 회사들의 역할은 실제 극히 일부분만을 다루고 있다. 실제 설계 회사들은 필요한 경우 동일한 미세공정 수준에서도 다양한 설계 기술을 이용해 기존보다 전력효율이 좋은 반도체를 설계하기도 한다. 미세화와 이를 통한 저전력화가 지속해서 힘들어지는 상황이기에, 이런 역량 역시 설계 회사들에 매우 중요해졌다.

미세화와 데이터 결함: 오류정정부호

미세화로 인해 일어나는 큰 문제 중 하나는 데이터 변조다. 첫 장에서 설명했듯이 컴퓨터는 처리장치와 저장장치로 구성되는데, 칩 면적을 기준으로 보면 컴퓨터 내부 저장장치의 면적이 처리장치의 면적보다 훨씬 크다. 컴퓨터나 스마트폰에 사용되는 D램의 면적이 더욱 클 뿐만 아니라, 처리장치 칩 내부에도 임시 저장장치인 캐시 메모리가 존재하기 때문이다. 캐시 메모리는 S램이라고 부르는 단위 저장소를 이용해 만들며, 현재의 CPU나 GPU 등의 처리장치 칩을 구성하는 핵심 요소 중 하나이다.*

처리장치와 저장장치는 요리사와 냉장고의 관계와 비슷하다. 요리사는 냉장고에서 재료를 꺼내 자신의 도마에 놓고 여러가지 작업을 수행한 뒤, 재료를 다시 냉장고에 넣거나 솥에 넣는다. 요리사에게 도마가 필요하듯, 처리장치 역시 용량은 작더라도 빠르게 사용할 수 있는 임시 저장장치인 캐시 메모리가 필요한 것이다.

---

* 과거의 CPU는 캐시 메모리 없이 D램과 직결되었다.

이러한 저장장치는 전부 전하를 이용해 1과 0을 표현한다. 내부 공간에 전자가 있으면 1, 없으면 0으로 보는 것이다. 미세화는 1과 0을 표현하는 데 사용하는 전자의 개수를 줄이는 작업이기도 하다. 1을 저장하기 위해 소자가 10만 개의 전자를 필요로 했는데, 5만 개의 전자만 사용해도 된다면, 결과적으로 절반의 전력만 사용해 동일한 일을 한 것이기 때문이다.

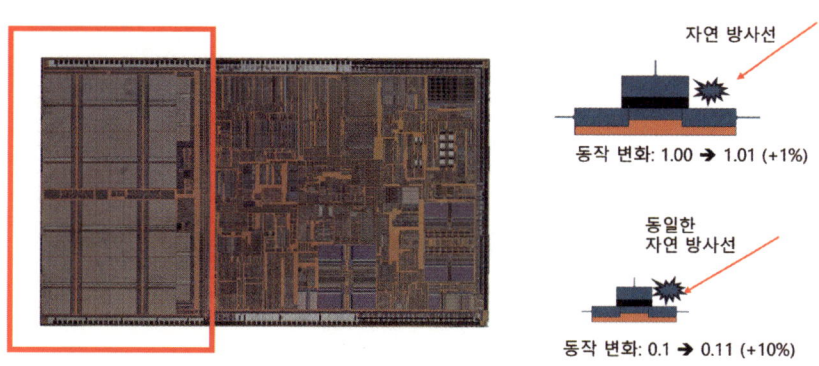

펜티엄2 CPU속 캐시 메모리(왼쪽)와 데이터 변조(오른쪽)

문제는 반도체는 미세화가 되지만 물리 세계는 미세화가 되지 않는다는 것이다. 세상에는 자연 노이즈가 존재한다. 그리고 노이즈 중에는 특정 물질을 +극이나 -극으로 대전시키는 성질을 가진 자연 방사선도 존재한다. 내부 저장 공간이 방사선에 노출되면 전하량이 변하게 된다. 1과 0을 표현하는 데 사용하는 전하가 많을 때는 상관없었으나, 미세화가 진행됨에 따라 0이 1로 바뀔 가능성이 커지게 되었다. 실제로 이런 이유로 우주용 반도체는 구세대 미세공정으로 제조되기도 한다.

방사선으로 인해 회로 자체가 고장나는 경우도 있다. 우주 방사선이 반도체 미세 소자 틈 사이에 박혀 빠져나오지 않아, 반도체의 전기적 특성이 변화해 결함이 발생할 수 있다. 전하가 트랜지스터 게이트 근처에 포획되면 게이트 동작 전압이 변해 동작 이상이 발생할 수 있으며, 금속배선 근처에 포획되면 전달되는 신호가 약해져 1이 0으로 변할 수도 있다. 이러한 현상을 총이온화선량TID: Total Ionizing Dose 효과라고 부른다. 원래부터 존재하던 자연 현상이지만, 미세화로 인해 이 효과의 영향력이 커지면서 반도체 회사들에 추가 부담을 준 것이다.

반도체에 요구되는 저전력 특성도 번거로움을 가중시킨다. 모바일 시대가 열리면서 점점 더 많은 기기가 반도체에 낮은 대기 전력*을 요구하게 되었다. 대기 전력을 낮추기 위해선 기기가 대기 중일 때 반도체의 작동 전압을 낮춰 둘 필요가 있는데, 작동 전압이 낮아지면 기기 내부의 임시 저장 장치에서 전하가 빠져나가 1이 0으로 변하는 문제가 생기기도 한다. 반도체 내부에는 수많은 소자가 존재하는데, 그 소자 중 절연 능력이 다소 부족한 소자 1~2개만 문제를 일으키더라도 컴퓨터 프로그램의 특징상 전체 프로그램을 수행하는 데 문제가 발생할 수도 있다.

이런 문제를 해결하기 위해 설계 회사들은 반도체 내부에 다양한 데이터 보호 장치를 마련하기 시작했다. 그 예 중 하나가 오류정정부호ECC다. 오류정정부호는 데이터를 저장할 때, 데이터 원형에 대한 힌트를 약간 덧붙여 저장하는 기술이다. 이를 이용하면 저장한 데이터 중 1~2개(비트) 정도가 외부 환경으로 인해 변조되더라도 원형을 복원해 낼 수 있다. 이는 '안녕하세요'라는 단어를 쪽지에 적은 뒤, 그 옆에 '인사말'이라는 힌트를 덧붙여 놓는 것과 같다. 보관 실수로 쪽지가 손상되어 적힌 내용이 '안×하세요'로 보이더라도, 힌트를 보면 다들 X가 본래는 '녕'이었음을 추측할 수

---

* 기기 사용 중이 아닐 때도 기본적으로 사용하는 전력.

있는 원리다.

당연하지만 이런 해결책은 반도체 제조 비용을 증가시킨다. 힌트를 적는 공간도 똑같이 반도체 면적을 차지하기 때문이다. 쉽게 말하면 사용자의 데이터 100을 데이터 변조를 고려하여 저장하기 위해선 110의 공간을 만들어 두어야 하는 상황이 되는 것이다. 뿐만 아니라 단순히 힌트만 보관해서는 데이터 원형을 복원할 수 없으므로, 힌트를 이해하고 데이터 원형을 복원하는 회로 역시 추가되어야 한다. 당연히 설계 부담도 함께 늘어날 수밖에 없다.

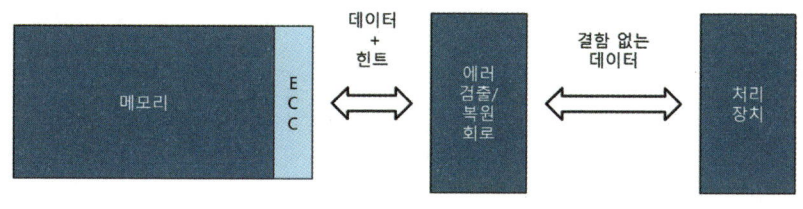

오류정정부호의 개념

오류정정부호는 낸드 플래시가 2000년 초반에 도입하였다. 미세화로 낸드 플래시의 신뢰성이 크게 낮아졌기 때문이다. 이후 CPU 캐시 메모리에 적용되고, 2010년 말에는 D램에까지 확대되었다.

오류정정부호는 설계 회사들과 제조 회사들의 신기술 도입 비용과 이득 계산이 얼마나 어려운지 알려 주는 대표적인 예이다. 오류정정부호 설계 자체가 어려운 것은 아니지만, 오류정정부호를 추가하는 대신 제조 기술에 추가 투자함으로써 데이터 변조 확률 자체를 낮춘다는 선택지도 있기 때문이다.

오류정정부호의 비용은 실제 예를 보면 좀 더 잘 알 수 있다. DDR5라는 새로운 표준의 D램은 칩 자체에 오류정정부호On-Die ECC를 내장할 수 있다. 그런데 이를 내장하기 위해서는 약 6% 정도의 D램 내부 단위 저장소를 오류정정용으로 사용해야 한다. 2020년도 이후 D램은 미세화 1회당 20% 남짓한 생산성 향상만이 일어나므로, 6%의 용량을 오류정정부호에 쓴다는 것은 새로운 미세화 기술로 얻은 추가 저장 소자 중 1/3이 소모된다는 의미이기 때문이다. 실제로 이 기능이 추가되자, 전 세계적으로 D램 공급량 증가가 둔화되기도 했다.

물론, 특정 시점이 되면 제조 기술을 통한 신뢰성 확보 비용이 추가 설계로 인한 비용보다 커지는 것은 확실하지만, 그 시점을 계산하는 것은 쉽지 않다. 실제로 대다수의 반도체는 생산부터 폐기까지 오류정정부호가 한 번도 가동되지 않고 수명을 다하여 교체되기 때문이다. 다소 과거의 연구이긴 하지만, 구글의 2009년 연구[14]에 따르면 품질 하위 20%에 해당하는 D램이 전체 데이터 에러의 94%를 차지했음을 알 수 있다. 달리 말하면, 오류정정 부호는 대다수의 D램에서는 실리콘 낭비인 셈이다. 그럼에도 제조 기술 투자만으로는 하위 20% 메모리 칩의 신뢰성 개선이 어렵고, 데이터 손상 발생 시 고객이 회복 불가능한 큰 피해를 입기에 이 기술을 사용할 수밖에 없는 것이다. 실제로 신뢰성과 성능이 더욱 중요한 인공지능 분야에서는, 오류정정부호가 전체 저장소의 15% 이상 차지하기도 한다. 반도체 회사 입장에서는 거의 미세화 한 세대 수준의 소자를 사용하는 큰 작업이지만, IT 산업의 미래 패권을 두고 경쟁 중인 인공지능 회사에는 감내할 만한 지출인 셈이다.

반도체 회사들은 이러한 설계 및 제조 의사결정을 과거보다 더욱 빈번히, 힘들게 해야 하는 상황이 되었다. 결국 고객이 원하는 완제품을 만들기 위해 어떤 조직이 얼마나 많은 부담을 떠안을지가 점점 더 중요한 문제가 되고 있다.

참고로 오류정정부호는 본래 반도체를 위해 고안된 기술은 아니다. 이 기술은 무선통신이나 하드디스크 등 데이터 전송 및 저장에 특화된 기기에 훨씬 오래전부터 사용되었다. 달리 보면, 원가에 민감한 반도체 기술이기에 오류정정부호가 늦게 도입되었다고 봐도 될 것이다. 아마 이후에도 반도체 제조에 어려움이 생겼을 때, 반도체에서 시작되지 않은 타 분야의 기술이 실리콘 위 회로의 형태로 지속해서 반도체에 도입되게 될 것이다.

미세화로 발생하는 물리적 보안 취약점: 로우해머

반도체 미세화는 D램에 다소 예상치 못한 방식으로 보안 취약점을 만들기도 하였다. 바로 로우해머Rowhammer이다. 앞서 설명하였듯, D램은 데이터 저장장치로 사용되는 메모리이다. 따라서 로우해머를 이해하기 위해선 먼저 D램의 작동 방식, 특히 읽기 동작을 조금 더 자세히 살펴볼 필요가 있다.

D램은 처리장치(CPU, GPU 등)로부터 읽기 요청을 받으면, 해당 위치의 캐패시터 내부에 전하가 차 있는지 아닌지 확인하는 방식으로 동작한다. 캐패시터 앞의 게이트를 열었을 때, 내부에서 전하가 흘러나오면 1, 나오지 않으면 0이 쓰였다고 판단하는 것이다. D램은 이 동작을 편하게 하기 위해, 거대한 저장장치를 행row: 로우과 열column: 칼럼이라는 주소로 나누어서 관리한다. 각 열과 행은 금속배선으로 이루어져 있으며, 행은 캐패시터를 여닫는 문을 관리하고, 열은 흘러나온 데이터를 받아서 감지하는 역할을 한다. 행에 해당하는 금속배선에 전압을 공급하면, 게이트가 열리게 되고 열에 해당하는 금속배선을 타고 데이터가 센서로 흘러간다. 센서는 흘러나온 전류를 측정해 캐패시터가 비어 있었는지 아닌지 확인한다.

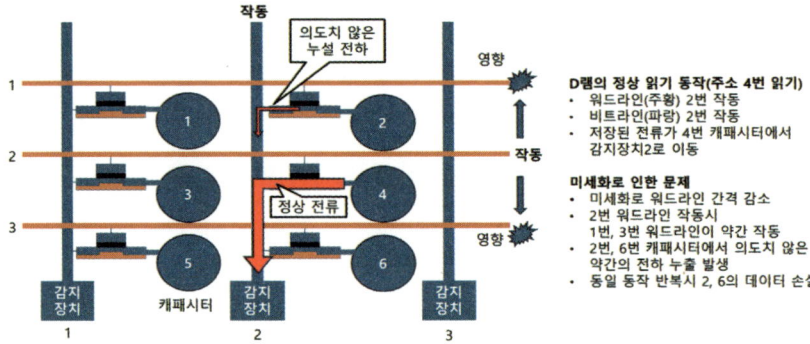

D램 구조와 로우해머

    이를 좀 더 직관적으로 이해하기 위해서는 D램을 밸브 2개가 행과 열의 양 끝에 달린 수조라고 생각하면 좋다. 캐패시터는 거대한 수조이고, 행은 수조를 제어하는 밸브이며, 열은 수도 파이프를 막는 밸브이다. 읽기 동작은 특정 수조 안에 물이 들었는지(1) 아닌지(0) 알기 위해, 수조 앞의 밸브를 연 뒤, 수도 파이프 밸브를 함께 열어 물이 흘러나오는지 아닌지 보는 것으로 비유할 수 있다. 수조가 비었다면(0) 밸브를 열어도 아무 일도 일어나지 않을 것이고, 수조가 차 있다면(1) 파이프를 통해 물이 흘러나올 것이다. 두 밸브 중 하나라도 열리지 않으면 물이 흘러나올 수 없는 구조이므로, 열과 행을 각각 하나씩 택하여 밸브를 열면 우리가 원하는 물통의 데이터 유무를 알 수 있다.

    문제는 반도체 미세화다. D램이 열에 해당하는 수조 밸브를 여는 동작은 열의 전압을 가동 상태로 올리는 것이다. 그런데 각 열에 해당하는 밸브의 간격이 미세화로 인해 가까워지다 보니, N 번째 열의 전압 상승이 인접한 N+1이나 N-1 번째 열의 전압도 약간 상승시킨다. 그래서 N 번째 열에 읽기 동작을 수행하면 인접 열의 캐패시터 내부 전하도 조금씩 새어 나간다.

이를 살짝 응용하면, N+1 번째 열과 N-1 번째 열을 지속해서 가동하여 N 번째 열의 데이터를 1에서 0으로 변조할 수 있음을 알 수 있다.

물론, 인접 열의 데이터를 한두 번 접근한다고 데이터 변조 문제가 나타나지는 않는다. 하지만 수만 번에서 수십만 번을 연속으로 접근하면 캐패시터 내부의 전하가 한계선 이하로 줄어들어 데이터가 0으로 바뀔 가능성이 있는데, 이 정도 접근 횟수는 CPU와 메모리가 수밀리초 정도면 채울 수 있는 적은 횟수이다. 해커들은 핵심 데이터 몇 개의 1과 0 값만 바꿀 수 있어도 이를 이용해 해킹을 할 수 있기에 이 문제를 해결해야 했다. 하지만 미세화를 되돌릴 수는 없으므로, 설계가 나서야 했다.

로우해머 취약점을 해결하기 위해 CPU 회사와 메모리 회사가 함께 나섰다. CPU 회사는 메모리를 사용하는 주체여서 자신이 구동하는 프로그램이 D램의 특정 위치에 연속으로 접근하는 중인지 파악할 수 있다. CPU는 D램 특정 열에 연속해서 접근해야 하는 상황이 오면, 그 열의 인접 데이터를 다시 덮어쓰는 식으로 대응하였다.* 메모리 역시 TRR$_{\text{Target Row Refresh}}$ 방법 등, 인접 영역에 읽기 동작이 다수 발생할 경우 데이터를 덮어쓰는 방법을 도입하여 로우해머 취약점에 대응하였다.

로우해머는 실제로 보안에 큰 위협을 가하는 결함이라고 할 수는 없다. 전 세계의 모든 D램 제품에 적용 가능한 공격법이 아니기 때문이다. 하지만 반도체 미세화의 다른 면을 보여 주는 흥미로운 문제이기에 이를 이해하고 갈 필요가 있다. 우리는 일반적으로 디지털 회로가 1과 0으로 움직인다고 간략하게 배운다. 하지만 디지털 회로를 조금 더 살펴보면 결국 전류

---

* 메모리에 접근하는 주체 역시 CPU이다. CPU에서 구동되는 사용자 프로그램이 메모리의 특정 영역을 집중적으로 접근하는 것이 관찰되면, CPU가 스스로 판단해 데이터를 한 번 다시 덮어쓴다는 의미다.

가 특정 기준 이상 흐르면 1이고, 그 이하로 흐르면 0으로 취급하기로 했을 뿐이라는 것을 알 수 있다. 그리고 반도체 미세화는 소자의 밀도는 높여 주되, 소자당 전류 사용량은 줄여 줌으로써 IT산업을 발전시켰다. 하지만 이제 전류 사용량 감소가 보안을 취약하게 하는 상황도 발생하는 것이다. 이 문제의 본질 역시 우리가 앞서 본 오류정정부호가 필요해진 이유와 맞닿아 있다. 자연 현상에 의한 오류 발생인지, 아니면 의도적으로 반도체의 특징을 이용해 오동작을 유도한 것인지가 차이일 뿐이다.

지금도 몇몇 소프트웨어 연구소는 반도체 미세화에 기인한 보안 취약점을 분석하고 있다. 이런 취약점 연구 중에는 다양한 로우해머의 파생 공격도 포함된다. 어쩌면 반도체 미세화가 사용하는 메모리, CPU의 제조사, 특정 제품의 제조 연월까지도 IT 보안의 중요 고려 요소로 만들어 버렸는지도 모른다.

설계 회사가 함께하는 제조: DTCO

파운드리가 미세화에 어려움을 겪자, 설계 회사들의 고민도 늘어 갔다. 미세화를 통해 옛날만큼 값싸고 많은 양의 소자를 얻을 수도 없고, 개별소자의 특성 개선도 점점 나빠졌다. 심지어 신뢰성 등 소자의 특성은 미세화로 인해 오히려 악화되는 경우가 많았다. 이를 해결하기 위해 파운드리와 설계 부문이 제품 개발 초기부터 긴밀히 협업하는 사례가 증가했다. 이러한 예 중의 하나가 바로 DTCO Design Technology Co-Optimization이다.

DTCO는 제조, 설계에 도입되는 신기술과는 다른 개념이다. 두 회사가 함께 일하는 방법에 더 가깝다. 파운드리는 미세화를 통해 성능, 전성비, 비용을 과거와 같은 수준으로 획기적으로 개선하기가 어려워졌다. 하지만 파운드리는 특정 영역의 성능을 희생하면 다른 영역의 성능은 높일 수 있음은 알고 있다. DTCO는 이런 요소들을 파운드리가 설계 회사와 일찍 공유하고 설계에게 선택지를 줌으로써 생산된 반도체 완제품의 성능을 높이겠다는 아이디어이다.

간단한 예를 들어 보자. 우리는 앞 장에서 트랜지스터의 채널에 관해 몇 가지를 간단하게 알아보았다. 반도체 회사들은 채널이 좁아지면 신호 전달에 전력이 많이 필요하고 게이트가 채널 전도도를 통제하기 힘들어지므로, 핀펫이나 게이트 올 어라운드 기술을 사용해 미세화로 인한 채널 면적 감소를 줄이면서 동시에 채널과 게이트가 맞닿는 면적을 더욱 넓히려 했다.

그런데 넓은 채널은 장점만 있는 것은 아니다. 넓은 채널은 반도체가 동작하지 않는 상황에서는 에너지를 낭비한다. 넓은 차선의 도로가 좁은 차선의 도로보다 유지관리비가 비싼 것이 당연하기 때문이다. 대신, 넓은 채널은 반도체가 고속 동작할 경우에는 전력 대비 성능을 개선해 준다. 한쪽에는 2차선 도로가 있고 다른 한쪽에는 4차선 도로가 있다고 가정하면, 도로에 차량이 없을 때는 4차선 도로가 면적이 넓어 관리비가 더 많이 들어갈 것이다. 하지만 총 100대의 차량이 동일 시간에 도로를 통과해야 하는 상황이라면, 2차선 도로의 차는 4차선 도로의 차보다 2배 더 빠르게 달려야 할 것이다. 그리고 자동차는 속도가 2배 증가하면, 연비는 하락한다. 같은 원리로 칩이 동작하지 않고 있을 때는 채널이 좁은 소자가 유리하고, 칩이 동작하고 있을 때는 채널이 넓은 소자가 유리하다.

과거에는 위와 같은 상황을 그냥 감내하고 칩을 출시하는 경우가 많았다. 인텔은 고성능으로 동작하는 CPU를 주로 생산해야 했기에, 고성능 발휘에 유리한 넓은 채널을 선호했다. 그래서 해야 할 일이 적은 상황에는 인텔 칩은 효율성이 낮았다. 반면 TSMC의 제조 기술을 사용한 모바일 칩은 고속 동작을 해야 할 경우 전성비가 낮아졌다. 이 두 칩은 서로 시장도 겹치지 않고, 목적도 다른 기기에 채용되었기에 이를 감내할 수 있었다. 그리고 미세화가 진행되는 한, 각자의 영역에서 충분히 우수한 신제품을 출시할 수 있었다.

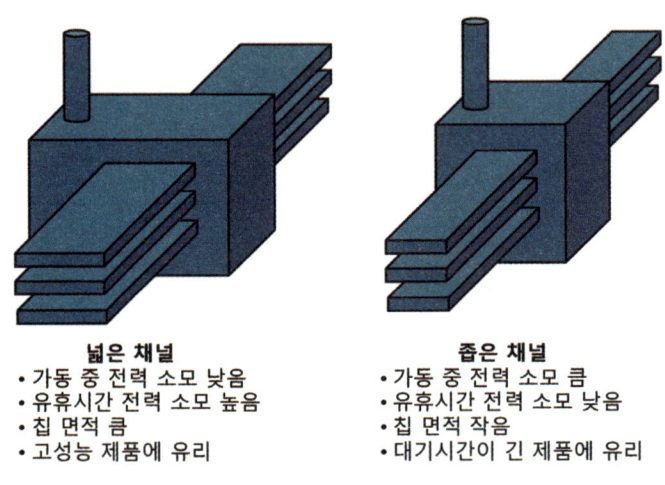

채널 폭에 따른 트랜지스터 특성 차이

하지만 미세화가 어려워지자, 기존 방식만으로는 신제품의 성능을 쉽게 개선할 수 없게 되었다. 이를 해결하기 위해 파운드리와 팹리스가 서로 자신의 기술과 목표를 공유하고, 제조와 설계가 함께 최적화를 하게 되었다. 팹리스는 자신의 칩이 고성능으로 동작하는 상황이 많을지, 대기 상태로 기다리는 경우가 많을지 잘 알고 있다. 파운드리는 특정 공정을 살짝 바꿨을 때 고성능 상황의 전력 소모와 대기 전력 사이의 상충 관계를 알고 있다. 이 두 정보를 합치면, 동일한 제조 기술 기반이더라도, 고객에 따라 트랜지스터의 채널 넓이나 특정 소재의 두께를 다르게 해 주는 식으로 고객별 제조 공정 최적화가 가능해지는 것이다. 설계 회사가 자신의 칩이 24시간 가까이 연속 구동되어야 한다고 생각하면, 구동 중 전력 효율을 높이기 위해 넓은 채널을 요구할 것이다. 반면에 칩이 저전력 상태에서 대기하는 시간이 길다면, 좁은 채널을 요구할 것이다. 이런 방식을 통해 팹리스는 시장에 맞는 반도체를 공급할 수 있고, 파운드리는 제품 개발을 앞당겨 수율을 높일 수 있다.

이러한 접근 방식은 다양한 제조 분야에 적용될 수 있다. 많은 반도체 제조 공정이 상충 관계에 있기 때문이다. 예를 들어, 앞서 보았던 게이트 절연막의 경우, 얇아지면 채널 통제력은 향상되지만 누설 전류가 증가하고, 반대로 두꺼워지면 누설 전류는 감소하지만 채널 제어 능력이 떨어진다. 이런 특징은 공정 기기를 바꾸지 않고 증착 등 공정 적용 시간만을 바꾸면 변경할 수 있으므로, 제조 회사가 설계 회사에 선택지를 줄 수 있다. 특정 고객을 위해 완전히 새로운 공정을 개발할 수는 없지만, 동일 공정 내에서의 실험 결과를 바탕으로 고객 맞춤형 소자를 제공할 수는 있는 것이다.

DTCO는 우리 앞에 펼쳐진 반도체 산업이 과거와는 매우 다르다는 것을 보여 주는 예다. 이미 2010년대부터 DTCO를 하는 회사들이 생겨났으며, DTCO의 영향은 점점 더 커지고 있다. TSMC의 경우 3나노 공정에 진입하면 밀도 개선의 절반은 DTCO를 통해 이루어질 것[15]이라고 이야기한 바 있다. 이는 고객인 팹리스 입장에서는 파운드리와 일찍 협력하지 않으면, 일찍 협력한 회사에 비해 미세화를 통해 절반의 이익밖에 얻지 못하며, 파운드리 입장에서는 고객이 없는 상태로는 제조 연구개발을 완벽히 할 수 없음을 의미한다.

이 현상은 소프트웨어 회사들이 반도체 설계에 진입하고 있는 것과 궤를 같이하는 현상이다. 미세화를 통한 이익이 줄어들자, 소프트웨어 회사들은 자신에 특화된 반도체를 만들어 사용함으로써 소자 사용을 줄이려고 한다. 팹리스들은 이에 대응하려면 동일한 미세공정에서 조금이라도 더 높은 성능을 얻어야 한다. 그렇지 않으면 IT의 큰 고객들은 전용 칩을 개발하려 할 것이기 때문이다.

반도체 밸류 체인 내부에서의 협력 범위는 계속 넓어지고 있다. 인텔은 STCO_{System Technology Co-optimization}라는 개념을 주장하기도 하였다. 반도체 제조와 설계를 넘어, 반도체가 장착된 최종 시스템(서버 등)의 효율까지 미리 고려해서 반도체를 최적화해야 한다는 것이다. 이제 반도체를 넘어 반도체 구매자인 고객의 의도까지 염두에 둬야만 반도체 시장의 승리자가 될 수 있는 것이다.

고밀도 제조와 고성능 제조의 완충재: 캐시 메모리

처리장치와 저장장치라는 컴퓨터를 이루는 두 부품이 등장하고, 반도체 제조 기술이 두 부품을 만드는 핵심 기술로 떠오르자, 반도체 제조 기술 역시 두 갈래로 나뉘어 발전하기 시작했다. 이 두 갈래의 제조 기술을 이끌어온 것은 처리장치인 CPU와 저장장치인 D램이었다. 인텔 등의 CPU 제조사들은 고객들이 요구하는 고성능 CPU를 만들기 위해 고성능 소자 제조 기술을 개발했다. 삼성전자와 같은 메모리 제조사들은 고밀도 소자 제조 기술을 개발했다.

2024년 기준 인텔의 코어 i7 14세대 제품은 약 53만 원에 판매되고 있다. 이 칩의 면적은 대략 260제곱밀리미터 정도 된다. 반면, 삼성전자의 PC용 DDR5-5600 메모리는 16GB에 약 50,000원 정도 가격에 팔리고 있다. 이 제품에는 8~16개의 DDR5 D램 칩이 들어가는데, DDR5 메모리 칩 1개의 면적이 60~80제곱밀리미터인 것을 고려하면, 두 반도체의 면적당 가격 차이가 체감될 것이다. CPU는 257제곱밀리미터에 56만 원을 받지만,

메모리는 560제곱밀리미터(70×8)에 5만 원밖에 받지 못한다는 의미이다. 하지만 두 칩의 가격 차이에도 삼성전자 메모리 사업부는 인텔보다 더 큰 순이익을 얻고 있다는 것도 독특한 점이다.

위 예는 우리가 일상에서 반도체 기술로 뭉뚱그리는 기술이 실제로는 분야에 따라 얼마나 큰 차이가 날 수 있는지 보여 준다. 물론 두 기술 모두 무어의 법칙과 데너드 법칙을 따라 매해 성능과 용량을 개선해 왔다. 하지만 두 기술이 매우 큰 차이를 두고 오랫동안 발전했기에 각각의 제조 기술은 서로 다른 부분에서 한계에 부딪치곤 했다. 그중 이번에 살펴볼 것은 메모리 분야의 성능 향상 문제와 이를 설계로 해결하는 과정이다.

지금이야 D램이 컴퓨터 저장장치의 대명사가 되었지만, 컴퓨터 초기에는 많은 D램 경쟁 제품이 존재했다. 수많은 제품이 CPU와 짝이 되고자 했지만, 결국 밀도를 가장 빠르게 높일 수 있었던 D램 설계가 살아남은 것이다. D램은 트랜지스터 하나와 캐패시터 하나만 있으면 1개 데이터를 저장할 수 있고, 덕분에 트랜지스터가 6개씩 필요했던 S램과 같은 경쟁 메모리를 물리칠 수 있었다. 같은 미세공정이면 밀도가 3배 이상 높으니, 원가도 낮아질 수밖에 없는 것이다. 물론 D램 제조사들은 그 안에서도 더 싼 D램을 만들기 위해 수십 년간 치열하게 싸워야 했다.

하지만 끊임없는 기술 발전 노력에도 기술 개발은 어려움에 부딪쳤다. 큰 문제 중 하나는 D램과 CPU 사이의 성능 격차, 즉 메모리 장벽Memory wall이었다. CPU 소자가 1만 배 이상 빨라지는 동안, D램 소자는 10배 정도밖에 성능이 개선되지 못했다. 이는 D램 밀도 상승을 돕는 제조 기술이 오히려 소자 성능 향상의 발목을 잡았기 때문이다.

D램에 데이터를 읽고 쓰는 과정은 캐패시터 내부의 전류를 빼내거나 캐패시터에 전류를 채우는 과정인데, 이 과정은 실제로는 물통에 물을 채우

고 빼는 것과 같은 아날로그에 가까운 방식이다. 반면 앞에서 살펴본 6개 트랜지스터로 구성된 메모리는 접근 즉시 데이터를 읽거나 쓸 수 있는 구조이다. 뿐만 아니라 D램은 구멍 난 물통과도 같아서 리프레시Refresh라는 동작을 주기적으로 수행해 캐패시터의 전하를 채워 줘야 한다. 이로 인해 D램은 처리장치의 읽기 쓰기 요청에 응할 수 없는 시간이 생겨난다.

제조 기술의 도입 타이밍 차이도 성능 향상을 더디게 한다. D램 등 메모리 업계는 CPU가 속한 처리장치 업계보다 고성능에 필요한 제조 기술을 늦게 도입하는 경향이 있다. 우리는 이미 하이-k 물질에 관해 살펴보았다. CPU는 2000년대에 도입한 물질이지만, D램은 2010년 후반이 되어서야 하이-k를 도입했다. D램 업체도 하이-k 물질의 존재를 알고 있었다. 메모리 업체들은 용량당 제조 원가와 성능 향상의 이득을 저울질해서 사용 타이밍을 정했을 뿐인데, 그 기간이 CPU와는 10년 이상 차이가 났을 뿐이다. 메모리 회사가 칩 면적당 투입 가능한 자본량(=장비 개수)은 CPU 회사보다 훨씬 적음을 기억하자. 특정 시점에 CPU 회사 입장에서 가성비 높은 기술은 메모리 회사 입장에서는 매우 고가의 기술일 수 있다.

이런 기술 차이로 CPU는 D램 발전에 맞춰 적응해야 했다. 본래 CPU는 D램과 직결되어 상호작용을 했으나, D램의 제조 기술 특징으로 인해 더는 D램이 CPU와 같은 속도로 동작하지 못하게 되었다. 이제는 D램과 CPU가 직접적으로 상호작용을 하면, D램으로 인해 CPU가 발목을 잡히게 된다. 이 상황에 대응하기 위해, CPU 회사는 자신이 보유한 고성능 소자 제조 기술로 CPU 칩 내부에 고속 임시 저장장치를 증설하기 시작했다. 바로 캐시 메모리Cache Memory다.

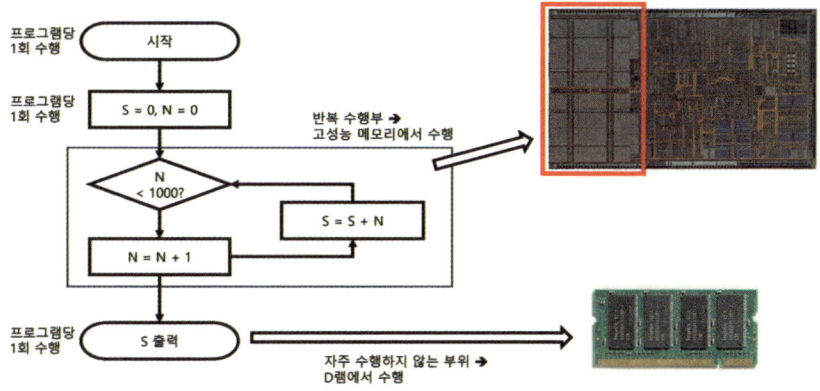

캐시 메모리를 이용한 반복 수행이 필요한 프로그램 성능 개선

위 그림의 간단한 프로그램 예를 보자. 편의상 프로그램 1줄을 저장하기 위해 1의 용량이 필요하다고 하자. 저장 공간을 CPU 제조 기술로 확보하려면 10의 비용이 필요하고, D 램 제조 기술로 확보하려면 1의 비용이 필요하다고 하자. 대신, CPU 제조 기술로 만든 저장장치는 접근하는 데 1의 시간밖에 필요하지 않지만, D 램은 10의 시간이 걸린다. 이 경우 전체 저장장치를 CPU 제조 기술로 만들면 비용이 너무 많이 들고, 전부 D 램으로 만들면 성능이 매우 나빠질 것이다.

하지만 프로그램을 자세히 보면 비용과 성능의 최적화 가능성이 보인다. 이 프로그램은 코드는 6줄이지만, 중간의 3줄의 코드는 1,000번 수행되어야 한다. 만약 전체 프로그램 중 반복 수행문을 고속 저장장치에 잠시 저장해 두고, 나머지는 저속인 D 램에 저장해 둔다면, 프로그램 성능은 크게 감소하지 않으면서도 비용을 많이 절약할 수 있다.

CPU 회사들은 프로그램이 원하는 메모리 접근 패턴을 알고 있다. 그렇다면, 자주 접근하는 데이터와 가끔 접근하는 데이터를 구분할 수도 있다.

자주 접근하는 데이터를 CPU 내부의 고속 메모리에 저장하고 가끔 접근하는 데이터는 D램에 저장한다면, D램의 높은 밀도라는 장점을 유지하면서도 CPU가 메모리 성능에 발목 잡히는 일을 피할 수 있을 것이다. 이것이 바로 캐시 메모리이다. CPU 칩 내부에 CPU 제조 기술로 만든 고속 저밀도 메모리와 프로그램의 메모리 접근 패턴을 파악하는 설계를 추가한 것이다. 메모리 성능 향상의 한계를 CPU 설계로 해결한 셈이다.

캐시 메모리가 등장함으로써 CPU와 D램 제조는 각자 자신의 특기인 고성능과 고밀도에 집중할 수 있었다. 하지만 이 역시 공짜는 아니었다. CPU 회사들은 프로그램이 커지고 복잡해지는 것에 맞춰 캐시 메모리를 더욱 고도화해야 했다. 프로그래머들도 변화를 겪었다. 컴퓨터 내부에 캐시 메모리와 D램이라는 두 이질적인 메모리가 존재하는 이상, 프로그래머들도 이를 고려해 수행 시 서로 연관성이 있는 프로그램 조각은 비슷한 위치에 모아 놓는 등 프로그램 최적화 조처를 취해야 했다.

캐시 메모리는 상대적으로 간단한 개념이지만, IT 가치 사슬에 속한 회사들이 주고받는 상호작용을 이해할 수 있게 해 주는 좋은 예이다. 제조 공정의 한계는 메모리에서 나타났지만, 이를 해결하기 위한 설계적 대응은 CPU에서 이루어졌다. 그리고 결과적으로 소프트웨어 회사들의 프로그래밍 방법에까지 영향을 끼쳤다. 당시 IT 업계의 슈퍼 갑이던 인텔조차도 메모리 회사들이 성능을 높일 수 없다고 하니, 결국 자신이 총대를 맸던 것이다. 이는 반도체 산업을 이해하기 위해서 다양한 IT 분야를 함께 봐야 하는 이유기도 하다.

차를 빠르게 할 수 없다면 차선을 넓게: GDDR과 HBM

캐시 메모리의 등장으로 D램에 요구되는 성능 압박은 줄어들었지만, D

램 자체의 성능 역시 향상되어야 했다. 2024년 기준 캐시 메모리는 이미 CPU 전체 면적의 40% 가까이 차지할 정도로 비대해졌기 때문에 캐시 메모리의 면적 비중을 지금보다 더 높이는 것은 쉽지 않다. 그뿐만 아니라, 캐시 메모리가 동작하려면 결국 CPU가 D램에서 최소 한 번은 데이터를 가져와야 하는데, 이 과정에서 발생하는 지연 시간* 역시 프로그램 성능에 큰 영향을 끼친다. 따라서 메모리 회사도 프로그램 성능 향상을 CPU 등 처리장치 발전에만 의존할 수는 없다.

번호	1	2	3	...	99	100	합계
위치	캐시	캐시	캐시	캐시	캐시	캐시	-
수행시간	1	1	1	1	1	1	100

번호	1	2	3	...	99	100	합계
위치	캐시	캐시	캐시	캐시	D램	캐시	-
수행시간	1	1	1	1	60	1	159

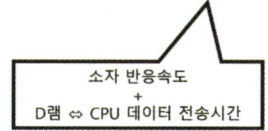

소자 반응속도
+
D램 ⇔ CPU 데이터 전송시간

D램 반응 속도와 프로그램 수행 속도

우리는 바로 앞 장 가상의 예에서 캐시 메모리와 D램의 접근 속도가 10배 차이가 난다고 가정했다. 현실의 CPU와 D램 사이 성능 차이는 이보다 크다. 2020년 출시된 인텔 타이거 레이크 CPU의 경우, 상황에 따라 CPU 내부 캐시 메모리 접근 소요 시간과 D램 접근 소요 시간이 60배 가까이 차이[16] 나기도 한다. 명령어 100개를 처리해야 하는 프로그램이 있다고 할

---

* Compulsory miss, 혹은 Cold start라고 부른다.

때, 운이 좋아서 프로그램이 전부 캐시 메모리에 있다면 수행에 100의 시간이 걸리지만, 명령어 100개 중 1개라도 D램에 있다면 159의 소요 시간이 걸린다는 의미다. D램의 속도가 2배 빠르다면, 수행 시간은 130 정도로 많이 개선될 것이다.

문제는 D램의 소자 반응 속도는 쉽게 개선할 수 없다는 것이다. D램의 캐패시터 구조는 초고속 동작에 불리하다. 따라서 메모리 회사들은 반응 속도를 빠르게 높이는 대신 다른 방식으로 CPU 등 처리장치와의 성능 차이를 줄여 보려 했다. 바로 대역폭 개선이다.

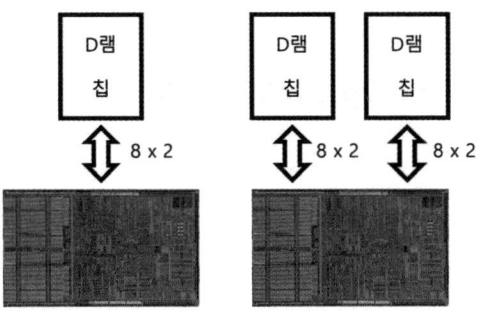

대역폭의 개념

대역폭은 시간당 전송할 수 있는 데이터의 양을 의미한다. 위 그림에는 D램이 1개 있는 경우와 2개 있는 경우가 비교 표시되어 있다. D램 칩 하나에는 데이터 통로가 8개 있고, 이 통로가 1초에 2개의 데이터를 통과시킬 수 있다면 D램 칩 하나의 대역폭은 초당 16이다. 이런 D램 칩을 2개 동시에 쓴다면, 이론상 최대 대역폭은 32가 될 것이다. 개별 D램 칩의 작동 속도는 높아지지 않았지만, 도로의 차선을 2배 늘린 효과로 인해 데이터 전송량이 2배로 늘어난 것이다.

본래 D램 회사들은 데너드 법칙에 의존해 대역폭을 개선했다. 데너드 법칙 덕분에 데이터 통로가 8개 있는 칩의 통로당 전송 속도를 1, 2, 3, … 등으로 높여도 전력 소모가 크게 증가하지 않았다. 하지만 이 방식은 빠르게 제조 기술 한계에 봉착했다. 언급하였듯, D램 제조 기술로는 소자 반응 속도를 높이기 힘들었기 때문이다. 실제로 메모리 소자의 반응 속도는 1997년부터 2017년까지 2배 정도밖에 향상되지 않았다[17]. 반면 동일 기간 동안 CPU 성능은 100배 이상 상승하였다.

이 문제를 해결하기 위해 D램 회사들은 DDR$_{\text{Dual Data Rate}}$이라는 기술을 개발해 데이터 통로당 전송량을 개선했다. 이 기술은 D램이 1회 작동할 때* 전송하는 데이터 양을 2배, 4배 등으로 늘리는 기술이다. 차선 진입부에 톨게이트가 있는데, 톨게이트 요금 징수원은 1초에 1번만 일할 수 있다고 하자. 기존 데너드 법칙을 이용한 대역폭 상승이 징수원의 업무 속도를 1초에 2번으로 올리는 것이라고 하면, DDR 기술은 1초에 1번만 일할 수 있는 것은 동일하지만, 대신 한 번에 2대의 자동차 요금을 징수할 수 있게 만든 것이라 생각하면 된다. 당연히 이 작업에는 설계의 역할이 중요하다. DDR 데이터 전송에 필요한 내부 회로와 칩의 입출력부가 칩에 추가되어야 하기 때문이다.

D램을 여러 개 묶어 쓰는 방법도 사용했다. D램 회사들은 개별 칩에 8개의 데이터 전송선을 장착하고, 이런 칩을 8개 기판에 묶어 DIMM$_{\text{Dual in-line memory module}}$이라는 이름으로 판매하였다. 이 방식을 사용하면 CPU가 64개의 데이터 선에 접근할 수 있게 된다. CPU 회사들은 이 64개 데이터

---

* 전문 용어로는 클럭(clk)당 전송량이라고 한다. 클럭은 반도체의 단위 작동 시간이라고 이해하면 좋다.

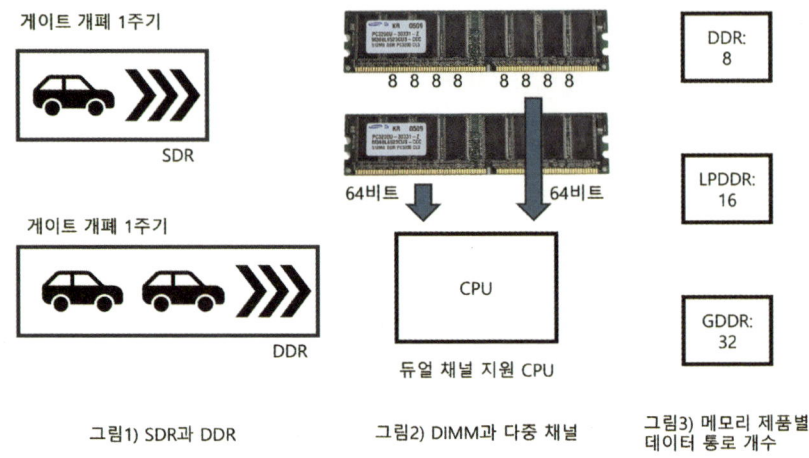

그림1) SDR과 DDR   그림2) DIMM과 다중 채널   그림3) 메모리 제품별 데이터 통로 개수

다양한 대역폭 확보 방법. 1과 3의 경우 설계 변경이 필요하다.

선 단위를 채널Channel* 이라고 불렀고, CPU의 데이터 접근 최소 단위로 사용하였다.

 CPU는 DIMM에서 데이터를 불러오거나, DIMM에 데이터를 저장할 때 최대한 이 단위를 지켜 최고의 성능을 내고자 하였다. CPU가 한 번에 64의 크기를 가진 데이터를 읽어 온다면, DIMM 내부의 D램 칩 8개가 동시에 동작할 수 있기 때문이다. 만약 8 크기의 데이터만 필요하다면, 일단 64를 가져온 뒤 CPU가 나머지 56개의 필요 없는 데이터를 사용하지 않고 버리는 방식을 사용했다. 물론 CPU가 64개 단위로 데이터에 접근한다는 사실이 공개되어 있으므로, 소프트웨어는 어렵지 않게 이 단위에 적응할 수 있었다.

 여기서 더 나아가 CPU는 다중 채널이라는 접근 방식을 통해 더욱 대역

---

* DDR4의 경우 DIMM 1개의 큰 채널(1x64)이, DDR5의 경우 DIMM당 2개의 작은 채널(2x32)이 있다.

폭을 높였다. 컴퓨터를 구매해 본 사람들은 싱글 채널Single Channel, 듀얼 채널Dual Channel과 같은 용어를 본 적이 있을 것이다. 이는 CPU가 동시에 최대 1개, 2개의 DIMM과 읽기 쓰기* 등의 상호작용을 할 수 있다는 의미다. 인텔은 2000년도에 듀얼 채널 지원 CPU를 출시했다. 그리고 2024년 현재, 동시에 12개의 채널에 접근할 수 있는 최고 사양의 서버용 CPU까지 출시하고 있다.

D램 칩을 여러 개 사용하는 대신, 개별 D램 칩의 데이터 통로 개수를 늘리는 방법도 있다. 이 방법을 쓰면 D램의 용량당 성능을 크게 높일 수 있다. 만약 한 개의 칩이 16개, 혹은 32개의 데이터 통로를 가진다면, 기존 8개 데이터 통로를 가진 D램 칩의 2~4배 대역폭을 얻을 수 있을 것이다. 다시 말해, 용량이 작은 기기도 높은 성능을 가질 수 있게 된다. 문제는 이 방법이 D램 원가에 큰 영향을 끼친다는 것이다. 칩당 연결 가능한 배선 개수가 늘면 반도체의 면적이 넓어진다. 칩의 접점부(패드)는 반도체 면적에 상당한 영향을 미치기 때문이다. 패드는 각종 도선이나 핀이 붙을 수 있어야 하므로 최소한의 물리적 크기가 확보되어야만 한다. 그래서 이런 방법은 일반 D램보다는 더 고급 제품군에 사용된다. 당연히 메모리의 설계도 차이가 난다.

그런 제품의 대표적인 예가 바로 GDDRGraphics DDR D램이다. GDDR은 인공지능, 그래픽 등을 처리하는 처리장치인 GPU와 주로 결합된다. 인공지능과 그래픽 작업에는 매우 많은 양의 데이터에 곱셈과 덧셈 등의 사칙 연산 작업이 필요하므로, 메모리가 수행해야 할 작업을 빠르게 처리장치에 전달해 주어야 성능이 향상된다. 그래서 GDDR 메모리 칩 1개에는

---

* DDR4 기준. DDR5는 DIMM 1개가 작은 채널 두 개로 구성되므로, 싱글 채널이 없다.

일반 D램보다 무려 4배나 많은, 32개의 데이터 전송선이 있다. 최근에는 이 정도로도 부족하여 첨단 패키징 기술을 사용한 HBM이라는 메모리를 사용하기까지 한다. HBM 패키지 1개에는 무려 1,024~2,048개의 데이터 이동 통로가 있다.

이런 접근법을 취하는 또 다른 제품은 LPDDR_{Low Power DDR} D램이다. Low Power라는 이름에서 알 수 있듯, 이 메모리는 본래 스마트폰 등 저전력 제품을 위해 개발되었다. 이 제품은 칩 당 데이터 통로가 16개로 일반 D램의 2배이다. 그래서 일반 D램 칩 8개가 합쳐져야 낼 수 있는 대역폭을 LPDDR 메모리는 4개만으로 낼 수 있다. 이를 통해 제품 내부에 부착된 D램 칩의 개수를 줄여 물리적 공간을 절약하면서도 최대 성능은 유지하는 것이다. 물론 LPDDR 칩의 제조 비용은 일반 D램보다 높지만, LPDDR 고객들은 기꺼이 추가 비용을 지불할 수 있는 회사들이다.

참고로 LPDDR 메모리는 스마트폰 이외의 기기에서도 사용할 수 있다. 저전력 특성과 칩당 높은 데이터 전송 능력은 물리적 공간 제약이 크거나, 컴퓨터를 아예 끌 수는 없으나 대다수의 시간을 사용자 입력을 기다리며

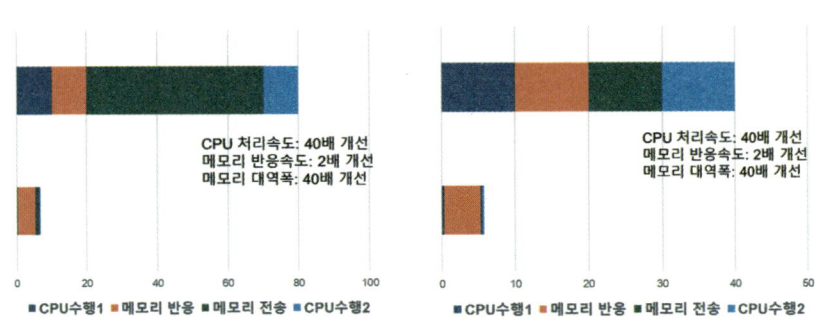

대역폭 향상만을 통한 프로그램 성능 향상의 한계

저전력 모드로 대기해야 하는 모든 기기에 중요하다. 그래서 일부 자율주행 자동차용 컴퓨터, 특수 목적용 서버 컴퓨터, 울트라북 등은 일반 DIMM 대신 LPDDR 메모리를 사용하기도 한다.

D램 회사와 CPU, GPU 등 처리장치 회사들은 위와 같은 다양한 방식으로 두 반도체 사이의 성능 격차를 조금이라도 메꾸고자 하였다. 하지만 이런 접근법에도 한계는 존재한다. 앞에 나온 그림은 전혀 다른 두 특징을 가진 프로그램이 메모리 반응속도가 잘 개선되지 않는 상황에서 수행 시간이 얼마나 개선될 수 있는지 알아보는 가상의 예이다. 왼쪽의 프로그램은 메모리에서 대량의 데이터를 불러와 처리하는 프로그램이고, 오른쪽 프로그램은 소량의 데이터를 메모리에서 자주 불러온 뒤 CPU 내부에서 처리하는 프로그램이다. 전자의 프로그램은 성능이 11.9배(80 → 6.75) 향상되지만, 후자의 프로그램은 성능이 약 7배(40 → 5.75) 밖에 향상되지 않는다는 사실을 알 수 있다. CPU와 메모리 대역폭은 40배 빨라졌지만, 메모리 반응 속도가 이에 맞춰 발전하지 못해서 메모리를 작게, 여러 번 접근하는 프로그램은 대역폭 향상의 혜택을 보기 힘든 것이다. 이런 프로그램의 대표적 예가 컴퓨터 게임이며, 이로 인해 캐시 메모리 용량이 큰 CPU가 게임을 더 빠르게 구동하는 경향이 있다. 캐시 메모리 용량이 크면 D램에 자주 접근하지 않아도 되니 반응 속도 영향이 줄어들기 때문이다.

지금도 메모리 회사들은 CPU, GPU 회사들과 협력하여 데이터 병목을 없애기 위해 기술 개발을 하고 있다. 특히, 2024년 현재 인공지능 기술이 기존 발전 경로를 아득히 넘어서는 수준의 대역폭을 요구하면서 그 중요성이 더욱 부각하고 있다. 비록 이 책이 대역폭 이야기를 설계의 노력 부분에서 다루긴 하였으나, 실제로는 2024년 현재 반도체 제조의 모든 분야가 대역폭에 매달리고 있음을 이해하였으면 한다.

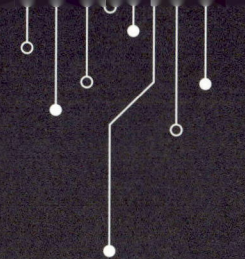

4장

전공정 바깥 세상의 전쟁: 패키징

01.

새로운 패키징의 등장

패키징 용어와 의미

이번 장의 이해를 돕기 위해, 각 기술이 패키지의 어떤 부분에 대응하는지 설명하기 위해 간단한 그림을 첨부한다.

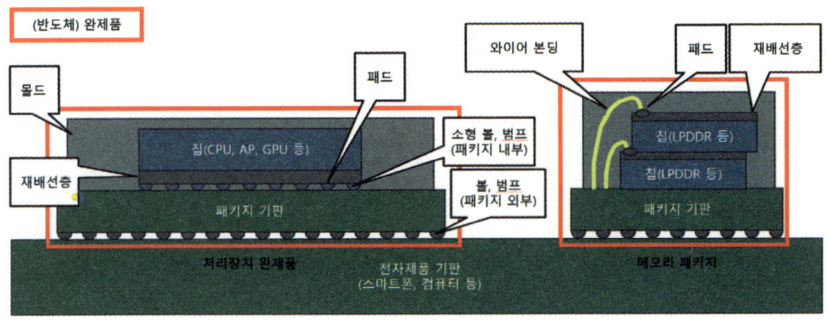

패키징 용어 및 역할

책을 읽을 때, 패키징 각 부분의 기능과 역할이 어떻게 변화해 나가는지 유의하며 보면 이해에 큰 도움이 된다. 어떤 부분은 완전히 사라지기도 하고, 특정 부분의 기능이 합쳐져 하나의 부품으로 대체되기도 한다.

한편, 본 장에서 패키징을 설명하기 전에 이 책에서 사용할 용어 역시 미리 설명하고 넘어가고자 한다. 우리는 앞 장에서는 (반도체)칩, 혹은 다이라는 표현을 사용하였는데, 이는 전공정을 거쳐 가공된 웨이퍼 조각을 의미한다. 그리고 전공정을 거친 칩이 후공정을 거쳐 패키징 되어 출시된 제품은 반도체 완제품으로 지칭할 것이다. 반도체 완제품은 1개의 칩만 패키징 되어 있을 수도 있고, 여러 개의 칩이 하나의 완제품을 이루는 경우MCP도 있다.

이처럼 용어를 미리 설명하는 이유는 반도체 관련 용어가 일상에서 자주 혼용되어 많은 혼선을 일으키기 때문이다. 예를 들면, 일상에서 사용하는 반도체라는 용어는 맥락에 따라 칩을 의미하기도 하고 반도체 완제품을 의미하기도 한다. SK 하이닉스가 대만에 있는 DIMM 모듈 전문 회사에 반도체를 판매하는 것은 '칩KGD: Known Good Die'을 판매하는 것이며, SK 하이닉스가 자사 로고가 붙어 있는 노트북용 메모리를 판매하는 것은 '반도체 완제품'을 판매하는 것이다.

패키징을 바라보는 관점: 공간 활용과 배선 효율성

패키징 기술을 조금 더 잘 이해하려면 패키징 기술을 통해 반도체 완제품이 얻을 수 있는 이익이 무엇인지 짚고 넘어갈 필요가 있다. 그것은 바로 반도체가 탑재되는 제품의 물리적 공간 확보와 배선 거리 축소를 통한 전력 효율성 향상이다.

패키징이 물리적 공간 활용에 미치는 영향은 CPU를 보면 쉽게 알 수 있다. CPU를 구매하여 포장을 열어 보면, 전공정을 거쳐 생산된 빛나는 CPU 칩의 모습은 보이지 않는다. 실제로 우리가 보는 것은 히트스프레더 Heat Spreader라 불리는 금속 케이스와 그 아래에 붙어 있는 기판인데, 둘 다 패키징 과정에서 칩과 결합된 것이다. 인텔의 데스크탑용 CPU의 반도체 칩의 면적은 대략 100~270제곱밀리미터 정도인데, 실제 히트스프레더와 기판의 면적을 재 보면 면적이 약 1,600제곱밀리미터*임을 알 수 있다. CPU 칩 면적의 10배 크기의 히트스프레더와 기판이 패키징에 사용되는 것이다. 반도체 완제품을 전자제품에 결합하기 위해선 필수적인 조치이지만, 생각하기에 따라서는 CPU를 사용하기 위해 90% 가까운 패키징 기판 면적이 낭비되고 있다고 볼 수 있다.

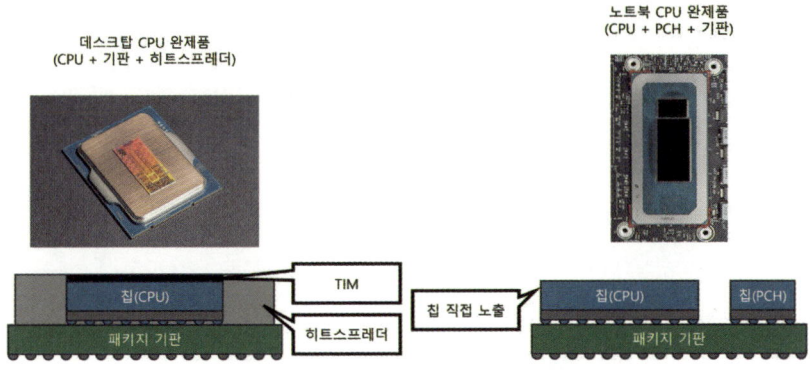

데스크탑 PC용 패키지(왼쪽)와 노트북용 패키지(오른쪽)[18]

당연하지만 동일한 CPU 칩이더라도 패키징을 바꾸면 공간 효율성이 높아질 수 있다. 위 그림은 패키지에 따른 CPU 완제품을 비교한 것이다. 좌측의 데스크탑용 완제품과 우측의 노트북용 완제품은 칩의 면적 자체는

---

* 인텔 소켓 1151 기준 (42.5mm x 42.5mm)

비슷하지만, 패키징이 완료된 완제품의 면적은 데스크탑용이 더욱 크다는 것을 알 수 있다. 심지어 노트북용 CPU 완제품에는 PCH라고 불리는 작은 칩이 1개 더 탑재되어 있음에도 그렇다. 한편, 노트북용 패키징에는 데스크탑용 패키징에 있는 열전도 물질(TIM)과 히트스프레더가 없어서 칩 상부가 패키지 외부로 직접 노출되어 있는데, 이는 노트북 제조사가 직접 고성능 칩 냉각 시스템을 구성할 수 있게 해 주기 위해서이다.

패키징은 칩과 칩의 연결에도 큰 영향을 미친다. 상호작용이 필요한 두 칩을 연결하는 도선이 길어지면 저항이 높아져 발열이 커지고 효율이 감소하며, 신호 왜곡을 바로잡기 위해 수많은 다른 기기로 칩 간 상호작용을 보조해 주어야 한다. 이는 물건을 자주 주고받는 두 공장이 거리가 멀어질수록 효율성이 나빠지는 것과 같은 현상이다.

실제로 CPU 등 처리장치가 D램 등 다른 칩의 데이터에 접근할 때 사용되는 에너지 중 상당량은 두 칩을 연결하는 배선에서 발생한다. 연구 방법과 사용한 칩의 종류에 따라 다르지만, 처리장치 칩이 별도의 칩인 D램과 통신할 때 사용하는 에너지가 처리장치에 자체 내장된 캐시 메모리에 접근할 때 사용하는 에너지보다 60배 이상 큰 연구 결과도 존재한다. 패키징

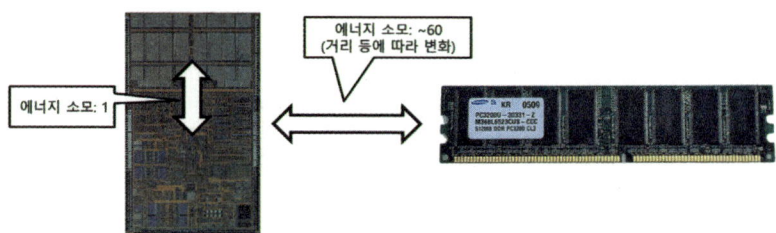

칩 간 통신과 에너지 소모량

기술이 둘 사이의 물리적 거리를 좁혀 주거나, 둘을 연결하는 배선의 품질을 개선해 줄 경우 이 에너지 소모는 줄어들게 된다.

그뿐만 아니라 앞서 대역폭 부분에서 살펴보았듯, 미세화를 통한 메모리 반도체의 성능 향상이 한계에 도달하게 되었다. 반도체 회사들은 대역폭을 늘려 메모리의 성능 부족을 보완했는데, 이로 인해 각 칩에 필요한 데이터 배선의 수도 계속 늘어났다. 패키징은 이 역시 해결해 주어야 한다.

그래서 패키징 부분을 읽을 때는 설명하고 있는 패키지의 크기에 어떤 영향을 주는지, 칩 간 연결 효율을 어떤 식으로 개선하는지를 염두에 두고 읽으면 큰 도움이 된다.

패키징 황금기의 1등 공신: 모바일

패키징 기술은 반도체 제조가 시작됨과 동시에 함께 발전하였다. 하지만 패키징 기술에 대한 일반인들의 관심은 최근까지도 그다지 크지 않았는데, 이런 흐름을 바꾼 것은 스마트폰이다. 애플이 최초의 스마트폰인 아이폰을 출시하자, 사람들은 휴대용 기기의 가능성을 알아차렸다. 당시 아이폰의 기능은 웹서핑, 음악 감상 정도로 지금의 스마트폰과 비교하면 초라하지만, 아이폰은 휴대용 기기의 가능성을 사람들에게 인식시켜주었다. 사람들은 돌아다니며 게임하고, 자신의 현 상황을 전 세계와 공유할 수 있는 시대를 꿈꾸게 되었다.

사람들이 제품에 원하는 것이 바뀌자, 반도체 완제품도 변해야 했다. 사람들이 돌아다니며 수많은 작업을 하기 위해선, 오랫동안 기기가 충전 없이 자체 배터리로 버텨야 했기 때문이다. 스마트폰의 등장으로 기존에 1,000밀리암페어시mAh 정도 되던 휴대용 배터리 용량은 2024년 4,000밀리암페어시 이상으로 상승하였다. 스마트폰에 들어가는 반도체도 저전력,

고효율을 추구하게 되었다. 2010년대 초반의 스마트폰 AP*는 구세대 제조 공정을 이용해 저가로 제조하는 것이 기본이었으나, 지금 AP는 최첨단 제조 공정을 제일 먼저 사용하는 제품이 되었다. 책상 위의 컴퓨터가 10% 전력을 덜 쓰는 것도 좋긴 하지만, 스마트폰 배터리의 사용 시간을 10% 늘리는 것이 더욱 가치가 높았기 때문이다.

이러한 트렌드를 보조하기 위해 반도체 패키징 기술도 발전하였다. 패키징 기술을 개선하면 스마트폰 내부의 물리적 공간을 추가로 확보하여 배터리 용량을 늘릴 수 있을 뿐만 아니라, AP와 메모리 등 핵심 반도체들의 물리적 거리를 줄여 전력 대 성능비를 개선할 수 있기 때문이다. 스마트폰 회사들은 AP와 메모리를 한 패키지 내에 적층한 반도체 완제품을 이용해 크기는 더 작지만, 배터리 용량이 큰 폰을 출시할 수 있었다. 이렇게 얻은 매출 중 일부는 다시 반도체 회사로 흘러가 새로운 기술 발전을 촉진하였다. 관심 있는 사람들이라면 뉴스에서 들어 보았을 플립 칩, 팬아웃Fan out 등의 기술이 스마트폰과 함께 발전한 패키징 기술의 대표적인 예이다. 이런 기술은 약간의 원가 상승만으로도 최종 제품에 큰 영향을 줄 수 있었다.

각 기술의 자세한 개발 배경과 의의를 살펴보기 전에, 이번 장에서 언급하는 기술들은 상호 배타적 기술이 아님을 미리 언급하고자 한다. 편의상 별도의 항목으로 분류하기는 하지만, 실제로는 한 기술이 다른 기술의 근간이 되기도 하고 두 기술이 함께 완제품 하나에 적용될 수도 있다. 기술자들은 매우 유연하며, 목적을 이루기 위해 여러 기술을 함께 사용하는 것을 주저하지 않는다는 것을 잊어서는 안 된다.

---

* PC의 CPU에 해당하는 반도체

02.

패키징 요소기술의 발전

배선 거리 좁히기: 와이어 본딩에서 플립칩까지

　패키징 방법에 따라 차이가 있지만, 일반적으로 패키징 과정이 완료되면 칩의 아랫면에는 반도체를 다른 제품에 부착하기 위한 기판이 위치하게 되고, 윗면에는 몰드나 히트 스프레더Heat Spreader 등 보호막이 위치하게 되어 칩은 눈에 보이지 않게 된다. 이후 반도체 완제품은 전자제품 회사에 팔린 뒤, 각종 완제품 기판에 탑재되어 노트북 컴퓨터나 스마트폰 등 다양한 제품에 기여하게 된다.

　패키징이 끝난 반도체 완제품의 하부를 보면 제품마다 모양은 다르지만, 전자제품 기판에 연결하기 위한 다리와 비슷한 부분이 공통으로 존재한다. 성능이 중요하지 않은 반도체들은 납으로 된 굵은 다리를 가지고 있으며, 성능을 중요시하는 CPU와 같은 제품에는 LGALand Grid Array라고 부르

인텔 8088(8086)의 다리[19](왼쪽)와 인텔 랩터 레이크의 하부(오른쪽)

는 납작한 구리판들이 존재한다. 당연하지만 이 다리들은 전부 패키지 내부의 반도체 칩과 연결되어 있다. 중요한 것은 다리 부분 재질뿐만 아니라 패키지 내의 칩을 다리에 연결하는 방법 역시 최종 제품 성능과 발열에 많은 영향을 끼친다는 점이다.

가장 오랫동안 사용되어 온 연결 방식은 와이어 본딩 Wire Bonding이다. 이름에서 알 수 있듯 기다란 선 Wire을 반도체 칩에 연결하고, 이를 다리에 해당하는 부분에 붙이는 방식이다. 일반적으로 둘을 연결하는 선은 연성이 좋은 금으로 만든다. 여담으로 금은 훌륭한 전도체이지만, 반도체 전공정에서는 각종 박막으로 확산하려는 성질*이 강해 사용하기 힘들다. 하지만 후공정에서는 웨이퍼를 직접 가공하지 않으므로 금의 장점이 빛을 발하게 된다.

인텔 8086 프로세서를 보면 와이어 본딩이 어떤 식으로 제품에 적용되는지 쉽게 이해할 수 있다. 다음 두 그림은 8086 프로세서 패키징의 개요도와 8086 프로세서 완제품 내부의 칩이다. 아래 왼쪽 사진을 보면 칩 주

---

* 구리도 규소 층으로 확산하는 유사한 특성을 가지고 있다.

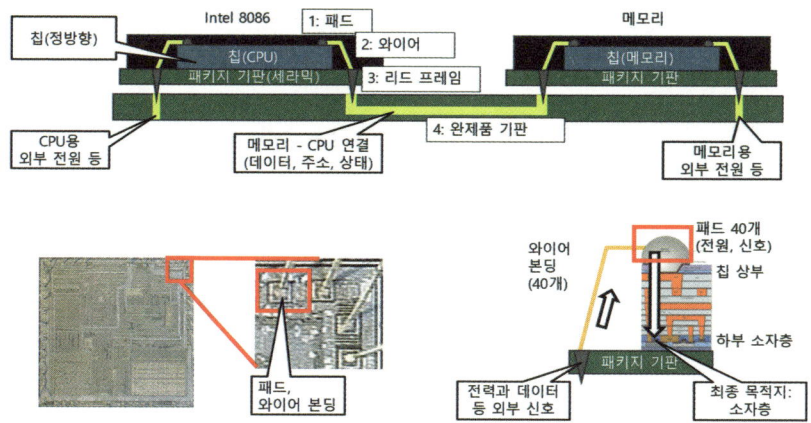

인텔 8086 프로세서의 구조[20]

변에 무언가 납땜 비슷한 흔적이 있고 납땜에 금속 선이 붙어 있음을 알 수 있다. 이 선이 바로 와이어 본딩이다. 인텔 8086은 전력을 공급받고 메모리 등과 상호작용하여 프로그램을 수행하기 위해 40개의 금속 선을 사용한다. 이 와이어들은 리드 프레임이라고 부르는 다리들에 다시금 연결된다. 리드 프레임은 8086 프로세서를 구매한 컴퓨터 회사가 자신들의 컴퓨터 기판에 8086 프로세서를 쉽게 결합하게 하는 역할을 한다. 즉, 이를 요약하면 칩CPU과 전자제품이 주고받는 신호와 전원은 '칩 → 와이어 → 리드 프레임 → 전자제품(컴퓨터) 기판'을 순서대로 거쳐야 하는 것이다.

칩에는 와이어 본딩이 납땜 되어 있는 부분이 있는데, 이를 패드Pad라 부른다. 패드는 칩 상부에 붙어 있으며, 칩 외부와 내부 소자층을 연결하는 입구 역할을 한다. 패드 아래에는 신호선, 전력선 등 전공정으로 만들어진 여러 층의 미세 금속배선이 존재하며, 이 금속배선은 최종적으로 칩 하부의 실리콘 소자층에 다다른다. 8086의 패드는 칩 주변에 배치되어 있는데, 이는 와이어 본딩을 용이하게 하기 위해 설계 시점에 의도된 것이다. 패드가 칩 중앙부에 있을 경우, 와이어가 얽히는 등의 문제로 와이어 본딩이 어려워질 뿐만 아니라, 와이어가 길어져 전기 저항이 커지게 되기 때문이다.

반도체 성능이 향상됨에 따라 와이어 본딩 방식에도 한계가 나타나기 시작했다. 반도체에 더욱 안정적으로 전원을 공급하고 더 많은 데이터 선을 연결할 필요가 있었기 때문이다. 앞에서 살펴본 8086 프로세서에는 40개의 핀이 있는 반면, 2024년의 데스크탑용 CPU에는 무려 1,700개의 핀(랜드 그리드)이 존재한다(LGA1700). 가로세로 1~2cm밖에 되지 않는 칩에 1,700개의 와이어 본딩을 만드는 것은 쉽지 않을 뿐만 아니라, 전력 효율 문제도 생긴다.

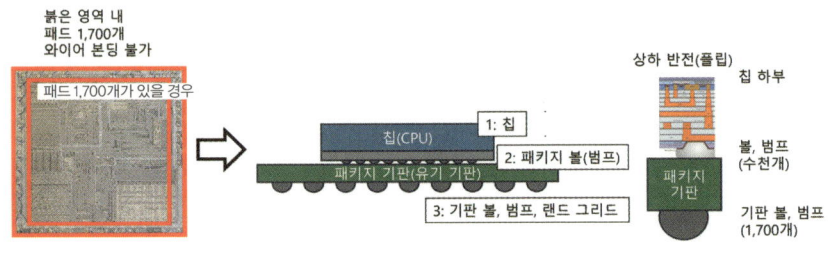

패드 배치 문제와 플립 칩

이런 문제를 해결하기 위해 등장한 기술이 플립 칩Flip Chip이다. 아이디어는 간단하다. 와이어 본딩을 없애고, 반도체 패키지 기판에 칩을 직접 붙이는 것이다. 이제는 칩 패드가 와이어에 연결된 뒤 패키지 기판의 다리와 연결되는 것이 아닌, 칩 패드와 패키지 기판이 직접 연결되는 형태인 것이다. 칩은 윗부분을 통해 바깥세상과 통신하므로, 이 과정에서 칩의 위아래를 돌려야 한다. 이 기술이 플립 칩이라고 불리는 이유이다. 패키지 기판에 관해서는 다음에 조금 더 자세히 알아볼 것이다.

사실 플립 칩은 1960년대부터 제안되었지만, 실제로는 1990년대 후반에 들어서야 CPU에 채용되기 시작하였다. 플립 칩 패키징을 하려면 칩을 뒤집어 옮길 기술, 칩을 얹어 둘 새로운 기판, 칩과 기판 사이를 채울 충전재, 기판의 연결 밀도 등 다양한 기술이 개발되어야 했기 때문이다. 예를 들어, 고밀도 외부 연결이 필요한 칩을 제조했는데, 정작 패키지 기판이 고밀도 고효율 연결을 지원하지 않는다면 아무 소용이 없을 것이다. 특정 기술이 상용화되려면 관련된 기술이 함께 성장해야만 한다.

플립 칩 기술은 개량을 거듭하여 사실상 2024년 현재에도 CPU, GPU 등 고성능 반도체 패키징에서 자주 사용되고 있을 뿐만 아니라, 칩을 뒤집는다는 개념은 다양한 패키징 기술의 기초 기술로 사용되고 있다. 패키징의 목적 중 하나는 배선의 길이를 줄여 효율을 높이는 것인데, 칩을 뒤집어 붙이는 것은 가격에 비해 효과가 매우 크기 때문이다.

배선 밀도 높이기: 더 나은 패키지 기판을 향하여

패키지에서 또 하나의 중요한 구성 요소는 패키지 기판이다. 패키지 기판은 반도체 완제품 하부에 부착된 기판을 의미하며, 장착된 칩을 보호할 뿐만 아니라 PC나 스마트폰 등 전자제품 완제품에 반도체를 연결할 수 있도록 핀의 간격을 조정해 주는 역할도 한다.*

위에서 살펴본 인텔의 LGA1700 제품들은 2~3 종류의 다른 설계를 가진 칩을 기반으로 한다. 하이엔드 제품인 14900K~14700K는 매우 큰 칩을 사용하며, 하위 모델인 12100F는 작은 칩을 사용한다. 하지만 이렇게 칩의 크기가 달라도 사용자는 전 세대 제품인 12100F를 사용하던 컴퓨터

---

* 추후 알아보겠으나, 이 역할은 재배선층(RDL)도 수행한다.

에서 CPU만 14900K로 교체하여 업그레이드를 할 수 있다. 이것이 가능한 이유도 패키지 기판 덕분이다. 두 칩의 크기가 다르더라도 패키지 기판의 모양만 똑같다면 컴퓨터에 부착할 수 있기 때문이다.

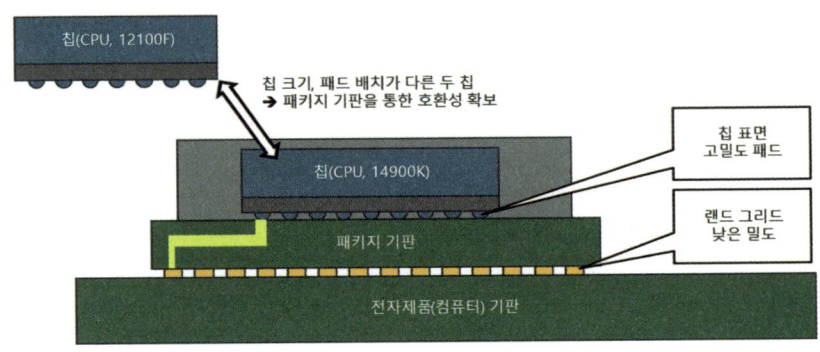

기판의 역할

당연하지만, 패키지 기판 내부에는 1,700개의 핀과 수천 개 이상의 칩 표면 패드를 연결하는 복잡한 도선이 존재한다. 해당 도선들의 품질이 낮을 경우 전력 대 성능비가 악화될 수 있으며, 심한 경우 반도체 완제품이 오동작할 수 있다. 그래서 반도체 회사들은 패키지 기판 발전에도 큰 관심을 기울였다.

초기에 사용된 기판 물질은 세라믹이다. 위에서 살펴보았던 인텔의 8086 프로세서 역시 세라믹 기반의 패키징CerDIP: Cermic + DIP을 사용하였다. 인텔은 세라믹을 녹여 튼튼한 기판을 만든 뒤, 기판 위에 리드프레임이라고 부르는 뾰족한 다리를 부착하였다. 세라믹은 튼튼하고 열 신뢰성이 높은 패키징이었지만, 제조 비용이 많이 들고 무거웠다. 컴퓨터를 전 세계에 상용화하기 위해서는 더욱 원가를 줄여야 했기 때문에, 세라믹 패키징은 고성능 반도체 패키징 분야에서는 서서히 사라지고, 그 자리를 유기기판Organic Substrate이 채우기 시작했다.

유기기판은 1990년부터 도입되기 시작하였다. 유기기판은 재료로 레진 등을 사용하는 기판으로, 점점 늘어가는 CPU 통신, 전원 배선 개수에 맞춰 어느 정도는 내부 배선 미세화가 가능한 뛰어난 기술이었다. 기판 회사들은 지속적으로 CPU가 요구하는 고밀도 고효율 배선을 개발하였고, 덕분에 CPU 발전에 따른 기판 내 배선 요구량 증가와 배선 미세화 요구를 모두 만족시킬 수 있었다.

하지만 기판에 그려지는 회로도 패턴이 미세해지기 시작하면서 전공정의 금속배선과 비슷한 문제가 일어나기 시작한다. CPU 완제품의 외부 접점이 40개에서 1,700개로 늘어났다는 것은 기판 내의 배선도 그만큼 미세해져야 한다는 의미이다. 당연히 전공정과 비슷하게 누설 전류 문제와 RC 딜레이가 발생할 수 있다. 일본의 아지노모토사는 아지노모토 빌드업 필름Ajinomoto Build-up Film이라는 유전율이 낮은 새로운 박막을 개발하여 이 분야의 혁신을 이끌기도 하였다. 전공정에서 로우-k에 해당하는 제품을 개발한 셈이다. 물리 현상은 전공정, 후공정을 가리지 않고 발생하며, 전공정에서 사용해 본 해결책은 당연히 후공정에서도 사용할 수 있다.

기판을 발전시키기 위해서 기판 내부에 유리를 사용하려는 시도도 계속되고 있다. 유리의 주성분은 이산화규소 $SiO2$인데, 이산화규소는 단단하고 절연 능력이 좋을 뿐만 아니라, 규소를 산화시켜 쉽게 웨이퍼 표면에 형성할 수 있어서 전공정 소자층과 금속배선층 양쪽에서 오랫동안 사용되었다. 패키지 기판 내부의 배선도 미세화로 인한 문제를 겪기 시작하자, 전공정이 사용하던 절연 물질 사용을 고려하기 시작한 것이다.

기판 자체는 반도체 전공정과 같은 수준의 첨단 기술은 아니다. 노광 등의 과정이 일부 사용되기는 하지만, 전공정과 완전히 분리된 곳에서 진행할 수 있고 전공정 클린룸에 준하는 청정도를 요구하지도 않는다. 하지만 우리는 기판의 과거 역할을 이해함으로써 현재 일어나고 있는 패키징 분야의 다양한 혁신을 이해할 수 있다. 결국 새로운 패키징 기술은 기판이 더는 해결하지 못하는 문제를 해결하기 위해 등장한 것이기 때문이다.

부품 결합하기: 리드프레임(핀), 볼, 범프

반도체에 생명을 불어넣기 위해서는 최종적으로는 패키징까지 완료된 반도체 완제품이 스마트폰, PC 등 전자제품의 기판에 결합되어야 한다. 전자제품 기판에 탑재되어 다른 반도체들과 통신하고, 전원을 공급받아야만 반도체가 비로소 제 역할을 할 수 있게 되기 때문이다. 이를 위해 필요한 요소가 바로 반도체 완제품과 전자제품 사이의 접점부이다.

초기의 반도체 패키지에는 와이어 본딩을 설명하면서 잠시 살펴봤던 리드프레임이 사용되었다. 리드프레임은 교과서에서 많이 보았을, 반도체 완제품의 벌레 다리처럼 생긴 부품을 의미하며, 위에서 살펴본 인텔 8086에도 사용된 방식이다. 재질이 납Lead으로 되어 있어서 리드프레임이라고 불린다. 와이어 본딩을 사용할 경우, 와이어의 한쪽 끝은 반도체 패드, 반대쪽 끝이 리드프레임에 연결되는 것이다. 이렇게 되면 최종적으로 '반도체(패드) – 와이어 – 리드프레임 – 전자제품 기판'의 연결 구조가 완성된다. 하지만 반도체 미세화가 진행되자 반도체 완제품은 더 많은 핀이 필요해졌다. 문제는 와이어와 리드프레임 모두 미세화가 어려웠다는 것이다. 앞서 살펴본 것처럼 와이어는 길이가 길어지면 전도도가 감소하고, 개수가 많아지면 서로 꼬이게 된다. 리드프레임은 두껍기 때문에 크기를 줄이기 쉽지 않다.

이런 문제를 해결하기 위해 사용하게 된 것이 볼Ball이다. 볼은 이름 그대로 구 모양의 작은 금속으로, 와이어 본딩을 대체하는 역할을 한다. 칩의 패드와 패키지 기판은 표면 특성이 매우 달라서 이 둘을 직접 붙이는 것은 어렵고 위험하다. 그래서 반도체 회사들은 칩의 수많은 패드에 볼을 먼저 결합한 다음에 칩을 뒤집어(플립 칩) 기판에 올린 뒤, 볼을 살짝 녹여 패키지 기판에 붙이는 방식을 사용하기로 하였다. 전선 없이 납땜만 하는 방식에 가까운데, 이 방식을 사용하면 기존 와이어 본딩과 리드프레임을 이용할 때보다 패키지 기판과 칩을 고밀도로 연결할 수 있다.

참고로 볼은 칩과 패키지 기판 사이뿐만 아니라, 패키지 기판과 스마트폰 사이 등 전자제품 기판 결합부에도 사용된다. 볼을 적극적으로 사용한 기술의 예로 FCBGA가 있다. FC는 플립 칩의 약자이고 BGA는 볼 그리드 어레이Ball Grid Array의 약자로, 플립 칩은 칩과 패키지 기판의 연결 방식을 의미하고, BGA는 패키지 기판과 제품 기판 사이의 연결 방식을 의미한다. 해석해 보면 칩을 플립 칩 방식을 이용해 패키지 기판에 부착하고, 패키지 기판과 전자제품은 볼 그리드 어레이를 이용해 부착하는 방식이라는 의미이다. 플립 칩 결합 과정에도 볼을 사용하므로, FCBGA라고 불리는 패키지에는 볼이 칩과 패키지 기판 사이, 패키지 기판과 전자제품 사이 두 군데 사용된 셈이다. 당연하지만, 칩과 패키지 기판을 연결하는 볼이 훨씬 작고 미세하다.

반도체의 미세화가 진행되고 시장이 변화함에 따라 이 분야에도 혁신이 필요했다. 반도체가 다른 반도체와 상호작용을 해야 할 일이 많아지자 칩의 패드 개수가 증가했는데, 모바일 제품이 크게 유행하면서 반도체 완제품의 패키지 면적은 줄여야 하는 상황이 되어 버렸기 때문이다. 이에 맞춰 볼의 크기가 점점 줄어들다 이윽고 범프bump라고 불리는 매우 작은 볼이

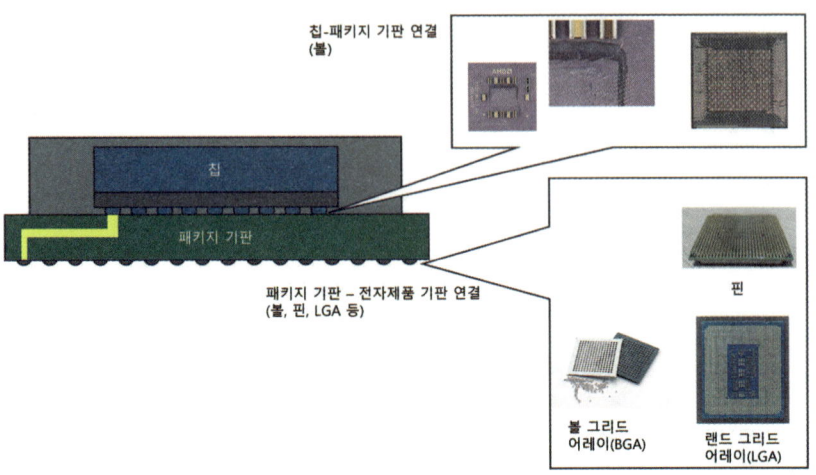

패키징에서 사용되는 핀, 볼, LGA

등장하기까지 한다. 과거 100마이크로가 넘던 볼의 지름은 이젠 수십 마이크로미터 이하가 되었다. 볼의 크기가 작아지면서 칩과 기판을 결합하는 기술 역시 정교화되어야 했다.

 볼의 재질 역시 변화하기 시작했다. 과거에는 납과 주석 등 납땜에 사용되던 합금을 볼의 재료로 사용했지만, 반도체 고성능화와 이로 인해 볼의 크기가 줄어들자 볼 역시 더욱 높은 전도도를 가진 구리를 일부 사용하기 시작했다. 패키징 회사들은 볼 전체를 납-주석 합금을 사용해 만들던 방식에서 벗어나 볼 가운데에는 구리 기둥을 배치하고, 그 주변에 납땜용 합금을 배치하는 방식 등을 사용했다. 이러한 방식을 통해 볼의 전도도를 높일 수 있었다.

 다양한 패키징 기술 기반의 반도체 완제품이 등장하면서 순수 구리 기둥 Via을 사용하는 방식도 등장하기 시작했다. 구리 기둥은 이미 완성된 두 반도체 완제품 패키지를 위아래로 결합해 새로운 제품을 만들어야 할 경우

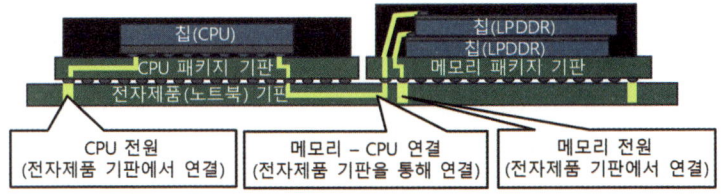

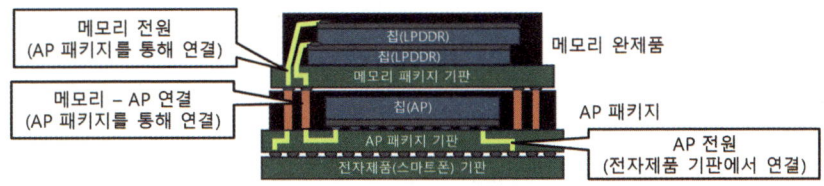

노트북 컴퓨터용 패키징(위), TIV를 사용한 모바일 패키징(아래)

패키지 간 통신을 위해 사용한다. 상부의 반도체 패키지와 하부의 반도체 패키지를 단거리로 연결하고자 할 경우, 그림과 같은 형태로 패키지를 뚫고 구리 기둥을 세우는 것이다. TSMC는 이런 기둥을 TIV Through InFO Via 라고 부르며, 두 패키지 간 연결 거리를 줄이고, 전기 전도도가 높은 구리를 사용해 전력대 성능비를 높이는 역할을 한다.

반도체 용어에 익숙한 독자들은 TIV가 TSV 기술과 비슷하다는 생각을 하고 있을 것이다. 실제로도 두 기술은 이루고자 하는 목표가 유사하다. 차이는 TIV는 이미 전공정을 마치고 패키징까지 끝난 두 반도체 완제품을 합쳐 새로운 제품을 만들 때 이용되는 기술인 반면, TSV는 전공정과 후공정 경계에서 수행되는 기술이라는 것이다. 당연히 전공정에 가까운 기술인 TSV가 더욱 미세하고 정밀한 작업이 가능하다. 패키지 위에 패키지를 결합하는 방식은 뒤에서 조금 더 자세히 다룰 예정이다.

볼과 범프 등 칩의 연결부는 크기는 작지만, 반도체 완제품 성능과 수율에 많은 영향을 끼친다. 범프는 칩과 기판이라는 성질이 다른 두 표면을 결합하는 어려운 역할을 하는데, 첨단 반도체로 갈수록 고밀도의 미세한 범프를 필요로 하기 때문이다. 이번 장을 잘 이해하였다면 이후 반도체 회사들이 범프의 크기를 어떤 식으로 감소시키고, 나아가 아예 범프를 없애기 위해 어떤 작업을 하는지도 쉽게 이해할 수 있을 것이다.

전공정과 패키징 사이: 재배선층

재배선층Redistribution Layer은 반도체 전공정 직후, 완성된 칩의 패드를 재배치하기 위해 추가되는 층이다.* 패드 재배치 자체는 패키지 기판으로도 가능하지만, 재배선층은 반도체 전공정 직후 후공정에서 미세공정을 이용** 해 칩 표면에 직접 만들 수 있기 때문에, 일반 기판에 비해 더욱 얇을 뿐만 아니라 미세한 배선을 만들기에도 용이하다. 생각하기에 따라서 전공정 BEOL의 연장선으로 생각할 수도 있다.

이러한 층이 존재하는 이유는 다양하다. 가장 중요한 이유는 전공정을 거친 칩의 패드 위치가 칩 구매자의 제품 응용처에 맞지 않는 경우가 존재하기 때문이다. 예를 들어, D램은 칩 설계상 패드가 칩 중앙부에 존재하는 경우가 많다. D램은 입출력을 담당하는 입구 부위와 데이터가 실제 저장되는 여러 개의 작은 창고 부위로 나뉜다. D램이 안정적인 성능을 발휘하기 위해서는 입구가 모든 창고들과 비슷한 거리에 있는 것이 좋기 때문에 입출구를 칩 중앙에 배치하는 것이다. 문제는 이런 설계가 패키징에서 문

---

* 두께 수~수십 마이크로미터 정도이므로 기판이라고 할 수 없다.
** 대략 1980년대 노광기 수준으로 작업을 진행한다.

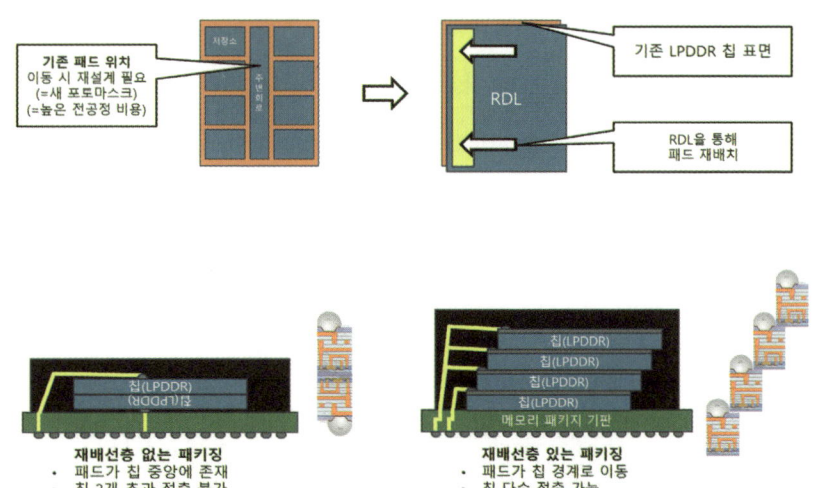

재배선층의 다양한 역할

제를 일으키기도 한다는 것이다.

완성된 D램 칩 여러 개를 패키지 1개에 쌓는 상황(다이 스태킹)을 생각해 보자. 칩의 패드가 가운데 있다면, 왼쪽 그림처럼 패키지 1개에 최대 2개의 칩밖에 쌓을 수 없을 것이다. 하지만, 오른쪽 그림과 같이 패드가 칩 한쪽 끝에 몰려 있다면 여러 개의 칩을 쌓을 수 있게 된다. 이럴 때 재배선층을 사용하면 문제가 해결된다.

재배선층은 반도체 테스트 설비 재사용에도 도움을 준다. 테스트 설비가 특정한 칩의 패드 배치에 맞춰져 있다면, 기존 장비로 새로운 칩을 테스트하기 힘들다. 하지만 재배선층을 이용해 새로운 칩의 패드 모양을 기존 칩과 맞추고, 다른 패키징 기술을 통해 패키지의 크기도 통일하면 기존 장비를 재사용할 수 있게 된다.

특정 반도체 고객이 패드 위치가 자신의 제품에 맞지 않아 칩을 사용하는 데 어려움을 겪을 때, 재배선층을 이용해 고객의 요청을 들어줄 수도 있다. 실제 칩의 패드를 옮기기 위해선 칩 설계, 즉 포토마스크를 바꿔야 한다. 이 경우 많은 비용이 발생하게 되는데, 재배선층을 이용하면 이 비용을 줄일 수 있다.

최근, 재배선층의 역할은 크게 확대되고 있다. 원래 재배선층은 이름 그대로 배선 위치를 바꿔 주는 역할을 위해 탄생했지만, 현재는 패키지 기판의 역할을 일부 대체하기도 한다. 이러한 일이 발생한 이유를 이해하려면, 단어의 정의를 외우기보다는 시장의 변화와 반도체 기술이 겪는 어려움을 알아야 한다. 이러한 예는 실제 제품 예에서 확인해 볼 것이다.

여러 칩 함께 사용하기: 다이 스태킹과 PoP

전자 산업이 발달함에 따라 스마트폰 등 전자제품 회사들은 더욱더 많은 부품을 전자제품에 결합해야 했다. 예를 들면, 2000년대의 피처폰은 작은 액정 스크린과 배터리, 작은 프로세서, 모뎀 정도만 탑재하면 기능을 대부분 수행할 수 있었지만, 현재의 스마트폰은 거대한 렌즈를 가진 3개의 카메라뿐 아니라, 하루를 온전히 사용할 수 있는 배터리, GPS 센서 등 훨씬 많은 부품을 탑재해야 한다.

이러한 변화는 IT 시장이 본격적으로 성장하기 시작하는 시점에 나타나기 시작했다. 과거의 컴퓨터는 CPU, 메모리 정도만 있으면 동작하였지만, 현대의 컴퓨터는 훨씬 많은 기능이 통합되어 있다. 스마트폰 등 전자제품들이 공간을 덜 차지하는 기술을 원하는 한, 반도체 회사 역시 이러한 요구에 부응해야 한다. 그래서 반도체 회사들은 물리적 공간을 아낄 수 있는 가장 직관적인 방법부터 사용하기 시작했다. 바로 다이 스태킹Die Stacking이라는 결합 방식이다.

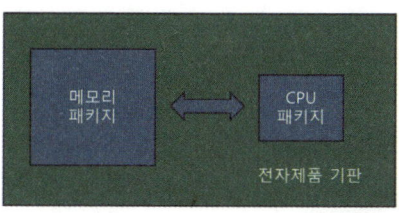

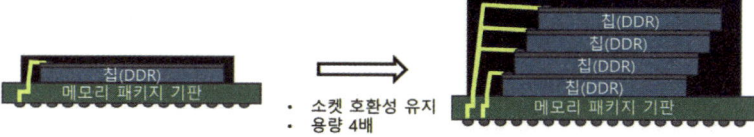

다이 스태킹을 통한 물리적 공간 절약

    다이 스태킹은 매우 직관적인 기술이다. 한 패키지 안에 여러 개의 칩을 쌓고 칩과 패키지 기판을 와이어 본딩 등을 이용해 연결하는 것이다. 이렇게 함으로써 반도체 완제품 패키지의 높이 증가는 억제하고* 2차원상으로 보이는 제품의 밀도를 높일 수 있다.

    메모리 업체는 다이 스태킹을 적극적으로 사용하였다. 메모리는 가격 대비 사용하는 웨이퍼 면적이 넓다. 따라서 다이 스태킹을 사용하면 노트북 컴퓨터나 스마트폰 등의 내부 공간을 크게 절약할 수 있다.

    다이 스태킹은 매우 효율적인 방식이지만, 칩을 직접 다루는 회사만이 수행할 수 있다. 그런데 대다수의 반도체는 패키지까지 완료된 상태로 거래된다. 이미 패키징 된 완제품 여러 개를 뜯어서 다시 다이 스태킹으로 바꿀 수는 없다. 이런 경우, 이미 완성된 패키지와 패키지를 위로 쌓아서 2차

---

* 전공정을 마친 칩 자체의 두께는 패키지에 비하면 매우 얇다.

원상의 공간을 확보할 수 있는 기술을 사용하는데, 이것이 바로 패키지 온 패키지PoP: Package-On-Package 기술이다.

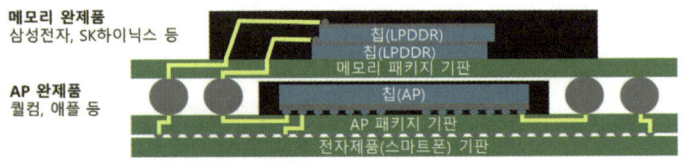

모바일의 초기 패키지 온 패키지

위 그림은 초기 스마트폰의 AP, 메모리에 사용된 패키지 온 패키지 방식을 보여 준다. 상부에는 메모리 회사가 와이어 본딩 기반의 다이 스태킹으로 만든 반도체 완제품이 위치하며, 그 아래에는 플립 칩 방식으로 기판과 결합된 스마트폰 AP 패키지가 존재한다. 위와 같이 초기의 패키지 온 패키지는 별도의 두 반도체 완제품에 손을 대지 않고, 순수하게 전자제품의 내부 면적을 절약하는 것을 목적으로 하였다.

하지만 이로 인해 단점도 발생했다. 반도체 완제품 패키지 2개를 결합해 또 다른 반도체 완제품 패키지를 만든 셈이므로, 2차원 면적을 아끼는 대가로 높이는 높아지게 된다. 또한, AP 패키지가 메모리 패키지보다 넓으면 안 된다는 제약이 생기고, 메모리와 AP 간 통신을 담당하는 볼에서 전력 비효율이 발생하는 등 다양한 문제가 발생하였다. 이런 단점을 극복하기 위해 다양한 패키징 기술이 개발되었다. 앞서 미리 살펴보았던 TSMC의 InFO 기술이 그런 예 중 하나이다. InFO의 TIV가 위 그림의 메모리, AP 사이의 볼을 대체하는 것임은 쉽게 알 수 있다.

패키지 온 패키지 기술 역시 매우 직관적인 방식이어서 과거부터 다양한 제품에 오랜 시간 사용되었지만, 기술의 황금기를 연 것은 스마트폰이다. 스마트폰은 컴퓨터보다 더욱 작은 공간에 더욱 많은 기능을 결합해야 하므로, 물리적 공간 확보와 배터리 효율 증대에 유리한 패키지 온 패키지 기술이 필요했다. 패키지 온 패키지 기술은 폭증하는 스마트폰 수요 덕분에 빠르게 발전할 수 있었다.

다이 스태킹과 패키지 온 패키지는 반도체 기술에 관심이 많은 사람조차도 혼란스러워하는 용어이다. 예를 들어, 2024년 한국 메모리 제품 중 가장 유명한 HBM High Bandwidth Memory은 D램을 수직으로 적층한 것으로 다이 스태킹 패키징이라고 불러야 할 것 같지만, 일반적으로는 3차원 패키징이라고 부른다. 일반적인 다이 스태킹 D램은 칩 간 연결과 칩과 패키지의 연결을 위해 와이어 본딩을 사용하는데, HBM은 그보다 훨씬 고급 기술인 TSV를 사용하기 때문일 것이다.

패키지 온 패키지 기술로 만든 AP, D램 통합 패키지의 경우, 분명 D램은 다이 스태킹 형태로 들어가 있음에도 다이 스태킹 패키징이라고 불리지는 않는다. 정확하게 부르려면 '다이 스태킹을 사용한 D램 패키지와 칩 1개가 들어 있는 AP 패키지를 패키지 온 패키지 방식으로 결합한 제품'이라고 해야 한다. 개별적으로 동작하는 반도체 완제품을 엮어 새로운 반도체 완제품으로 만들다 보니 혼동이 일어나는 것이다.

위와 같은 상황 때문에 반도체 용어를 단순 암기하기보다는 각 기술의 목적과 수단을 이해해야 한다. 대다수의 교재는 설계, 전공정, 후공정(패키징), 테스트 순서로 반도체가 만들어진다고 가르치는데, 패키지 온 패키지 기술의 경우 패키지 상부와 하부의 각 제품이 자신만의 설계, 전공정, 후공정, 테스트를 거쳐 나온 뒤 다시 한 번 패키징을 거친다. 다이 스태킹과 패키지 온 패키지의 목적이 각각 '하나의 패키지를 만드는 기술'과 '각자 완성된 패키지를 합쳐 새 완제품 패키지를 만드는 기술'임을 이해한다면, 이런 혼란은 크게 줄어들 것이다.

생산성 향상과 패키지 크기: 웨이퍼 레벨 패키징, 팬인, 팬아웃

지금까지는 패키징을 개선하여 어떤 식으로 반도체 사용자에게 이익을 주는지 살펴보았다. 이번에는 패키징의 원가를 개선하고 신기술 적용을 도와주는 기술에 대해 알아볼 것이다.

전통적인 패키징 방식은 개별 칩을 하나씩 패키징 하는 것이다. 전공정을 거쳐 나온 웨이퍼에는 수십~수천 개의 칩이 분리되지 않은 채 그려져 있다. 이 웨이퍼가 각 칩을 분리하는 과정인 다이싱dicing 작업을 거치면 수백~수천 개의 개별 칩으로 분리된다. 패키징 회사들은 이렇게 분리된 칩을 하나씩 테스트한 뒤, 각종 보호재를 씌우고 패드에 볼을 붙여 다양한 제품을 만들었다. 우리가 위에서 살펴본 와이어 본딩, 범프 장착, 패키지 기판 부착 등의 과정이 개별 칩 단위에서 이루어졌다. 이 방식은 개별 칩을 한 개씩 다루기 때문에 칩 레벨 패키징이라는 명칭으로 불리기도 한다. 하지만 이런 생산 방식을 탈피하고 더욱더 정밀한 패키징을 위해 웨이퍼 레벨 패키징WLP: Wafer-Level Packaging 방식이 등장했다. 이는 칩 레벨 패키징의 반대 개념으로 웨이퍼 단위의 칩을 한 번에 패키징 한다는 의미이다. 이때 웨이퍼는 칩의 원재료인 실리콘 웨이퍼를 의미하는 것이 아니라, 단순히 패키징 각 공정의 처리 단위만을 의미한다.

여기서 미리 오해를 짚고 넘어갈 필요가 있다. 하나는 웨이퍼 레벨 패키징을 웨이퍼 다이싱 이전에 수행한다는 오해이다. 이는 아래에서 살펴볼 팬인Fan-in 웨이퍼 레벨 패키징에만 해당하는 이야기이며, 팬아웃Fan-out에는 해당하지 않는다.

웨이퍼 레벨 패키징에 대한 또 다른 오해는, 그 주요 목적이 대규모 칩을 한 번에 처리해 후공정 속도를 높이는 데 있다는 것이다. 물론 이는 웨이퍼 레벨 패키징의 중요한 장점이지만, 그것만이 전부는 아니다. 이 설명만으로는 웨이퍼 레벨 패키징이 가지는 강점을 충분히 설명할 수 없다. 실제로는 모바일을 비롯해 새로운 응용 분야의 등장, 그리고 둔화된 무어의 법칙과 데너드 법칙을 보완하기 위해 패키징 기술이 고도화되면서 웨이퍼 레벨 패키징이 주목받게 되었다고 보는 것이 옳다.

웨이퍼 레벨 패키징을 이해하려면 팬인과 팬아웃 개념을 먼저 이해해야 한다. 반도체 성능이 높아짐에 따라 칩의 패드 개수가 증가하고 각 패드의 크기는 매우 작아졌다. 이로 인해 칩의 패드와 전자제품 기판을 결합하기가 점점 힘들어졌다. 그래서 재배선층을 이용해 적극적으로 칩의 패드를 넓은 면적으로 재배치해야 할 필요가 생겼다. 팬인은 재배치 면적이 칩 크기와 동일한 경우를 의미하며, 팬아웃은 재배치 면적이 칩 크기보다 넓은 경우를 의미한다.

물론, 패드 재배치는 패키지 기판을 사용해서 할 수도 있다. 플립 칩에서 살펴본 인텔 CPU의 패키지 기판은 칩보다 크기가 컸는데, 그 이유 중 하나가 반도체 완제품을 전자제품에 결합할 수 있을 정도로 패드를 넓게 분산시켜야 했기 때문이다. 손톱만한 CPU 칩 면적 안에 존재하는 수천 개의 패드를 컴퓨터 기판에 손상 없이 결합하는 것은 쉽지 않으니, 인텔이 패키지 기판을 사용해 CPU 칩의 패드를 넓은 면적으로 퍼뜨려 준 것이다.

팬인 패키징은 일반적으로 전공정을 거친 웨이퍼를 다이싱하지 않고 바로 재배선 공정을 시행한다. 일반적으로는 완성된 칩의 패드가 칩의 변두리 등 특정 부위에 집중되어 있을 경우, 패드를 칩 전체 면적으로 넓게 퍼뜨리기 위해 사용된다. 패키징을 거친 칩은 하부에 별도의 패키지 기판이

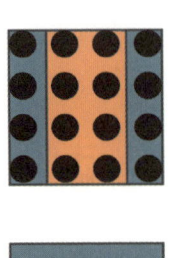  

칩 크기와   칩보다 큰
패키지 크기 동일   면적의 재배선

팬인 기술과 팬아웃 기술

없어도 전자제품에 탑재가 가능하다. 하지만 다이싱되지 않은 웨이퍼 위에 그대로 재배선층을 씌웠으니, 칩보다 더 넓은 면적으로 재배선을 할 수는 없다.

    문제는 반도체 구매자, 특히 스마트폰 제조사들이 패키지 기판이나 팬인 패키징으로는 해결하기 힘든 문제가 생겼다는 것이다. 스마트폰 사용자들이 점점 더 얇은 기기를 선호하면서, 내부 부품 또한 전반적으로 슬림화가 요구되었다. 그리고 스마트폰 AP의 성능이 향상됨에 따라 AP와 스마트폰 기판 사이 연결 개수도 과거보다 많아지게 되었다. 면적도 줄이고, 높이도 줄이면서 패키지의 연결 개수는 늘려야 하는 상황이 된 것이다.

    반도체 회사들은 스마트폰을 패키지 기판 자체를 생략해 두께를 줄이고, 기판이 하던 일의 상당 부분을 재배선층으로 옮긴 패키지를 개발해 문제를 해결하고자 했다. 기존의 '칩 – 패키지 기판 – 전자제품(스마트폰) 기판' 구조가, '칩(+재배선층) – 전자제품 기판' 형태로 바뀌는 것이다. 문제는 AP와 같은 고성능 제품은 패드 개수가 매우 많아 팬인 패키징 기술로는 점점 스마트폰 기판에 납땜하기 힘들다는 것이다. 그래서 팬 아웃 웨이퍼 레벨 패키징이 사용되게 된다.

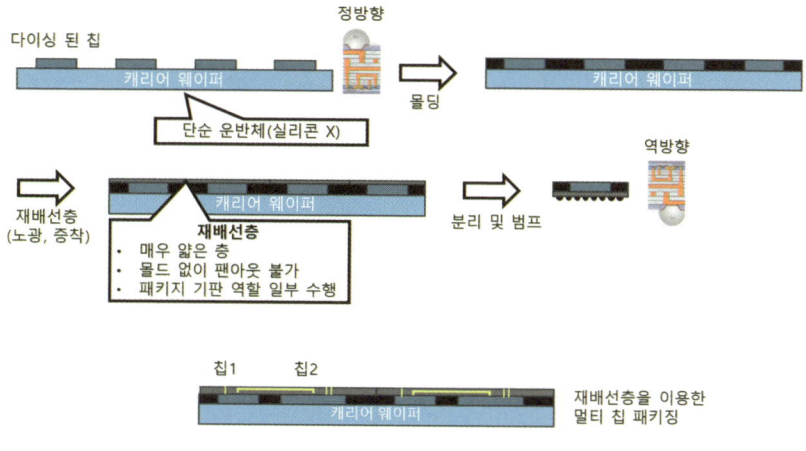

팬아웃 웨이퍼 레벨 패키징 과정(위)과 팬 아웃 패키징 기반 멀티 칩 패키징(아래)

위 그림은 팬아웃 웨이퍼 레벨 패키징 과정을 간략히 표현한 것이다. 데스크탑 CPU와는 다르게 완성된 반도체 완제품의 칩 하부에 패키지 기판이 없고, 대신 칩 재배선층에 직접 범프(볼)가 형성되어 있음을 알 수 있다. 재배선층은 얇은 막이기 때문에, 이를 이용해 팬아웃을 구현하기 위해서 각 칩을 다이싱 한 뒤 캐리어 웨이퍼에 올려놓고, 주변에 먼저 몰드를 채운 것도 알 수 있다.

여기서 팬아웃 웨이퍼 레벨 패키징의 작업 단위는 팬인의 경우와는 달리 전공정 웨이퍼가 아닌 캐리어 웨이퍼임을 알 수 있다. 재배선층을 각 칩보다 크게 만들어야 하니 다이싱한 뒤 칩 간 거리를 떨어뜨리는 작업이 필수적이다. 뿐만 아니라, 일반적으로 팬아웃을 하는 칩은 크기가 크기 때문에 수율이 낮아, 다이싱 뒤 미리 양품 칩을 골라내는 것이 비용상 유리한 측면도 있다.

이 기술의 장점은 상당하다. 패키지 기판이 생략되었으니 배선 길이가 감소하여 전력 대 성능비가 상승할 뿐만 아니라, 반도체 완제품 패키지의 두께도 줄어든다. 이렇게 제조된 팬아웃 패키지는 결국 플립 칩 형태와 비슷하게 전자제품 기판에 부착된다. 대신 패키지 기판이 없어 칩은 외부 충격에 취약해지게 된다. 하지만 이는 구매자인 스마트폰 회사가 감내할 수밖에 없다.

실제로 애플은 팬아웃 패키징을 통해 AP 위에 D램을 얹은 패키지의 두께를 1밀리미터 이하 크기로 줄이는 데 성공하기도 하였다. 사실 메모리는 와이어 본딩을 사용한 평범한 제품이므로 두께를 많이 줄일 수 없으니, AP 완제품의 기판 자체를 없앤 팬아웃 웨이퍼 레벨 패키징이 주요한 역할을 했음을 짐작할 수 있다.

당연하지만, 이 방식을 이용하면 대부분 기존 패키지 기판으로 가능한 연결을 더욱 높은 정밀도로 수행할 수 있다. 원한다면 앞에 나온 그림의 아래쪽 그림과 같이 칩 여러개를 한 재배선층 위에 결합하는 것도 가능하다. 패키지 기판으로 할 수 있던 일 대부분이 가능한 셈이다.

반도체 기술 설명에서 웨이퍼 레벨 패키징이라는 용어를 접하면, 용어가 등장한 글의 맥락을 이해하는 것이 중요하다. 2024년 시점에서 웨이퍼 레벨 패키징은 일반적으로 팬아웃 웨이퍼 레벨 패키징을 의미한다. 하지만 위에서 살펴본 팬인 패키징도 맥락에 따라서는 웨이퍼 레벨 패키징이라는 용어로 불릴 수 있다. 이런 혼동을 막기 위해서라도 기술을 조금 더 자세히 이해할 필요가 있다.

03.

다양한 패키징 예시

간단한 아이디어를 통한 큰 개선: 플립 칩과 CPU

 기술 발전으로 메모리와 CPU가 미세화되자, 둘 사이에 필요한 연결과 각 칩에 필요한 전원선의 개수도 늘어나기 시작했다. 이에 대응하기 위해 인텔은 2000년에 플립 칩 기술을 도입한 제품을 출시하였다.

 첫 제품은 펜티엄3였다. 인텔은 1,000개가 넘는 범프를 칩에 형성한 뒤, 이를 뒤집어 패키지 기판에 연결했다. 패키지 기판에는 총 370개의 핀이 있었다.* 인텔은 이 기술을 플립 칩을 사용한 핀 배열 패키징이란 의미로 FCPGA_{Flip-Chip Pin Grid Array}라고 불렀다.

---

* 칩의 범프 개수와 패키지 범프 개수가 같아야 할 이유는 없다. 패키지의 전원 배선은 칩의 범프 여러 개와 대응할 수 있다.

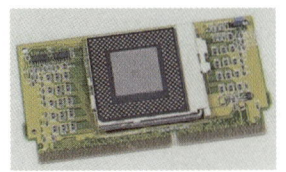  

슬롯1(왼쪽)과 FCPGA(가운데), 랜드 그리드(오른쪽)

FCPGA를 도입하기 전 인텔의 제품은 슬롯1Slot 1이라고 부르는 카드 형태의 규격을 사용하고 있었다. 이 규격은 242개의 핀을 가지고 있었으며, 길이가 12센티미터에 달할 정도로 컸다. 반면 플립 칩을 사용한 FCPGA는 정사각형 형태로, 각 변의 길이가 5cm 정도밖에 되지 않았다. 면적을 절반 이상 아끼면서도 패키지 기판의 연결 개수를 1.5배나 늘린 것이다.

인텔은 플립 칩 기술을 사용하기 위해 칩 범프 결합과 패키지 기판을 모두 연구해야 했다. 기판의 휨, 칩 범프의 언더필 문제 등으로 인한 수율 문제가 발생했기 때문이다. 이런 기술은 기존 슬롯형 CPU를 계속 사용한다면 굳이 필요가 없었지만, CPU의 발전 추세상 슬롯형 CPU는 곧 사용하기 힘들게 될 상황이었기에 이 기술을 연구해야 했던 것이다. 반면 CPU보다는 덜 복잡한 PC용 메모리는 2024년 현재까지도 DIMM이라는 슬롯 방식을 사용하고 있다. 이 역시 두 제품 사이 원가 차이와 이로 인해 양산에 사용 가능한 기술의 차이가 발생함을 보여 주는 예라 할 수 있다.

양산에 성공하자, 인텔은 플립 칩 기술을 다양한 방식으로 응용하였다. 인텔은 이런 기술을 FCxGA라고 불렀다. 패키지 기판에 핀이 있다면 FCPGA, 볼이 있다면 FCBGA라고 부르는 식이다. 이후 소켓형 CPU가 사라질 때쯤, 인텔은 플립 칩에 해당하는 FC라는 글자는 생략하고, 아예 신제품 규격을 소켓 423, 소켓 478 등으로 부르기 시작했다.

플립 칩은 2024년 현재까지도 CPU 패키징의 핵심적인 기술이다. 인텔의 2023년 CPU인 랩터 레이크-S도 플립 칩 방식을 유지하고 있다. FCPGA와의 차이는 기판 하부 연결 개수가 1,700개로 늘었다는 것과 핀 대신 랜드 그리드를 사용한다는 것이다. 플립 칩 기술 상용화는 20년 이상 미래를 바라본 선구안이었던 셈이다.

하지만 플립 칩 기술도 큰 변화를 맞이할 것이다. 전공정 금속배선 장에서 보았던 후면전력공급과 같은 기술이 상용화되어 칩 상하부 양쪽에 연결 형성이 가능해질 경우, 플립 칩 된 CPU 칩 위에 바로 다른 칩을 얹는 등 다양한 응용이 가능해지기 때문이다. 후면전력공급 시기의 CPU 패키지 내부 모습을 한 번쯤 상상해 보는 것도 나쁘지 않을 것이다.

상호작용이 큰 두 칩 결합: 멀티 칩 패키징

반도체 회사들은 때에 따라 패키지 한 개 안에 여러 칩을 넣어야 할 상황이 있다. 두 칩 사이의 상호작용이 빈번하여 물리적 거리가 성능과 전력 소모에 큰 영향을 끼치거나, 전자제품 내부의 공간을 절약해야 하는 경우이다.

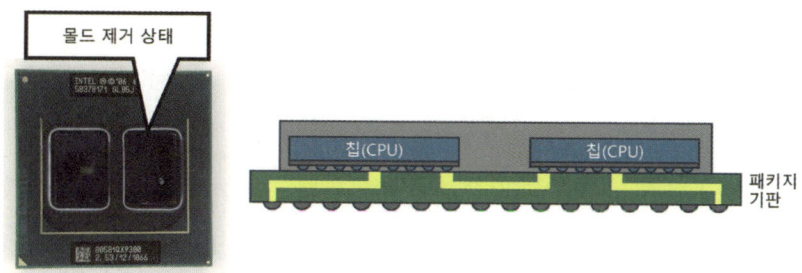

인텔의 기판 기반 멀티 칩 패키징[21]

위 그림은 전자의 예인 인텔 코어 2 쿼드 Q9300이다. 한 패키지 내부에

45나노미터 공정 기반 칩 두 개가 탑재된 제품이다. 두 칩은 플립 칩 형태로 패키지에 장착되었으며, 고속 동작하는 두 CPU 칩을 와이어 본딩으로 연결할 경우 성능과 발열 문제가 발생할 수밖에 없다. 인텔은 한 패키지 기판 위에 두 칩을 플립 칩으로 결합함으로써 두 칩의 거리도 줄이고, 칩 간 연결의 효율성도 높여 이 문제를 해결하였다.

이러한 패키징 방식은 반도체 회사의 비용 절감에 도움을 준다. 별도의 칩 설계 없이 칩 하나를 패키지 내부에 추가하여 상위 제품을 만들 수 있기 때문이다. 실제로 인텔은 패키지에 1개의 CPU 칩이 들어간 제품과 2개의 CPU 칩이 들어간 제품을 다른 제품으로 판매하였다. 물론, 칩 설계 단계에서 기반이 된 칩이 패키지 내부에서 1개만 있건, 2개가 함께 있건 동작할 수 있게 해야 한다. 하지만 이 작업은 상위 모델을 출시하기 위해 별도의 두 칩을 설계한 뒤, 따로 제조 라인을 운영하는 것보다는 훨씬 저렴하고 효율적이다.

제품을 구매한 사용자 입장에서도 나쁘지 않다. 사용자는 이 제품이 두 개의 칩으로 구성되었는지, 한 개의 칩으로 구성되었는지 고민할 필요가 별로 없다. 두 칩의 상호작용 빈도가 극단적으로 높은 일부 작업에서만 성능 저하가 발생할 뿐이어서 대다수의 사용자에게는 이 제품은 전력 대 성능비가 높은 고급 제품일 뿐이다. 또한, CPU 패키지 두 개를 별도의 소켓에 장착하는 제품보다 효율이 높고, 컴퓨터의 크기도 작게 유지할 수 있다.

2024년 현재, 멀티 칩 패키징 분야는 매우 빠르게 변화하고 있다. 모바일 분야와 같은 저전력, 공간 효율성이 중요한 시장과 인공지능과 같은 고성능 시장 모두 멀티 칩 패키징을 요구하고 있기 때문이다. 모바일 분야에서는 앞서 웨이퍼 레벨 패키징에서 보았던 재배선층 기반의 팬아웃을 이용해 멀티 칩 패키징을 구현하려는 노력을 하고 있다. 반면에 인공지능 반도체 분야에서는 수천 개에 달하는 칩 간 연결을 고효율로 달성하고, 인공지능 가속기 1개당 성능을 높이기 위해 더욱 고급 기술을 사용하기 위해 노력하고 있다.

이렇게 요구사항이 전혀 다른 두 시장에 동일한 용어가 사용되기에, 기술이 추구한 목적과 이를 위해 사용한 수단을 정확히 이해해 두어야 이후 낯선 신기술이 등장했을 때도 빠르게 이해하고 적응할 수 있다.

가격 효율이 높은 다중 칩 패키징: 와이어 본딩과 다이 스태킹

고성능 패키지 기판을 통한 멀티 칩 패키징은 빠르고 효율적이지만, 모든 반도체 제품이 사용할 수 있는 기술은 아니다. 예를 들어, 메모리 반도체는 칩 1개당 매출이 CPU 회사보다 매우 낮을 뿐만 아니라, 전자제품 한 개에 들어가는 실리콘 면적도 더욱 크다. 이미 우리는 컴퓨터 1대에 투입되는 CPU 실리콘 면적보다 메모리 실리콘 면적이 3배 가까이 크다는 것을 확인하였다. 앞에서 알아보았듯, 이런 제품에는 가격이 낮으면서도 밀도는 극대화할 수 있는 다이 스태킹 방식이 유용하다.

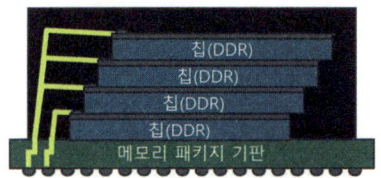 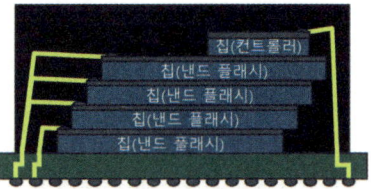

D램의 다이 스태킹(왼쪽)과 낸드 플래시 기반 저장장치의 다이 스태킹(오른쪽)

왼쪽 그림은 다이 스태킹 기반의 D램을 보여 준다. 대다수의 D램 완제품은 이러한 방식의 패키징 기술을 기반으로 제작된다. 플립이 되지 않은 칩을 수직으로 적층한 뒤, 각 칩의 패드와 패키지 기판을 와이어 본딩으로 연결하면 제품이 완성된다. 패키지 내부의 각 칩은 패드를 특정 방향으로 노출하기 위해 재배선층 작업이 이루어져 있다. 각 D램 칩에 연결된 금속 와이어는 필요에 따라서 패키지 기판과 연결되거나, 패키지 내부의 다른 D램과도 연결될 수 있다. 적층된 칩 사이에는 칩을 보호하고 발열 제어를 도와주는 접착 성분이 도포되어 있다.

다이 스태킹은 eMMC, UFS 등 낸드 플래시 기반의 영구 저장소에도 사용된다. eMMC와 UFS는 SSD의 스마트폰 버전으로 생각하면 되는데, 스마트폰 부품이다 보니 패키지의 면적을 줄이는 것이 중요하다. 이를 위해 SSD였다면 넓은 기판 위에 각자 납땜이 되었을 다양한 구성 요소들이 패키지 1개에 적층 되어 있다. 오른쪽 그림을 보면, 저장소로 동작 하는 낸드 플래시를 4개 적층한 뒤, 그 위에 eMMC 컨트롤러를 부착하였음을 알 수 있다. 그림에 표시되지는 않았지만, 컨트롤러 칩은 모든 낸드 플래시 칩과 와이어 본딩으로 직접 연결되거나, 패키지 기판 내부 배선을 통해 연결되어 있다. 물리적 연결이 없으면 컨트롤러가 낸드 플래시 칩을 제어할 수 없다.

물론, eMMC 컨트롤러가 반드시 낸드 플래시 칩 위에 있어야 할 이유는 없다. 원한다면 컨트롤러를 패키지 기판에 바로 붙일 수도 있다. 이렇게 하면 패키지의 면적은 증가하지만, 패키지 발열 제어 능력은 높아진다.

와이어 본딩과 다이 스태킹은 가장 오래된 반도체 패키징 기술이지만, 반도체 시장에서 마지막까지 살아남을 기술이기도 하다. 기술이 오래되었다는 것은 신뢰성과 안정성이 그만큼 높다는 의미이며, 구조가 단순한 만큼 제조 단가도 낮아서 면적 대비 가격이 낮은 메모리 반도체와 궁합이 특히 뛰어나기 때문이다. 컴퓨터라는 개념 자체가 사라지지 않는 한, 와이어 본딩과 다이 스태킹은 우리 주변에 언제나 존재할 것이다.

두께와의 싸움: 모바일 AP와 패키지 온 패키지

패키지 온 패키지와 재배선층에서 살펴보았듯, 많은 반도체 제품은 칩 형태가 아닌 완성된 패키지 형태로 유통된다. 완성된 패키지 두 개를 위아래로 적층하면 물리적 공간을 절약할 수 있으므로, 이를 위해 과거부터 많은 기술이 개발되어 왔다. 나아가 스마트폰이 등장하면서 물리적 공간의 가치는 더욱 커졌고, 덕분에 다양한 패키지 온 패키지 제품이 등장하게 되었다.

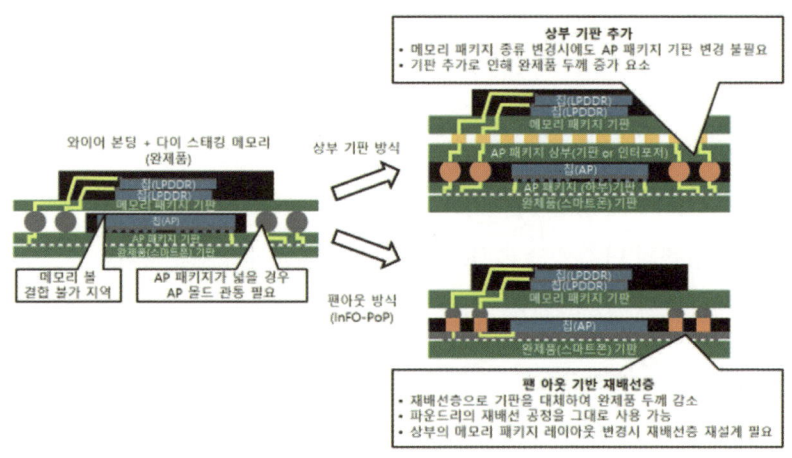

AP 패키지의 개선 방향

사실, 초기 스마트폰의 패키지 온 패키지 기술은 볼 기반 패키지 위에 또 다른 볼 기반 패키지를 올린 것에 가까웠다. 크기가 작은 전자제품은 반도체를 볼 그리드 어레이BGA를 이용해 장착하는 경우가 많다. 스마트폰 등장 이전에도 전자제품에 탑재되는 메모리 패키지에는 볼이 사용되었으며, MCU 등 소형 처리장치의 패키지에도 볼이 사용되는 경우가 많았다. 초기 패키지 온 패키지는 기존에 사용하던 기술을 그대로 위로 쌓아 사용하는 것에 가까웠다.

패키지를 두 개 적층하려면 고려해야 할 요소가 많다. 일단 AP는 하부에 위치해야 한다. 스마트폰 기판과 결합해야 할 AP의 볼 개수가 D램 패키지의 볼 개수보다 훨씬 많기 때문이다. D램은 AP의 지시를 받는 저장소일 뿐이지만, AP는 스마트폰 전체를 제어하는 제품이다. 그리고 하부의 AP 패키지 몰드는 상부의 메모리 패키지보다 작은 편이 바람직하다. AP 패키지가 크면 메모리와 AP를 연결하기 위해서 AP 패키지에 구멍을 뚫어야 하기 때문이다. 한편, 메모리 패키지는 하부의 AP 패키지로 인해 가운데 공간은 활용할 수 없어, 메모리 패키지의 볼은 패키지 주변부에 빼곡하게 붙어야만 한다.

스마트폰 제조사들의 경쟁이 치열해짐에 따라 더욱 높은 전력 대 성능비와 얇은 두께를 가진 패키징이 필요하게 되었다. 이로 인해 초기 패키지 온 패키지 방식의 단점을 극복하기 위한 다양한 방식이 제안되었다.

그중 하나가 McePMolded Core embedded Package이다. MCeP는 AP 패키지 위에 패키지 기판 하나를 추가한 방식이다. 즉, 이 패키지에는 AP 하부 기판, AP 상부 기판, 메모리 패키지 기판 총 3개의 기판이 존재한다.

이 방식을 사용하면 상부 메모리 패키지 선택에 유연성이 생긴다. 메모리 제품이 변경되어 메모리 기판의 볼 배치가 바뀌더라도 상부 기판만 교체하면 하부 기판을 그대로 사용할 수 있기 때문이다. 일반적으로 AP와 결합된 하부 기판이 더욱 복잡하기 때문에 이 방식을 사용하면 제품 유연성도 증가하고 비용도 절약할 수 있다. 상부 기판이 1개 더 있으니 메모리 패키지에 더 많은 볼을 장착할 수 있다는 것도 장점이다. AP 상부 기판을 인터포저라는 얇은 판으로 대체하는 기술도 있다. 삼성전자가 iPoPIntegrated Package-On-Package이라 부르는 기술이다. 당연하지만, 기판이 1개 더 있으니 완제품 두께가 두꺼워지는 단점이 있다.

TSMC는 InFO Integrated Fan-Out: 통합 팬아웃라고 부르는 패키징 서비스를 런칭하게 된다. InFO는 기판을 사용하지 않고 후공정에서 만드는 얇은 막인 재배선층을 사용하여 AP와 같은 칩을 패키징하는 TSMC의 웨이퍼 레벨 패키징 기술 명칭이다. 그중 스마트폰 AP를 노린 것이 InFO-PoP 기술이다. InFO 기술로 패키징된 AP 상부에 패키지 온 패키지(PoP) 방식으로 메모리를 탑재한다는 의미로 해석하면 좋다.

InFO-PoP는 AP 설계회사와 파운드리 모두에 도움이 된다. 일단 AP 패키징 과정에서 상부 기판을 제거하고 하부 기판은 재배선층으로 바꿨으니 패키지의 두께가 크게 감소한다.* 또한, 메모리 패키지와 하부 InFO 패키징 사이의 연결을 볼 대신 구리 기둥으로 대체하여 효율성을 높였다. 파운드리 입장에서는 자신들이 이미 가지고 있던 재배선 공정을 이용해 전통적인 패키징 시장을 일부 차지하는 효과가 있다. 대신, 패키지 상부의 메모리 선택에는 제약이 생긴다. 상부 메모리 패키지가 AP 재배선층에 바로 연결되므로, 메모리 패키지의 볼 배치가 달라지면, 하부 재배선층을 다시 만들어 구리 기둥이 세워질 위치를 맞춰줘야 하기 때문이다.

스마트폰 AP의 강자인 퀄컴은 MCeP 방식을 선호하고, AP를 자체 설계하는 애플은 InFO 방식을 선호한다. 아마도 두 회사의 비즈니스 모델이 결정에 영향을 끼쳤을 것이다. 퀄컴은 다양한 스마트폰 회사에 AP를 팔아야 하므로 메모리 선택의 유연성이 필요하고, 애플이 만드는 AP는 전부 자사 내부에서 사용되므로 극한의 효율성을 추구하는 것으로 이해할 수 있을 것이다.

이 두 회사는 계속해서 패키지 기술 발전을 통해 제품의 질을 높이고 있

---

* 이 과정에서 웨이퍼 레벨 패키징이 필요하다.

다. 퀄컴의 경우 상하부 기판의 두께를 지속적으로 개선하여 InFO와 큰 차이가 나지 않는 정도로 얇게 만들었으며, 애플의 경우 재배선층에 칩뿐만 아니라 다양한 수동 소자를 결합함으로써 더 높은 제품 효율을 추구하고 있다.

모바일 시장에서의 패키지 온 패키지 기술의 흐름을 살펴보면, 언젠가는 메모리 회사 역시 패키지 온 패키지 방식 개선에 동참해야 할 것임을 짐작할 수 있을 것이다. 업계는 협업이 용이한 순서대로 협업을 진행해 왔다. AP 칩과 AP 패키지는 한 파운드리에 모여 작업할 수 있으니 협업이 용이해 재배선층만으로 패키지를 만들 수 있었다. AP 패키지의 개선 작업이 상당 부분 진행된 만큼, 더 큰 개선을 위해서는 이제 메모리도 패키지가 아닌 칩 단위로 받아서 결합하고자 할 가능성이 크다. 그리고 이를 통해 메모리 패키지의 기판까지 생략할 수 있다면, 더욱 얇고 전력 대 성능비가 높은 패키지를 만들 수 있게 될 것이다. 이런 압력은 전통적 의미의 무어의 법칙과 데너드 법칙이 크게 흔들릴수록 더욱 크게 다가올 것이다. 이는 메모리 회사들이 과거보다 더욱 CPU, AP 등 메모리의 사용자들을 이해하고 개방적인 비즈니스 마인드를 가져야 함을 의미하기도 한다.

모바일 메모리의 새로운 패키징: 수직 팬아웃(VFO: Vertical wire Fan Out)과 수직 구리 기둥 스택(VCS: Vertical Cu-Post Stack)

모바일이 크게 유행하자 완제품을 소형화하고 전력 대 성능비를 높여 주는 다양한 패키징 기술이 개발되었고, 이 기술들은 AP와 같은 스마트폰용 반도체에 적극적으로 채용되었다. 앞서 살펴보았던 TSMC의 InFO는 반도체 제조 기업의 기술이 패키징에 적용될 경우 얼마나 큰 개선이 일어날 수 있는지 보여 주었다. 당연하지만, 메모리 회사 역시 반도체 제조 역량을 가지고 있으니, 이와 비슷한 패키징을 개발할 수 있다. 수직 와이어 팬아웃*과 수직 구리 기둥 스택(삼성전자)은 InFO와 비슷한 패키징 기술을 메모리 제품에 적용한 기술이다.

수직 팬아웃은 메모리 패키지 내부 와이어 본딩을 단순화하는 것이 핵심이다. 기존 다이 스태킹 패키징의 경우 패키지 내부의 칩이 윗면을 향하고 있는 반면, 수직 와이어 팬아웃 기술의 경우 칩이 아랫면을 향하고 있다. 덕분에 패키지 하부의 기판(재배선층)과 칩을 연결하는 선의 길이가 짧아지게 된다.

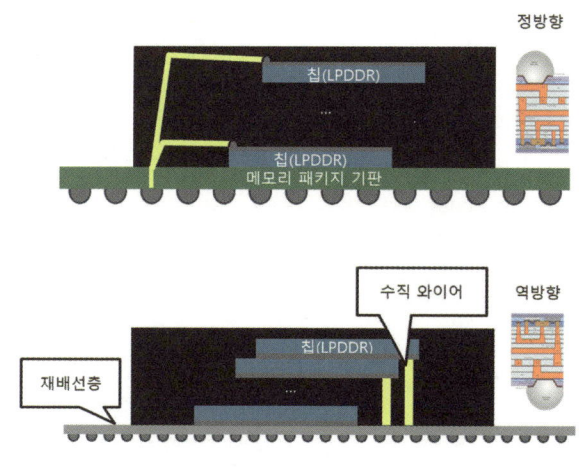

기존 와이어 본딩(위)과 팬 아웃 기술(아래)

이 방식은 기존 D램 패키지가 가지고 있던 단점을 상당수 상쇄할 수 있다. 일단, 선의 길이가 짧아져서 동일한 메모리 칩을 사용하더라도 메모리 반도체 완제품의 전력 대 성능비가 개선되는 효과가 있다. 그뿐만 아니라, 패키지 하부가 재배선층으로 변화하기 때문에 패키지 두께가 얇아지게 된다.

---

* SK Hynix, 2023

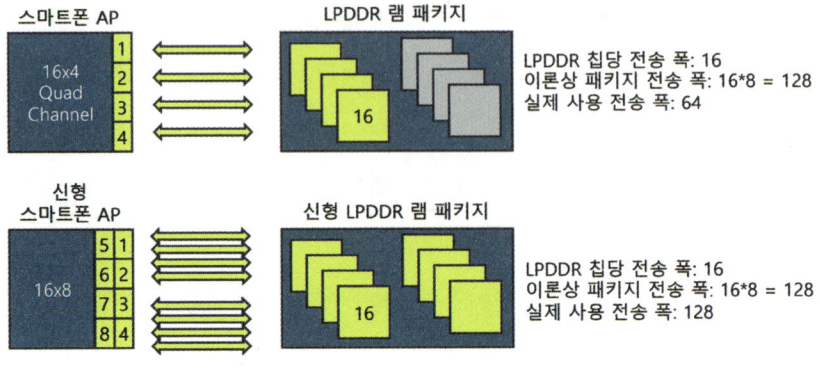

스마트폰 AP와 최대 상호작용 가능한 칩 개수

    수직 와이어 팬아웃은 메모리 회사의 전략 관점에서도 훌륭한 기술이다. 예를 들어, 2010년에는 모바일 메모리의 추가 대역폭 한계를 해결하기 위해 새로운 메모리 반도체를 설계하자는 제안이 나오기도 했다. 칩당 데이터 전송 폭을 무려 8배까지 확대한 와이드 IO_Wide-IO_ 제품이 그 예이다. 대역폭을 높이기 위해 아예 설계가 다른 칩을 만들어야 하는 것이다. 하지만 수직 와이어 팬아웃 기술이 상용화되면 D램 패키지 높이가 낮아져 더 많은 칩을 적층할 수 있고, 와이어 본딩이 간략해졌기 때문에 하부 재배선층이 더 많은 D램과 동시에 연결될 수 있게 된다. 덕분에 기술이 성숙할 경우 AP가 메모리 패키지 내부에 있는 더 많은 D램과 상호작용이 가능해져 모바일 환경에서의 대역폭을 높일 수 있게 된다. 이는 인공지능 시대에 큰 강점이 될 수 있다.

    다른 메모리 회사도 이와 비슷한 패키징 방식을 도입하려는 움직임을 보이고 있다. 삼성전자의 경우 VCS_Vertical Cu-Post Stack_라는 기술을 공개했는데, 이는 메모리와 재배선층을 구리 기둥으로 연결하는 방식이다. 즉, SK하이닉스는 가느다란 도선을 수직으로 세우는 방식을 사용하고, 삼성전자는 도선 자체를 구리 기둥으로 대체하는 것이다. 아마도 두 회사의 노하우와 기술 보유 차이가 선택에 영향을 끼쳤을 것이다. 수직 와이어 팬아웃 기술은 수직 와이어를 세운 뒤 주변에 충전재를 채운다는 면에서 기존 와이어 본딩과 유사한 반면, 수직 구리 기둥 스택은 반대로 몰드를 칩 주변에 채운 뒤 몰드에 작은 구멍을 여러 개 뚫고 그 안에 재배선층과 연결되는 구리 기둥을 세우는 방식이다. VCS는 몰드를 식각해야 하기 때문에 VFO에 비해 패키징 비용이 높고 수율이 낮을 수 있지만, 구리 기둥을 전해도금법으로 만들 수 있어 품질 높은 기둥을 촘촘하게 만들 수 있다. 아마도 삼성전자는 파운드리 사업의 패키징 노하우를 사용할 수 있기 때문에, 조금 더 복잡한 패키징을 시도해 볼 수 있을 것이라고 추정해 볼 수 있다.

수직 와이어 팬아웃이나 수직 구리 기둥 스택 기술은 아직 상용화되지 않은 기술이다. 하지만 이미 파운드리의 팬아웃 웨이퍼 레벨 패키징을 통해 어느 정도는 양산 가능성이 검증된 기술이고, 인공지능 시대 메모리 회사 전략 수립에도 장점이 많은 기술이기에 상용화 가능성은 크다고 할 수 있다.

기술의 미래는 AP 설계 회사를 설득하는 일과 발열 제어 같은 디테일에 달렸다고 할 수 있다. 현재 스마트폰 AP는 기존 메모리 패키지 구조에 맞춰 최대 4개의 LPDDR 메모리 칩과 상호작용할 수 있다. AP의 최대 대역폭을 넓히겠다는 AP 회사의 의지가 있어야 새로운 메모리 패키지의 장점이 더욱 크게 발휘될 수 있다. 이후 AP가 여러 개의 메모리 칩을 동시에 사용할 때 발생하는 발열 등을 함께 해결해 나가면, 스마트폰 인공지능 추론[*] 분야 성능이 단기간에 크게 발전할 수도 있다. 그리고 인공지능 부가가치의 일부는 메모리 회사가 얻게 될 것이다.

---

[*] 학습이 끝난 인공지능을 실제로 사용하는 상황. 학습에 비해 반도체 성능 요구치가 낮다.

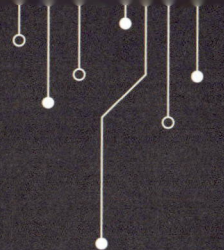

5장

바깥세상으로 나오는 전공정 : 3차원, 2.5차원 패키징

01.

전공정 기술과 함께

첨단 패키징 용어와 의미

이번 장을 시작하기 전에 앞으로 소개할 기술들이 어떤 한계를 극복하고, 어떤 방향으로 발전하고자 하는지를 먼저 제시해 두고자 한다. 물론 이는 어디까지나 개략적인 설명이고, 기술의 정확한 개선점은 더욱 복잡하고 다양할 수 있다.

현재 3차원 패키징, 2.5차원 패키징이라는 용어가 널리 사용되는데, 용어의 정의가 통일되지 않는 경우가 있어 이번 책에서 사용할 정의를 명확히 하고 시작하고자 한다. 기본적으로는 칩 위에 칩이 있고 두 칩 간 연결이 전공정에 준하는 고급 기술로 연결되었다면 3차원 패키징, 두 칩이나 패키지가 평면상에 있지만 두 칩을 연결할 때 실리콘 가공 등 고급 기술이 사용되었다면 2.5차원 패키징으로 지칭할 것이다.

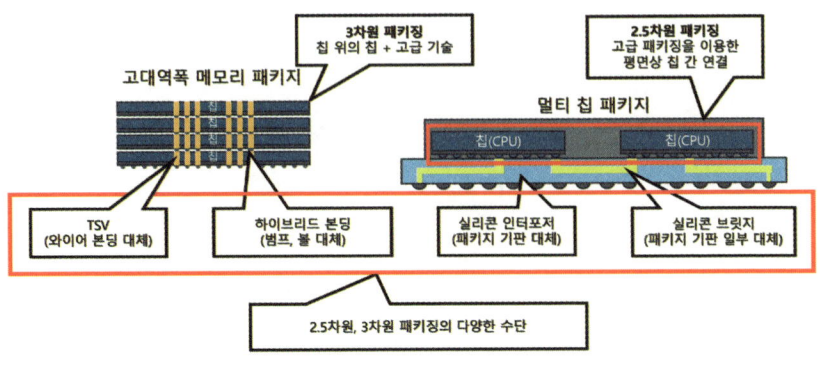

첨단 패키징이 기존 패키징에서 개선하고자 하는 부분

예를 들면, 앞서 살펴본 다이 스태킹과 와이어 본딩을 사용한 완제품 메모리는 칩과 칩이 적층되어 있지만, 이 책에서는 3차원 패키징으로 부르지 않을 것이다. 마찬가지 이유로 멀티 칩 패키징 제품인 Q9300 역시 2.5차원 패키징으로 부르지 않는다.

공정 미세화의 한계와 패키징

반도체 제조의 어려움은 패키징에 큰 변화를 일으키기 시작했다. 모바일의 유행 역시 거대한 흐름이기는 했지만, 무어의 법칙과 데너드 법칙의 둔화는 스마트폰 내부 공간을 아껴 더 큰 용량의 배터리를 탑재하는 것과는 차원이 다른, IT 기술의 미래를 결정짓는 문제이기 때문이다. 반도체 회사들은 미세화의 어려움을 반도체와 반도체 사이, 혹은 반도체와 외부 세상 사이에 기존보다 더 많은 연결선을 만드는 방식으로 해결해 보고자 하였다. 반도체 자체의 효율이 개선되지 않는다면, 칩 간 연결이라도 개선함으로써 전체 시스템의 효율을 올리고자 한 것이다. 이를 위해선 칩과 외부 세상의 경계선이라 할 수 있는 패키징 기술이 발전해야 했다. 패키징 기술이 반도체 제조의 부담을 덜어 줄 수 있는 이유는 여러 가지가 있다.

첫 번째 이유는 칩 1개 내부에 존재하는 다양한 부위가 미세화로 얻는 이득이 서로 다르기 때문이다. 예를 들면, CPU라는 단일 칩 내부에서도 연산장치(로직0) 부분은 미세화로 많은 이익을 본다. CPU의 핵심 작업 중 하나는 숫자 계산이기 때문에, 연산장치를 미세화할 경우 효율이 매우 높아진다. 반면, CPU 칩 내부 구성 요소 중 외부 칩과 통신을 담당하는 부위는 미세화를 진행해도 개선 효과가 크지 않다. 그러한 부위는 패드와 볼, 범프 등을 결합하기 위해 최소한의 물리적 크기는 보장되어야 하는 경우가 많기 때문이다. 따라서 전자의 부분만 첨단 공정을 통해 제조하고, 후자에 해당하는 부분은 한두 세대 전의 성숙 공정으로 제조하면 총 투자 비용을 절감할 수 있게 된다.

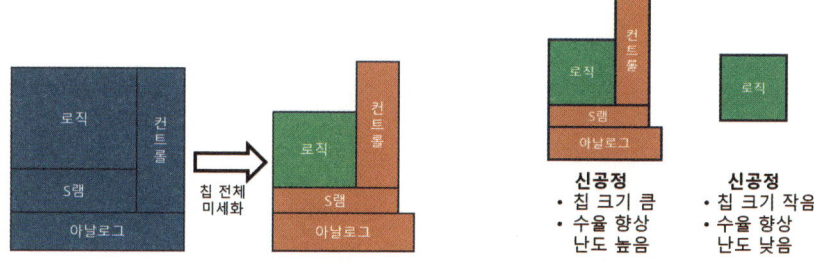

패키징과 부위별 미세화 관계(왼쪽), 수율과 패키징 관계(오른쪽)

여기서 조금 더 나아가면, 칩의 특정 부위 동작에 특화된 제조 공정을 사용하는 것도 가능하다. 개별 칩 내부에 너무 다양한 기능이 존재하면 제조 기술이 다양한 기능을 골고루 만족시켜야 하지만, 각 기능을 따로 떼어 별도의 칩으로 만들면 각 부위에 맞는 제조 기술을 사용할 수 있기 때문이다. 한 칩 내부에 저전력 특성이 중요한 부위와 고성능 특성이 중요한 부위가 함께 존재한다면, 제조 기술은 이 둘을 동시에 만족시킬 수 없다. 하지만 두 부위를 나누어 별도 제조 공정으로 생산한다면, 두 부위 모두 이익을 얻게 된다.

실제로 2024년 현재, 면적당 원가에 가장 민감한 메모리 회사들도 D램, 낸드 등 메모리 제품을 만들 때, 데이터 저장장치 부분과 입출력을 제어하기 위한 주변부 회로를 따로 제조한 뒤 패키징 기술로 결합하려는 시도를 하고 있다. 저장장치 부분은 최대한 밀도를 높일 수 있는 공정을 사용하고, 주변부 회로는 고속 동작이 가능한 공정을 채용하거나, 한 세대 전 공정을 사용해 제조한 뒤 나중에 패키징으로 합치는 것이다.

두 번째 이유는 칩 크기와 수율 사이의 관계이다. 수율은 웨이퍼 위에서 형성된 반도체 중, 양품의 비율을 의미한다. 개별 칩의 크기가 커질 경우, 주요 결함이 칩 표면에 하나라도 생기면 불량이 되는 반도체의 특성상 양품의 비율이 줄어든다. 다시 말해, 제조되는 개별 칩의 크기가 작아지면 반도체 수율은 올라간다. 만약 거대한 단일 칩을 작은 칩 여러 개로 나눈 뒤

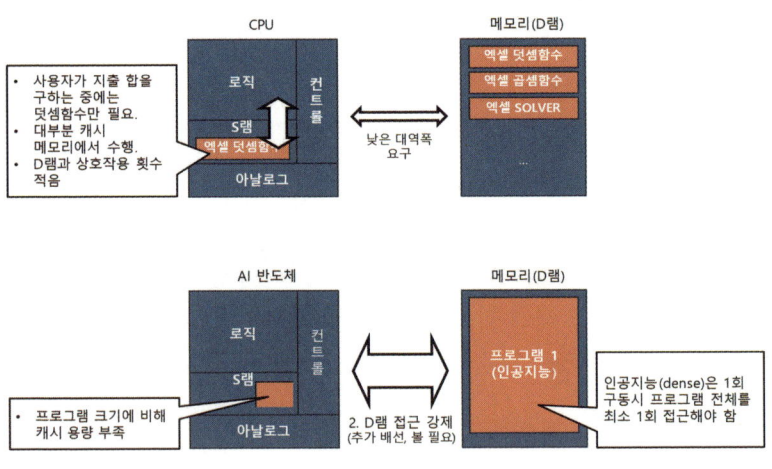

기존 프로그램의 메모리 접근 방식(위)과 인공지능의 메모리 접근 방식(아래)

패키징 기술로 결합할 수 있다면, 제조 수율도 빠르게 상승하고 최종 수율 역시 더 높아진다.

마지막 세 번째 이유는 최근 인공지능 열풍이다. 현재 인공지능을 구동하려면 매우 높은 대역폭이 필요하다. 미세화가 진행됨에 따라, 반도체가 내부에서 쓰는 에너지 비율보다 반도체가 외부의 다른 반도체와 통신할 때 들어가는 에너지의 비율이 높아지기 시작했다. 캐시 메모리 부분에서 잠깐 살펴보았지만, 기존 프로그램들은 D램에서 가져온 데이터 중 자주 사용할 데이터는 처리장치CPU가 임시 저장소인 캐시 메모리에 저장해 두고 사용함으로써 효율을 높였다.

이런 방식이 가능한 이유는, CPU에서 구동되는 프로그램은 전체 프로그램 용량이 크더라도 실제로 CPU에서 동작하고 있는 부분은 작은 경우가 많기 때문이다. 예를 들면, MS Excel 프로그램에는 수천 종류의 함수 수식이 있는데, 사용자가 수천 종류의 함수를 동시에 불러와서 사용하는 경우는 없다. 현재 사용자가 1달 동안의 지출을 합치는 업무를 수행중이라면, 수천 개 함수 중 합을 구하는 함수SUM만 메모리에 불러오면 된다. 그래서 프로그램의 용량이 커지더라도, 프로그램의 대역폭 요구량이 꼭 증가하지는 않는다. 동시에 여러 기능을 사용하지 않으면 문제가 없다. 이는 캐시 메모리와 D램이 나뉘어 발전할 수 있었던 이유이기도 하다.

하지만 인공지능은 다르다. 인공지능은 프로그램의 자체의 용량이 클 뿐만 아니라, 1회 수행 시마다 처리장치가 프로그램 전체에 접근해야 한다는 특징이 있다. 그래서 인공지능은 캐시 메모리의 효과를 크게 보지 못한다. 이로 인해 D램과 처리장치GPU 사이의 대역폭과 데이터 전송 시 에너지 효율이 그대로 드러나게 된다.

인공지능에서 대역폭의 중요성은 실제 기기를 살펴봐도 쉽게 알 수 있다. 기존의 반도체 완제품들은 많아 봐야 수백 개 정도의 선으로 연결되었다. 예를 들면, 인텔의 데스크탑용 CPU는 D램 칩 8개를 묶은 DIMM이라는 제품과 연결되어 구동되었다. DIMM의 한 종류인 DDR5 DIMM에는 총 288개의 핀이 있으며, 이 중 64개 핀이 CPU와의 데이터 연결에 사용된다.*

하지만 2022년 이후 인공지능이 크게 유행하면서 상황이 바뀐다. 인공지능용 GPU의 경우 메모리와의 상호작용이 서버용 CPU보다도 10배 이상 많다. 따라서 대역폭을 확보하려면 메모리 칩 여러 개를 패키지 1개 안에 적층한 뒤, GPU와 연결할 미세한 데이터 선을 만들고 서로 연결해야 한다. 이런 작업도 패키징의 영역이다.

물론 패키징에는 대가가 따른다. 앞서 살펴보았던 모바일 제품이 사용하는 패키징도 비용이 발생하지만, 미세화의 어려움을 극복하기 위해 사용되는 기술들은 더욱 큰 비용 문제를 발생시킨다. 큰 칩을 별도의 작은 칩으로 나눠 만들려면 각 칩에는 칩 간 통신을 위한 추가 부위가 필요한데, 이는 설계를 복잡하게 하고 제품 1개에 사용되는 웨이퍼의 총면적을 증가시킨다. 원가 절감을 위해 작은 칩을 여러 개 만들어 패키징 기술로 합치면, 정작 웨이퍼 소모량이 많아져 비용이 오를 수도 있는 셈이다.

칩 간 통신 역시 전성비를 떨어뜨린다. 인류가 가진 가장 고효율의 배선은 반도체 전공정으로 만든 수십 나노미터 굵기의 배선이다. 단일 칩은 내부 부위끼리 통신할 때 전공정으로 만든 배선을 사용한다. 하지만 칩을 쪼개 만든 뒤 패키징 기술로 결합하면, 각 부위가 패키징 기술로 만든 배선

---

* CPU는 멀티 채널이라는 방식으로 여러 DIMM과 통신할 수도 있다. 서버 컴퓨터의 경우, 2024년 인텔 그래닛 라피즈가 최대 6개의 DIMM과 통신하므로 최소 64X6 = 384개의 데이터 선이 필요함을 알 수 있다.

을 거쳐야만 통신이 가능하다. 따라서 만약 자주 통신해야 하는 부위가 각기 다른 칩에 존재한다면, 효율이 매우 나빠질 수 있다. 실제로 AMD의 최신 패키징 기술 기반 서버용 완제품 CPU인 EPYC은 데이터베이스 등 칩 외부와 상호작용이 많은 업무에서의 효율이 경쟁사 대비 떨어지는 결과가 나온 일이 있고, 인텔은 4개의 작은 칩을 첨단 패키징 기술로 결합하여 만든 CPU 제품을 야심차게 출시했으나, 전력대 성능비가 좋지 않아 차기 제품에서 칩 2개만 합치는 것으로 일보 후퇴한 일이 있다.

패키징 과정에서 최종 수율이 감소하는 것도 문제이다. 최종 제품 수율은 전공정의 수율과 패키징 과정 수율의 합으로 결정된다. 따라서 패키징 과정의 수율이 낮을 경우, 최종 제품 제조 비용은 도리어 상승할 수도 있다. 패키징 과정에서 제품이 망가질 수도 있고, 제품 간 결합을 잘 했더라도 패키지를 구성하는 다양한 부품의 열팽창률 차이, 제품 사용 중 휘어짐 등의 문제로 인해 출시 뒤에 문제가 발생할 수도 있다. 이런 문제는 칩 간 간격이 좁고 연결 밀도가 높을수록 심해진다.

반도체 산업은 비용과 효율을 중요시하는 산업이다. 모든 제조업이 원가를 중요하게 여기기는 하지만, 반도체 산업은 2년마다 절반 가까이 원가를 줄여 가며 서로 경쟁하는 살벌한 산업이다. 이런 산업에서 무어의 법칙과 데너드 법칙이 흔들려 원가 절감이 힘들어지자, 지금까지는 투자 대비 성능 개선 효과가 낮다고 생각했던 패키징 영역까지 최첨단 전공정급 기술이 적용되고 있다. 다음 장에서는 앞 장에서 살펴본 패키징 기술이 어떤 식으로 전공정 기술과 만나 개선되는지 살펴볼 것이다.

02.

3차원, 2.5차원 패키징의 주요 요소 기술

전공정 기술로 구현하는 와이어 본딩: TSV

TSV는 Through Silicon Via의 약자이다. 많은 기술 용어가 그렇듯, 이미 약자 자체가 기술에 대한 설명을 담고 있다. 비아Via는 기둥이란 의미이므로, 실리콘을 뚫고 세운 기둥으로 해석하면 될 것이다. 하지만 중요한 것은 어째서 이 기술이 2024년 반도체 회사들의 핵심 기술 중 하나가 되었는지 이해하는 것이다.

우리는 앞서 반도체 전공정의 어려움으로 인해 개별 칩의 밀도를 높이는 것이 어려워지고 있으며, 모바일의 성공으로 인해 반도체가 제품 내에서 차지하는 물리적 공간도 절약해야 하는 상황이 발생했다는 것을 알 수 있었다. 이 두 흐름이 공통적으로 가리키는 방향 중 하나가 바로 완성된 칩의 3차원 적층이다. 칩을 만든 뒤 3차원으로 쌓으면 반도체 완제품의 면적을 줄일 수 있다.

3차원 적층의 큰 적은 배선 길이다. 앞서 우리는 와이어 본딩을 살펴보았다. 간단한 기술이지만, 여러 개의 칩을 적층한 뒤 칩과 패키지를 와이어 본딩을 사용해서 연결하면 도선 길이가 길어져 전력 대 성능비 문제가 발생한다. TSV 기술은 웨이퍼를 관통하는 구리 기둥을 세움으로써 이런 문제를 해결하는 기술이다.

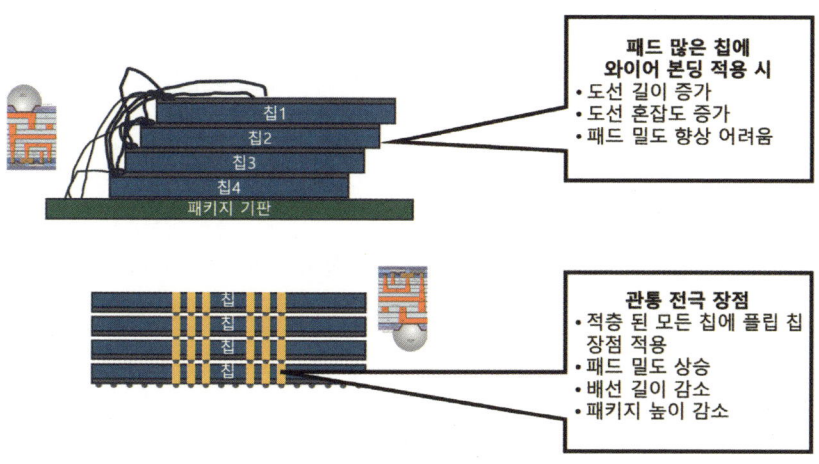

와이어 본딩 기반 다이 스태킹(위)와 TSV 기반의 다이 스태킹(아래)

TSV를 잘 이해하려면 완성된 개별 칩을 완성형 컨테이너형 공장이라고 생각하면 된다. 3차원 패키징은 컨테이너 공장을 여러 채 차곡차곡 쌓아 한 채의 고층 공장을 만드는 방식이다. 와이어 본딩은 각 공장을 연결하는 방식 중 하나로, 각 완성형 컨테이너 공장 내부의 기계를 건물 밖의 계단을 통해서 연결하는 방식이다. 이미 컨테이너 공장은 완성된 채 도착했으니, 컨테이너 공장 자체를 건드리지 않고 서로 다른 컨테이너에 있는 기계를 연결하려면 각 건물 출입구에 계단을 달아 연결하는 수밖에 없다. 문제는 공장 내에 중간재를 주고받으며 작업하는 다양한 기기가 존재할 경우다. 만약 각 컨테이너형 공장이 구조가 단순해 기기를 서로 연결하는 데 계단 1~2개 정도만 필요하다면 별문제가 없겠지만, 공장에서 처리해야 할 일이 많아 컨테이너형 공장 1개 층당 계단이 수백 개 필요하다면, 매우 비효율적일 것이다. 돌아가야 할 길도 많고, 계단 모양도 복잡해질 것이다. 컨테이너형 공장을 12층~16층까지 쌓아야 한다면, 그 번거로움은 상상을 초월할 것이다.

반면, TSV는 컨테이너형 공장을 만들 때 처음부터 공장을 위로 쌓을 것을 고려하여 컨테이너형 공장 가운데에 엘리베이터 구멍을 잔뜩 뚫어 납품하는 것이라고 생각하면 된다. 엘리베이터 구멍이 있으니, 위아래의 공장과 공장이 자재를 주고받거나, 공장 밖으로 물건을 옮기는 동선이 짧아진다. 그뿐만 아니라, 공장을 쌓고 나중에 붙이는 계단과는 달리 이미 컨테이너 공장을 만드는 시점에 엘리베이터 구멍을 뚫었으니, 나중에 만들어 붙인 계단보다 훨씬 품질도 좋을 것이다.

공장 비유에서도 짐작할 수 있듯, TSV의 이점은 매우 직관적이고 강력하다. 와이어 본딩을 사용해서 칩과 칩, 혹은 칩과 패키지 기판을 연결하면 긴 와이어를 거쳐야 칩 간 통신이 가능하지만, TSV 기술을 사용하면 실리콘 웨이퍼에 형성된 구리 기둥을 통해 신호를 전달할 수 있다. 반도체 전기도금 기술을 사용해 만든 구리 기둥은 후공정 기술로 칩 패드에 붙인 금속 와이어와는 차원이 다른 높은 품질을 가지고 있으며, 반도체 전공정 장비가 사용되므로 매우 세밀한 연결을 만드는 것도 가능하다.

더욱 중요한 것은 TSV를 사용하면 3개 층 이상의 고성능 반도체를 큰 성능 손실 없이 적층이 가능하다는 점이다. 앞서 우리는 플립 칩 기술의 장점을 살펴보았다. 플립 칩 기술을 적용하려면 칩을 뒤집어서 패키지 기판에 붙여야 하므로, 칩이 다른 칩 위에 있을 경우 위쪽 칩에는 플립 칩을 적용할 수 없다. 아래 칩이 기판과의 연결을 방해하고 있기 때문이다.

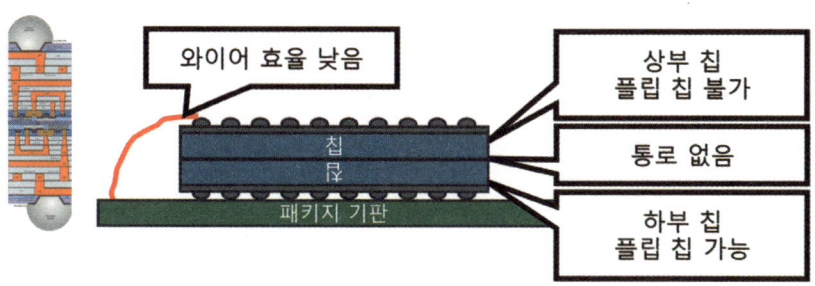

TSV가 없는 경우의 칩 적층

물론 두 번째 칩을 첫 번째 칩 위에 얹지 않고 바로 옆에 붙일 수도 있지만, 이 경우 제품 패키지의 면적이 늘고 칩 간 통신 거리가 길어지게 된다. 하지만 칩에 TSV로 구리 기둥을 만들 경우, 상부의 칩도 플립 칩 형태로 결합할 수 있다. 이 과정을 반복해 칩 여러 개를 적층할 수도 있다. 인공지능 GPU와 함께 사용하는 메모리인 HBM이 이런 방식으로 만들어진다.

물론, 단점도 있다. 가장 큰 문제는 TSV 기술의 원가이다. TSV는 식각이라는 파괴적 공정을 매우 오래 진행해야 하는 기술이다. 게다가 TSV 시행 전에 웨이퍼 뒷면을 매우 얇게 갈아 내야 한다. 이 과정에서 접착 성분을 사용하고, 뒷면을 갈아 낸 뒤 남은 잔여 물질을 제거하는 등의 공정이 추가된다. 이러한 일련의 공정은 비용과 수율에 악영향을 끼친다. 또한 TSV 과정에서 소자층 손상을 막기 위해 TSV가 적용될 부분을 설계 시점에 미리 정해 두어야 한다. 이로 인해 칩의 크기가 커지게 된다. 이런 조치를 취하더라도 공정 진행 과정에서 칩 제조 수율이 하락하는 것을 피할 수는 없다. 결국 공정 수가 늘어나면 수율은 하락한다. 그뿐만 아니라, TSV는 실리콘 웨이퍼를 직접 건드리는 공정이다. 기존 와이어 본딩은 회사 규모가 작은 패키지 전문 회사들도 쉽게 진행할 수 있지만, TSV는 클린룸과 반도체 제조 장비를 가진 회사만이 할 수 있다.

위와 같은 관점에서 보면 TSV 기술은 값비싼 웨이퍼 한가운데 '고작' 구리 기둥 심자고 웨이퍼를 낭비하고, 완제품 수율까지 낮추며 장비 투자 부담까지 늘어나게 하는 난감한 기술이다. 어찌 보면, TSV는 인공지능이 높은 대역폭을 필요로 하게 됨으로써 웨이퍼를 낭비하는 기술에서, 웨이퍼를 조금 더 써서 인공지능을 도와주는, 반도체 회사의 핵심 기술이 된 셈이다.

TSV 기술은 현재 3차원 패키징의 핵심 기술이지만, 흥미롭게도 기술 자체는 전공정으로 분류해야 할지, 후공정으로 분류해야 할지 결정하기 다소 힘들다. 이 책에서는 TSV가 최종적으로는 3차원 패키징을 위해 적용된다는 점에 중점을 둬 후공정 부분에서 소개하지만, 실제로는 구리 기둥을 접촉시켜야 할 대상이 소자층 Via first, 금속배선 Via middle, 패드 Via last 인지에 따라 TSV 자체가 수행되는 시점이 달라진다.*

TSV는 현재 고급 반도체 패키징 기술의 중요한 특징 중 하나인 공정 간 경계가 점점 모호해지고 있는 상황을 보여 주는 사례 중 하나이다. 과거의 패키징은 전공정 마지막 단계에서 형성된 패드에 각종 와이어와 기판을 붙이는 작업으로, 전공정과의 경계가 뚜렷했다. 하지만 이젠 전공정 중간 시점에 패드를 일부 형성하고, 패키징 과정에서 활용해야 하는 것이다. 앞서 살펴본 후면전력공급 기술 역시 전공정인 금속배선공정이라고도 할 수 있지만, 실제로는 후공정 영역까지 영향을 끼친다. 이런 사례를 고려하여 우리는 용어를 암기하기보다는 기술 자체의 등장 배경과 효과를 제대로 이해

---

* 칩과 칩의 연결에는 Via middle이 자주 쓰인다.

해야 한다.

볼과 범프의 최종 진화: 하이브리드 본딩

우리는 앞서 다양한 기술을 보며 반도체 산업에서 구리의 중요성을 알 수 있었다. 구리는 전기전도도가 높기 때문에 전공정에서 사용되는 대표적인 금속이다. 전기전도도는 후공정에서도 중요하므로 TIV, TSV 등 패키징 관련 기술에도 구리 기둥이 사용되고 있다. 그런데 후공정을 보면 구리를 써야 할 것 같은 부분이 또 있다. 바로 볼과 범프이다.

볼과 범프는 두 칩, 혹은 칩과 기판을 연결하기 위해 사용되는 일종의 납땜이다. 근본적으로는 서로 다른 두 제품을 물리적으로 결합하는 과정이므로 잘 붙고, 틈새에 빈틈없이 잘 차오르는 특성이 중요하다. 문제는 볼과 범프의 재료인 납과 주석은 구리보다는 전도도가 낮으며, 아무리 틈새를 잘 채워도 결국은 패드와 볼 경계면의 전도 특성은 좋지 않다는 것이다. 반도체 회사들은 이 문제를 해결하기 위해, 각각 따로 만들어진 두 칩을 마치 원래부터 하나였던 것처럼 결합할 수는 없을지 고민하였다. 그 결과 등장한 것이 하이브리드 본딩이다.

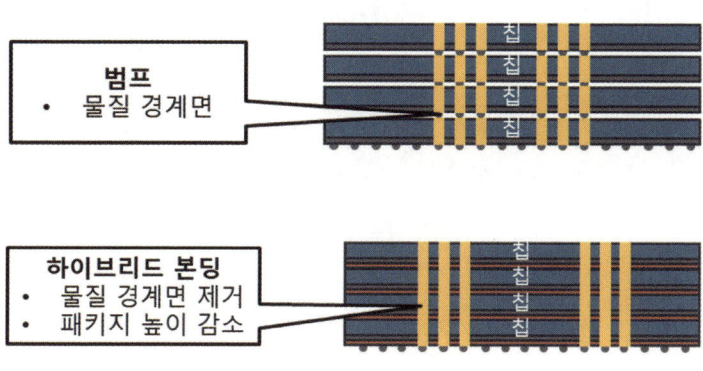

범프(위)와 하이브리드 본딩(아래)

하이브리드는 본래 잡종, 혼혈의 의미를 가진 단어이다. 두 칩을 결합하는 방법에 이런 이름이 붙은 이유는 이 기술이 종류가 다른 두 계면을 융합하기 위해 사용되는 기술이기 때문이다. 볼, 범프나 납땜을 이용하는 방법은 두 칩의 패드를 전도성 접착제로 붙이는 것에 가까운 반면, 하이브리드 본딩은 따로 제조된 두 칩의 패드를 마치 처음부터 함께 제조한 것과 비슷한 수준으로 융합하는 기술이다. 당연히 범프를 사용할 때보다 전기적 특성이 우수하다. 우리는 범프에 일부 구리를 도입하는 것만으로도 해당 부위의 전도도가 개선되는 것을 앞에서 확인했다. 두 칩이 아예 경계면 없이 완벽히 융합된다면, 전력 대 성능비가 더욱 개선되는 것이 당연하다. 범프가 사라졌으므로 패키지의 높이가 낮아지는 것도 장점이다.

하이브리드 본딩을 하려면 일단 두 칩의 표면을 처리해야 한다. 두 칩이 융합될 표면의 구리 패드를 노출시키고, 구리 패드 사이사이에 절연 물질(일반적으로 이산화규소)을 증착한다. 이렇게 얇은 표면을 생성한 이후에는 두 칩에 압력과 열을 가하여 구리 패드와 절연물질이 모두 녹아 붙게 만들면 된다.

하이브리드 본딩의 어려움

설명만 들으면 매우 쉬워 보이는 공정이지만, 하이브리드 공정에는 현실적인 어려움이 상당히 많다. 일단 기존 볼, 범프 접촉과는 달리 칩의 패드 부분을 매우 평탄하게 처리해야 한다. 지금까지는 칩 표면이 살짝 균일하지 않더라도 범프가 열에 의해 녹아 붙으며 두 칩의 패드가 결합했기 때문에 문제가 없었지만, 이제는 표면의 균일도가 낮을 경우 접합이 실패할 가능성이 크다. 접합 뒤 칩이 휘는 현상이 일어나거나, 접합된 물질 사이에 틈이 생겨나기도 한다. 스마트폰 액정과 스마트폰 액정 필름에 수천 개의 작은 그림을 그린 뒤, 스마트폰 필름을 액정 위에 기포 없이 수천 개의 그림까지 완벽히 겹치도록 붙이는 것을 생각하면 어려움을 이해하기 쉬울 것이다.

하이브리드 본딩은 반도체 회사들이 패키지의 마지막 비효율까지 없애 보려는 몸부림이기도 하다. 패키징을 포함한 반도체 산업의 많은 분야가 전공정에 준하는 정밀한 기술을 사용하기 시작했으니, 반도체 소자층에서 가장 멀리 떨어진 패드와 범프 영역까지 고난도 기술이 도입되는 것이다.

사실 이런 변화는 반도체 회사들이 이미 쉽게 얻을 수 있는 이득은 전부 취했기 때문에 일어나는 일이다. 플립 칩 기술은 칩을 뒤집어 붙인다는 아이디어 하나만으로 긴 와이어 본딩을 완전히 없애 버렸다. 하지만 이제는 아주 작은 범프 한 개의 전도도를 개선하려면, 두 물질의 계면 높이까지 통제해 융합해야 하는 상황이 된 것이다. 작은 성능 개선을 위해 필요한 노력이 과거에 비해 너무나도 크다.

기판을 대체하는 웨이퍼: 실리콘 인터포저

우리는 앞 장에서 기판의 발전을 간략히 살펴보았다. 기판이 세라믹에서 유기기판으로 발전하고, 2024년 기준 유리 재질까지 고려하게 된 이유는 칩의 패드 개수가 증가하여 패키지 기판이 더욱 세밀한 패턴을 요구하기 시작했기 때문이다. 이런 상황에 대응하기 위해, 반도체 회사들은 아예 가격 대 성능비에서 성능에 중점을 둔 궁극의 기판을 사용해 보고자 하였다.

바로 실리콘 웨이퍼이다.

웨이퍼는 일반적인 기판과는 차원이 다른 장점이 있다. 바로 반도체 전공정 기술을 사용할 수 있다는 것이다. 일반적인 패키지 기판에는 보통 수십 마이크로미터~수 밀리미터 굵기의 배선을 만들 수 있다. 하지만 반도체 전공정 기술은 천분의 일 크기 수준인 수십 나노미터 수준의 미세한 배선과 배선을 연결하는 접점을 만드는 기술이다. 이런 고급 기술을 기판 제작에도 사용할 수 있다면, 더욱 미세한 고품질의 기판 배선을 만들 수 있게 된다. 기판 배선이 미세해지면, 반도체 회사들도 더욱 작은 패드를 많이 배치할 수 있게 된다. 이는 개별 칩의 데이터 연결선 개수를 늘리는 데 도움을 준다. 이런 기술의 대표적인 예가 바로 TSMC의 CoWoS* Chip-On-Wafer-On-Substrate이다. 직역하면 '기판 위 웨이퍼 위 칩'이란 의미로, 기판 위에 웨이퍼가 있고, 그 위에 또 칩이 시루떡처럼 올라가 있다는 의미이다. 칩과 칩을 직접 쌓는 방식은 아니므로 2.5차원 패키징의 일종이라 할 수 있다.

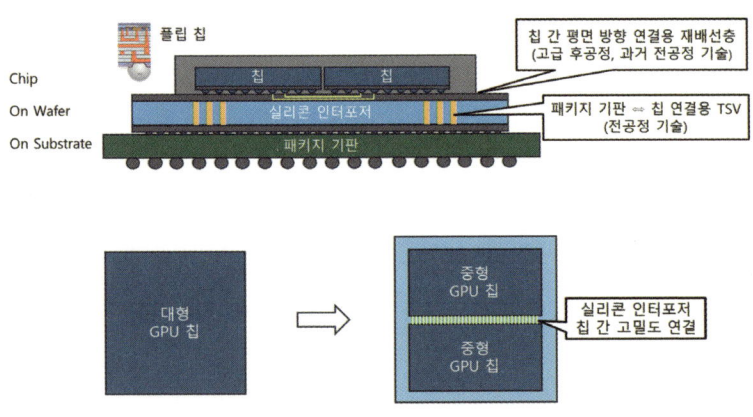

CoWoS 기술의 모식도(위)와 CoWoS 기술을 통한 칩 간 결합(아래)

---

* 이번 장에서 주로 설명하는 기술은 CoWoS 기술 중 하나인 CoWoS-S이다.

위 그림은 CoWoS 기술의 모식도이다. 모습이 앞 장에서 살펴본 멀티 칩 패키징과 비슷하다는 것을 알 수 있는데, 실제 기술 목표도 멀티 칩 패키징과 동일하다. 기존 기술과의 차이는 기판 대신 웨이퍼를 사용한다는 것이다. 기판을 공장 부지라고 하고 기판 위의 칩을 공장의 개별 시설이라고 하면, CoWoS 기술은 공장을 연결하는 미세 배관의 개수를 매우 많이 늘리기 위해 공장 부지 지하 전체를 배관 시설로 뜯어고치는 것에 가깝다고 할 수 있다. 최하부에는 여전히 패키지 기판이 위치하고 있는데, 이는 CoWoS 기반으로 만든 반도체 완제품을 가속기 본체 PCB 보드 등 전자제품에 결합하기 위해서이다.

당연하지만, 이번에도 칩은 플립 칩 형태로 붙어 있다. 칩을 뒤집지 않는 고성능 패키징은 상상하기 힘들다. 공들여 만든 웨이퍼 기반의 기판에 플립 칩을 적용하지 않는다는 것은 경부 고속도로를 자전거 전용도로로 사용하겠다는 것과 비슷하다.

기판 대신 칩을 연결하기 위해 아래에 위치하는 웨이퍼는 실리콘 인터포저interposer라고 불리며, 이 기술의 핵심이다. 참고로 인터포저는 칩과 칩을 연결하는 기능을 하는 부품을 말한다. 멀티 칩 패키징의 패키지 기판에 두 개의 칩이 결합되어 있다면, 패키지 기판이 인터포저이다.

실리콘 인터포저를 사용하면 기존 기판으로는 가능하지 않던 칩 간 고밀도 연결을 구현할 수 있다. 예를 들면, 마이크론의 HBM2E 패키지에는 GPU와의 데이터 연결과 전력 공급 등을 위한 6,303개의 패드[22]가 가로 8.2밀리미터, 세로 3.2밀리미터 공간에 밀집되어 있다. 일반 데스크탑용 CPU 패키지가 가로세로 4센티미터 정도 면적에 1,700개 정도 범프(랜드 그리드)를 가지고 있는 것과 비교하면 차원이 다른 밀도임을 알 수 있다. GPU는 이런 메모리 완제품 패키지 6~8개와 동시에 상호작용해야 하는

데, 일반적인 유기기판으로는 GPU와 HBM2E 사이 고밀도 연결을 구현할 수 없다.

실리콘 인터포저로 연결될 경우 두 칩 간 통신에 필요한 에너지도 매우 많이 줄어든다. 2019년 TSMC와 ARM의 공동 연구에 따르면[23] CoWoS를 통해 두 칩을 연결할 경우, 칩 간 데이터 전송에 필요한 전력은 데이터 1개 당 비트 0.56pJ였다. 이는 AMD가 개발한 유기기판 기반의 고성능 칩 간 연결인 인피니티 패브릭Infinity Fabric이 약 2.0pJ 정도를 소모하는 것과 비교했을 때, 3.6배 정도 높은 효율이다.

패키지의 발열 제어도 쉬워진다. 칩도 실리콘이고, 칩이 부착된 인터포저 역시 실리콘이므로 둘은 열팽창 지수 등 중요한 물리적 특성이 유사하다. 이는 팽창률 차이로 인해 제품 사이에 틈이 생기거나 결함이 발생하는 문제 등이 줄어든다는 의미다. 실제로 칩과 유기기판의 열팽창 지수 차이는 기판을 이용해 실리콘 인터포저와 비슷한 수준의 고밀도 연결을 만들 수 없는 이유 중 하나이다. 칩과 패키지 기판 사이 접점 개수를 늘리려면 각 접점의 크기가 작아져야 하는데, 칩과 기판의 열팽창 지수 차이가 크면 고온 동작 중 두 접점의 연결이 망가질 수 있기 때문이다.

고밀도 연결과 높은 전력 대 성능비 덕분에 실리콘 인터포저를 이용해 기존에는 결합하기 힘들었던 다양한 칩을 한 시스템으로 엮을 수 있게 되었다. 실제로 NVIDIA의 인공지능 가속기 B200은 HBM 8개와 GPU 칩 2개가 실리콘 인터포저 위에 결합되어 있는 형태이다. 메모리와 GPU 결합을 넘어 GPU와 같은 복잡한 칩도 두 개로 나누어 제조한 뒤, 마치 하나의 칩이 된 것과 유사하게 동작시킬 수 있음을 의미한다.

하지만 이 기술 역시 단점이 존재한다. 일단 반도체 제조 기술을 사용한다는 것이 큰 단점이다. 기존의 유기기판이 아닌, 값비싼 전공정 웨이퍼를 고작 칩과 칩을 연결하기 위해 사용해야 한다는 것은 매우 큰 부담이다. 실제로 이 방식으로 반도체 완제품을 만들면, 실리콘 인터포저의 넓이는 실제 구동하는 칩의 면적을 합친 것보다 클 수밖에 없다. 비싼 웨이퍼를 오로지 칩 간 연결을 위한 도선과 기판 대용으로 사용하고 있는 것이다. 반도체 회사들은 TSV에 필요한 조그만 웨이퍼 면적도 아까워하는데, 아예 칩 사이즈의 웨이퍼는 더 아까울 수밖에 없다.

또한, 패키징 과정에서 파운드리와의 협업이 강제된다. 실리콘 인터포저 기술은 전통적인 패키징 기술이라기보다는 반도체 제조 기술에 가까워, 웨이퍼 가공을 해 보지 않은 패키징 회사들이 다루기가 쉽지 않다. 불량 제품 수리도 어려워진다. 각 칩이 웨이퍼 위에 올라가 미세 범프로 결합되어 있어서, A/S 센터에서 고장 난 칩 1개를 떼어 내고 다시 붙인다는 것은 상상할 수도 없다. 현재 CoWoS가 완제품 1개당 수천만 원을 받을 수 있는 인공지능 GPU에 주로 적용되는 위와 같은 이유 때문일 것이다.

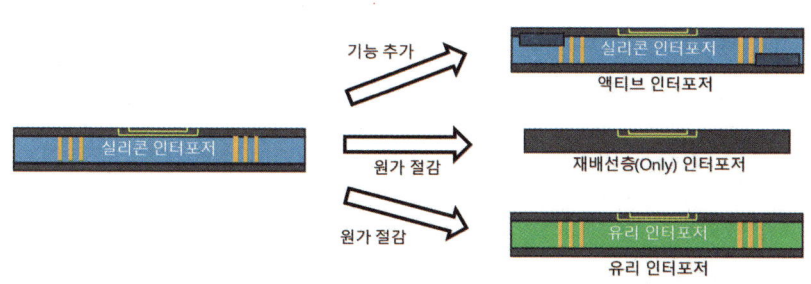

다양한 인터포저 개선 노력

이런 원가 문제로 실리콘 인터포저 기술의 단점을 극복하려는 여러 가지 시도가 이루어지고 있다. 그중 하나가 바로 액티브 인터포저Active Interposer

이다. 위에서 살펴본 TSMC의 실리콘 인터포저는 오로지 완성된 칩과 칩을 연결하는 수동적인 역할만을 하기 때문에 패시브 인터포저Passive interposer라고 불리기도 한다. 이에 반해 액티브 인터포저는 칩과 칩을 연결할 뿐만 아니라, 완제품 칩의 기능을 일부 가지고 있는 인터포저를 의미한다. 웨이퍼를 고작 칩 간 연결만을 위해 낭비하느니, 남는 공간에 입출력 기능을 추가하거나, 전력 반도체 등을 형성해 기능을 부여하자는 것이다. 완제품 칩도 웨이퍼이고, 인터포저도 웨이퍼라서 가능한 일이다. 참고로 이런 식으로 웨이퍼를 알차게 쓰려는 절감 노력은 새로운 패키징 분야에서 많이 일어나고 있다. 이 장을 읽은 뒤, 뒤에서 소개할 HBM과 PIM에 관해 읽어 보면 이런 흐름의 의미가 조금 더 명확해질 것이다.

실리콘 인터포저 자체를 대체하려는 절감 노력도 존재한다. TSMC는 2023년에 CoWoS의 다른 버전인 CoWoS-R 기술을 공개하였다. 여기서 R은 재배선층을 의미한다. 실리콘 인터포저를 생략하고 두 칩을 결합할 정도로 큰 재배선층을 형성하겠다는 의미이다. 비용과 효율을 열심히 저울질해야 하는 반도체 제조업체들의 고민이 엿보이는 기술이다. TSMC는 이 기술을 통해 밀리미터당 1,100개 이상의 도선을 만들 수 있다[24]고 밝혔다. 하지만 재배선층은 매우 얇아 물리적 지지력이 부족해서 열 안정성과 휨 방지 등 제품 신뢰도를 높이는 것이 큰 과제로 남아 있다.

흥미롭게도 본래 CoWoS는 Chip-On-Wafer-On-Substrate라는 의미인데, CoWoS-R 기술은 정작 웨이퍼w를 사용하지 않음에도 CoWoS라는 이름을 공유한다. 이는 TSMC가 CoWoS를 단순한 기술 이름에서 칩 간 결합을 책임지는 일종의 종합 솔루션 이름으로 재정의하겠다는 의미일 것이다.

실리콘 웨이퍼를 유리 웨이퍼로 대체하려는 시도도 있다. 유리의 주성분은 이산화규소로 반도체 회사들이 익숙하게 가공할 수 있는 물질일 뿐만 아니라, 전기 전도도가 낮아 배선의 누설 전류를 낮출 수 있기 때문이다. 이론상으로는 실리콘 표면에 생성하던 재배선층도 형성할 수 있다. 하지만 열팽창 지수 등 일부 물리적 특성이 실리콘과 달라서 더 많은 연구가 필요하다.

참고로 인공지능의 대성공 이후 2.1차원, 2.3차원 등 패키징 분야의 용어가 난립하고 있는데, 이런 용어들은 특정 회사가 자사의 기술력을 과시하기 위해 만들어 낸 경우가 많다. 예를 들면, 기존 패키지 기판을 이용한 칩 간 연결이 2차원이므로, 신기술인 유리 기판을 사용해 두 칩을 연결하면 2.1차원으로 명명하는 방식이다. 그러니 새로운 용어가 등장했을 때, 용어 자체를 암기하기보다는 기술의 디테일을 살펴보는 것이 매우 중요하다.

실리콘 인터포저는 최첨단 패키징 기술을 이해하는 중요한 기준점이다. 많은 양의 웨이퍼를 오로지 패키징을 위해 투입하는 고가의 패키징 기술이므로, 실리콘 인터포저의 대안 기술을 분석하고자 할 때는 해당 기술이 어떤 방식으로 실리콘 인터포저 대비 웨이퍼 사용량을 줄이고, 그 결과로 최종 제품 성능에 영향이 어떻게 나타나는지를 확인해야 한다. 이후 다음 장에 소개되는 가성비 패키징 기술을 이 관점으로 살펴보고 이해하면 많은 도움이 될 것이다.

또한, 실리콘 인터포저는 최근 파운드리와 패키징이 함께 자연 독과점이 일어나는 이유를 설명해 주는 기술이기도 하다. TSMC의 CoWoS를 사용하려면 기존 패키징 전문 회사가 아닌 파운드리의 문을 두드려야 한다. 그 뒤에는 TSMC에서 제조된 칩과 삼성전자나 SK하이닉스에서 제조된 메모리 등 다양한 회사와 조직이 만든 개별 칩들이 TSMC의 실리콘 인터포저 위에 결합되어야 한다. 각 칩은 서로 전력 소모량, 패드 개수, 면적 등이 다르다. 이로 인해 특정 회사가 실리콘 인터포저 기반의 제품을 성공적으로 출시했더라도, 다른 칩들을 실리콘 인터포저에 조합하려고 하는 회사가 패키징에 바로 성공한다는 보장은 없다. 성공률을 높이려면 파운드리부터 설계까지 매우 이른 시기에 완제품 관련 회사들이 모여 논의해야 한다. 이렇게 되면 당연히 업력이 있는, 신뢰할 수 있는 파트너를 모두 선호할 수밖에 없다.

마지막으로, CoWoS는 기술이 급변하는 시기에 우리가 왜 반도체 기술에 관한 용어의 기초에 충실해야 하는지를 보여 주는 예시이기도 하다. 많은 사람이 전공정은 칩 제조 기술이고 후공정은 칩을 패키징하는 기술로 외우고 있는데, TSV가 그러했듯 실리콘 인터포저 역시 전통적 의미의 전공정과 후공정 용어로는 정의하기 힘든 기술이다. 따라서 용어 자체를 암기하기보다는 '이제 칩 간 연결에도 전공정 기술 일부가 필요한 시대구나'라는 방식으로 접근하는 것이 바람직할 것이다.

기판과 실리콘 인터포저의 장점만: 실리콘 브리지

실리콘 인터포저와 같은 기술의 비용은 매우 높기 때문에, 이 기술의 장점만 최대한 취하려는 다양한 시도가 이어지고 있다. 대표적인 예가 바로 실리콘 브리지 기술이다. 인텔은 이 기술을 EMIB Embedded Silicon Bridge라고 부르고, TSMC는 비슷한 기술을 LSI Local Silicon Interconnect, 혹은 InFO-L* 이라고 부른다.

앞 장에서 소개한 실리콘 인터포저 기술은 결합할 칩의 총면적보다 넓은 웨이퍼를 사용해야만 패키지 구현이 가능하다. 쉽게 말하면, 면적 100짜

---

* Fan Out 패키징에 LSI를 사용한 기술을 의미한다.

리 칩 6개와 800짜리 칩 1개를 결합하려면 실리콘 인터포저의 면적이 최소 1,400(100×6 + 500)은 되어야 한다는 의미이다. 문제는 칩의 모든 패드가 고밀도 고품질일 필요는 없다는 것이다. 예를 들면, 메모리와 GPU가 데이터를 주고받는 선은 고밀도 고품질의 배선을 필요로 하지만, 메모리에 전원을 공급하는 부분은 밀도가 다소 낮아도 별문제가 없으며, 도리어 전원선의 특성상 배선이 굵은 편이 나을 수도 있다. 따라서 모든 영역에 실리콘 웨이퍼를 사용하는 것은 낭비일 수 있다. 그렇다면 미세한 배선이 필요한 기판 부위만 웨이퍼로 대체하고 나머지 부분은 기존과 같이 기판을 사용하면 비용을 절감할 수 있을 것이다. 이런 아이디어에서 출발한 것이 바로 실리콘 브리지 기술이다. 칩과 칩을 수직이 아닌 수평으로 연결하는 기술이므로 역시 2.5차원 패키징 기술로 분류할 수 있다.

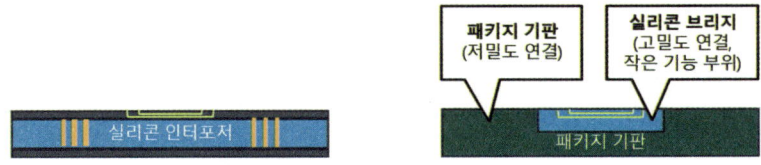

실리콘 인터포저(왼쪽)와 실리콘 브리지(오른쪽)

실리콘 브리지를 만들려면 일단 기판을 만든 다음 기판 일부분을 파내 실리콘 브리지를 끼워 넣을 공간을 만들어야 한다. 그 뒤, 웨이퍼를 가공해 실리콘 브리지를 만들고, 브리지를 기판의 빈 공간에 끼워 넣으면 된다. 마지막으로 기판+브리지 위에 개별 칩을 얹어 결합하면 패키징이 완성된다. 실리콘 인터포저가 공장 부지 지하 전체를 배관 시설로 사용하는 것이라면, 실리콘 브리지는 두 건물이 연결되는 경계부 지하만 배관 시설로 바꾸는 것이라고 생각하면 이해하기 편할 것이다.

실리콘 브리지는 실리콘 인터포저 대비 낮은 가격으로 실리콘 인터포저 기술의 장점을 상당수 취할 수 있다. 실제로 인텔은 2019년 EMIB의 에너지 효율이 비트당 0.3pJ 정도 될 것이라고 발표하였으며*, 이 기술을 적극적으로 사용한 사파이어 라피즈Sapphire Rapids라는 서버 제품을 2022년 출시하기도 하였다.

실리콘 브리지 기술 역시 효율성과 응용력을 높이기 위한 다양한 연구개발이 진행 중이다. 예를 들면, TSMC의 경우 기판에 실리콘 브리지뿐만 아니라, 간단한 기능을 가진 작은 실리콘 기반의 수동 소자를 끼우려는 연구를 진행 중이다. 데이터를 주고받는 데 사용할 실리콘 웨이퍼 조각을 기판에 끼울 수 있다면, 실리콘 기반으로 만든 다른 제품도 끼워 넣을 수 있을 것이기 때문이다. 우리는 액티브 인터포저 기술에서도 비슷한 시도를 보았고, InFO 기술에서 애플이 재배선층에 수동 소자를 결합하는 등의 시도를 했음을 보았다. 결국 한 분야에서 성공한 개선 방식은 다른 분야로 퍼져 나가 응용된다.

하지만 이 기술엔 단점도 있다. 일단 열 특성이 다른 두 물질을 물리적으로 결합시켜야 하므로 신뢰성 문제가 발생할 수 있다. 기판과 웨이퍼는 열 전도, 열팽창 특성이 서로 다르다. 이로 인해 반도체 완제품이 오랜 시간 작동, 휴식을 반복하면 기판에 끼워진 웨이퍼 접촉면에 문제가 발생해 제품에 이상이 생길 수 있다. 또한, 이 기술은 칩 설계에 어려움을 가중시킬 수 있다. 실리콘 브리지를 사용하려면, 개별 칩 설계 과정에서 실리콘 브리지

---

* 실리콘 브리지가 실리콘 인터포저 기술보다 효율이 좋다는 의미는 아니다. 각 수치는 각 회사들이 자신의 조건에 맞춰 실험한 결과이기 때문이다. 인텔 역시 자사의 실리콘 브릿지보다는 실리콘 인터포저의 효율이 더 좋다고 주장한다.

크기에 맞춰 고밀도 연결점을 만들어야 한다. 따라서 전공정에서 해당 부위에 금속배선을 집중시켜야 하며, 고밀도 연결이 집중된 부분에서 많은 열이 발생할 수 있다. 배선 효율성 증가로 반도체 완제품의 전체 에너지 소모량은 줄어들지만, 특정 부위의 열 밀도가 높아져 발열 제어는 어려워질 수 있는 셈이다.

실리콘 브리지 기술은 응용 가능성이 큰 기술이다. 작은 면적의 실리콘을 사용하므로, 인공지능 GPU와 같은 초고가 제품이 아니더라도 고밀도 연결을 구현하는 데 사용할 수 있기 때문이다. 인공지능 기술이 성공하면서 많은 제품이 고대역폭을 요구하기 시작했다. 실리콘 브리지는 서버용 GPU보다는 가격이 낮지만, 큰 대역폭이 필요한 제품에 고려해 볼만한 기술이 될 것이다.

03.

다양한 3차원 패키징 제품 예시

제조 효율 높이기: 낸드 플래시와 칩 3차원 적층

반도체에서 가장 먼저 3차원화를 진행한 것은 낸드 플래시이다. 낸드 플래시는 미세화로 인한 물리적 특성 열화가 굉장히 심했다. 어떤 동작을 해도 수명이 반영구에 가까운 D램과는 달리, 낸드 플래시는 쓰기 동작을 반복할 경우 수명이 줄어든다. 그리고 쓰기 수명은 미세화가 진행됨에 따라 계속 짧아진다. 낸드 플래시가 14나노 공정에 도달하자, 동일 위치에 쓰고 지우기를 1,500번 정도만 수행해도 낸드 플래시를 사용할 수 없을 정도*로 수명이 짧아지게 되었다.

이는 낸드 플래시의 데이터 저장 방식이 절연 물질에 강제로 전자를 가

---

* CPU는 1초에 D램을 100만 번 이상 접근할 수 있다.

두는 것이었기 때문이다. 전자를 가두고 제거하는 과정을 반복하면, 일부 전자가 절연 물질 내부에 남아 영구적으로 소자의 특성을 바꿔 버리게 되는데, 미세화가 진행되면 절연 물질도 얇아지니 수명이 짧아지게 되는 것이다.

이 문제를 해결하기 위해 반도체 회사들은 3D 낸드 플래시라는 3차원 메모리를 개발하기 시작했다. 3D 낸드 플래시는 단위 저장 소자를 웨이퍼 표면에 2차원이 아닌 3차원으로 형성하는 방식으로 만들어졌다. 이를 통해 반도체 회사들은 소자의 크기는 크게 유지하면서도 반도체의 2차원상의 밀도는 높일 수 있었다. 기존 방식이 마을에 더 작은 개인 주택(단위 소자)을 많이 지어 용량을 높이는 방식이라면, 이제는 아파트를 짓고 층수를 높이되, 각 가구의 크기는 줄이지 않음으로써 신뢰성을 유지하고 용량은 높이고자 한 것이다.

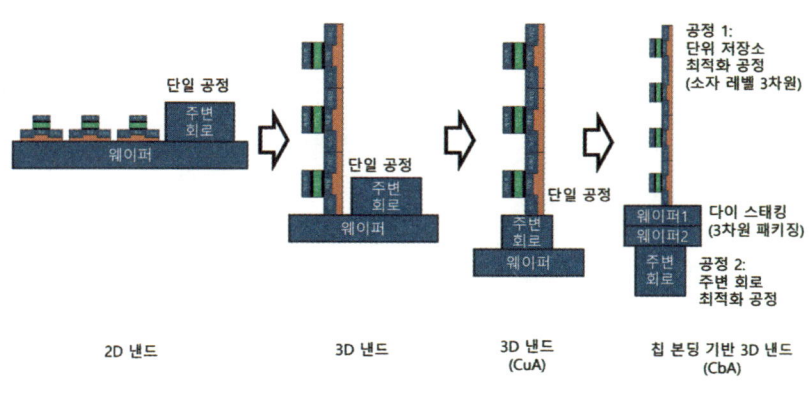

낸드 플래시의 발전과 3차원 패키징

하지만 반도체 회사들은 단순히 저장 소자를 3차원으로 쌓는 것에 만족하지 않았다. 회사들은 기존에는 저장 소자 옆에 배치되어 있던 주변 회로까지 3차원 저장 소자 아래로 옮겨 놓고자 하였다. 이는 아파트 단지의 관리사무실과 창고까지 별도의 건물이 아닌, 사람들이 사는 아파트 건물 아래층으로 옮기는 것과 비슷하다. 앞서 전공정 부분의 D램 수직 채널 트랜지스터와 비슷한 방식으로 밀도 향상을 노리는 것이다. 이 기술은 회사에 따라 다르지만, 일반적으로 CuA CMOS under Array, PUC Peripheral under Cell로 불린다. 이름에서 알 수 있듯, 소자 CMOS나 주변회로 Peripheral가 저장 소자 아래에 있다. 반도체 회사들은 이 기술을 이용해 낸드 플래시의 밀도를 대략 10~20% 정도 올릴 수 있었다.

하지만 이 기술을 채용하자 새로운 문제가 나타나기 시작했다. 낸드 밀도를 3차원 적층을 통해 상승시키기 시작했다는 것은 매해 식각을 더욱 깊게 해야 한다는 의미이다. 문제는 식각 깊이가 깊어지기 시작하면, 웨이퍼 한 장 내에 존재하는 수백억 개의 식각 구멍 깊이를 제대로 통제하기가 힘들다는 것이다. 식각이 과도하게 진행되면 저장 소자 아래에 배치한 회로가 뚫려 버리고, 식각이 약할 경우 반대로 저장 소자 부위의 구멍이 덜 파이는 문제가 생긴다. 이 문제를 해결하기 위해 공정 최적화도 많이 해야 했고, 필요한 경우 2차원상의 밀도를 약간 포기함으로써 공정의 마진을 확보해야 했다.

고객들의 고성능 요구도 문제를 일으키기 시작했다. 메모리 회사들이 사용하는 제조 공정은 고밀도 회로 구현에는 적합하지만, 고성능 회로 구현에는 적합하지 못하다. 문제는 낸드 플래시의 데이터 저장 소자는 고밀도를 원하지만, 데이터 입출력을 담당하는 주변부 회로는 고성능 소자를 원한다는 것이다. 메모리 회사들은 이 둘 사이에서 교묘한 줄타기를 함으로써 완제품을 만들어 낸다. 하지만 적층화가 진행됨에 따라, 이런 줄타기도 점점 힘들어지기 시작했다.

반도체 회사들은 이 문제를 해결하기 위해 아이디어를 떠올렸다. 웨이퍼를 두 장 사용하는 것이다. 현재는 웨이퍼 한 장을 이용해 주변부 회로를 아래에 먼저 형성한 뒤 그 위에 낸드 플래시의 저장 소자를 형성하는데, 이 둘을 별도 웨이퍼에서 진행해 보자는 아이디어다. 주변 회로와 저장 소자를 따로 제조한 뒤 패키징 기술로 결합하면, 두 기술의 장점만을 취할 수 있다는 점에 착안한 것이다. 두 웨이퍼 결합은 앞서 살펴본 범프나 하이브리드 본딩을 사용하면 될 것이다. 지금까지는 1층의 관리실을 만든 뒤 그 위에 주거 층을 동일한 공법으로 지었다면, 이제는 1층 관리실과 나머지 주거 층을 각자 최적화된 공법으로 짓고 나중에 결합하는 방식을 사용하겠다는 의미이다.

이런 방식으로 만들어진 낸드 플래시 제품은, 전공정에서 저장 소자를 3차원으로 적층해 만든 3D 낸드 플래시 칩과 주변부 회로로 구성된 칩을 3차원 패키징으로 적층한 제품이 된다.

이 방식에는 큰 장점이 있다. 3D 낸드 저장소와 주변부 회로를 별도 공정으로 제조하므로, 낸드 저장 소자 부위를 식각하다가 하부 주변회로가 식각되는 문제 등 각 부위 제조 공정의 상호작용을 걱정할 필요가 없다. 또한, 낸드 저장장치 부위에는 고밀도 중심의 공정을 적극적으로 사용하고, 주변 회로 부분에는 고성능 공정을 활용할 수 있다. 이렇게 되면 밀도와 동작 성능을 모두 잡을 수 있다.

연구개발 측면에서도 장점이 생긴다. 저장장치 설계와 주변회로 설계가 별도 제조 라인을 사용하므로 서로 독립적으로 연구개발을 할 수 있다. 원한다면 주변부 회로 칩은 2년에 한 번, 저장소는 1년에 한 번 개발하는 식으로 운영해도 큰 문제가 없다. 이렇게 되면 연구개발 속도도 빨라질 수 있다. 실제로 이러한 기술을 선제적으로 적용했던 중국 YMTC사는 2024년에 232단 낸드 플래시를 발표하였다. YMTC는 이 기술을 XTacking이라고 불렀다.

하지만 단점도 상당하다. 웨이퍼를 한 장 더 사용할 뿐만 아니라 두 칩을 접합해야 하므로, 원가가 상승하고 접합 과정에서 결함이 생겨 양품 칩 개수가 감소하는 두 가지 문제가 발목을 잡을 수 있다. 이 두 문제를 효과적으로 제어하지 못할 경우, 이런 제조 방법은 낸드 플래시 제조사의 원가 부담을 높이게 된다. 웨스턴 디지털사*는 이러한 칩 적층 기술을 $CbA_{CMOS\ bonded\ Array}$라고 부르며, 이 기술을 기반으로 자사의 8세대 218층 3D 낸드 플래시를 발표하였다. 웨스턴 디지털에 따르면, 이 제품은 2세대 전 모델인 6세대 제품과 비교** 시 밀도가 50% 높고 주변부 회로 속도는 60% 가까이 개선되었다. 큰 발전이지만, 발표를 자세히 살펴보면 웨이퍼를 두 장 사용하는 기술 적용이 얼마나 많은 변수와 복잡한 계산을 염두에 두어야 하는지 알 수 있다.

비교 대상인 6세대 낸드 플래시는 152층으로 구성되어 있으니, 이를 통해 CbA 기술 적용을 통한 밀도 상승률을 계산할 수 있다. 낸드 플래시 층수를 152층에서 218층으로 높였으니, 층수 향상으로 약 43%의 밀도를 향상시켰다고 볼 수 있다. 칩 내부에 적층을 통해 밀도가 높아지지 않는 부위가 10% 정도 된다고 가정하면, 층수 향상으로 33% 정도의 밀도를 향상시켰다고 생각할 수 있다. 그리고 실제 출시된 8세대 낸드 플래시의 밀도 향상은 50%였으므로, CbA 기술이 약 17% 정도 밀도를 향상시켰다고 대략 추정할 수 있다. 다양한 신기술을 적용한 결과로 약 20%의 밀도 향상만을

---

* 일본 낸드 플래시 회사인 키옥시아와 공정을 공유한다.
** 7세대 제품은 출시가 취소되었다.

이룬 셈이다.

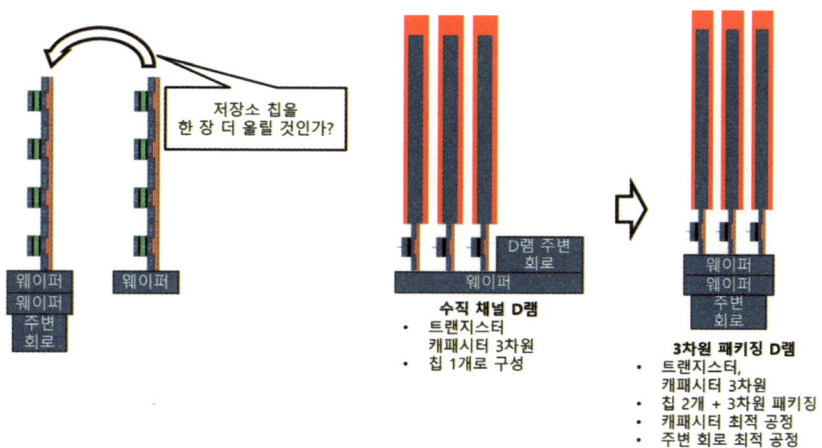

낸드 3차원 패키징의 한계(왼쪽)와 D램에서의 응용 가능성(오른쪽)

　낸드 플래시 저장장치와 주변 회로를 별도로 개발하는 방식은 반도체 회사들 앞에 닥친 연구개발 결정의 어려움을 보여 주는 또 하나의 예이다. 이와 같은 기술로 얻어낼 수 있는 밀도 향상은 1회에 한정된다. 칩을 별도 제조한 뒤 3차원 패키징을 하여 올해 칩 밀도가 20% 향상되었다면 그것으로 끝이다. 이 기술은 지속해서 매해 20% 밀도를 향상시키는 데 도움이 될 수 없다. 물론 저장소 칩 여러 개를 계속 적층해 반도체 패키지당 용량은 높일 수 있지만, 원가 절감 효과는 크지 않을 것이다. 기술을 계속 적용하기 위해서는 제조 원가와 시장 상황을 계속 예의주시 해야 한다는 의미이다.

　물론 추가 비용을 내고서라도 패키지 면적당 높은 저장 용량을 확보하려는 고객이 있긴 하겠지만, 반대로 모바일 시장에는 지금의 낸드 플래시 용량이 충분하다고 느끼는 사용자도 존재한다는 것을 기억해야 한다.

이 기술은 이미 대다수의 제조사가 연구개발 중이다. 아마 수년 뒤에는 거의 모든 낸드 제조사가 성능이 중요한 고부가가치 제품 영역에 웨이퍼를 두 장 붙인 낸드 플래시 메모리를 판매하게 될 것이다. 우리가 모르게 고급 패키징 기반의 메모리 반도체가 우리 손안에 들어와 있을지도 모른다는 의미이다.

응용력이 좋은 독자라면, 이와 같은 방법을 D램에도 적용할 수 있다는 것을 눈치챘을 것이다. 우리가 전공정 부분에서 이미 살펴본 수직 채널 트랜지스터는 이번 장에서 살펴본 낸드 플래시의 CuA, PUC와 유사한 점이 많다. 따라서 D램이 다음에 사용할 기술도 낸드 플래시가 사용한 것과 비슷할 것으로 예상할 수 있다. 물론, D램은 낸드보다 금속배선 수가 훨씬 더 많아서 패키징 난도 역시 매우 높다. 핵심은 이렇게 높은 패키징 난도를 감내해야 할 만큼 D램의 미세화가 어려워질 것인가 하는 점이다. 아마도 차기 노광, 식각 등이 한계에 부딪치면 D램도 비슷한 고민을 하게 될 것이다.

패키징을 통한 신규 제품: AMD의 3D V-Cache

2022년 4월, AMD에서 새로운 CPU 완제품을 출시했다. 라이젠 7 5800×3D라는 제품이다. 라이젠은 AMD의 CPU 브랜드명으로, 본래는 가격대에 따라 라이젠 3, 5, 7 등으로 등급이 나뉜다. 예를 들면, 라이젠 7 제품 중 5800X는 가격이 400달러에 달하는 데스크탑용 고성능 CPU이다. 라이젠 7 5800X3D는 위 제품의 파생 제품으로, 라이젠 7 5800X3D CPU 칩 위에 별도 제조된 캐시 메모리 칩을 3차원 패키징으로 결합한 제품이다.

이런 제품이 등장한 이유는 CPU 회사가 겪는 몇몇 어려움을 패키징으로 해결할 수 있기 때문이다. CPU 회사들은 캐시 메모리가 최첨단 미세공정을 사용해도 미세화가 잘되지 않는다는 문제와 캐시 메모리를 늘리더라

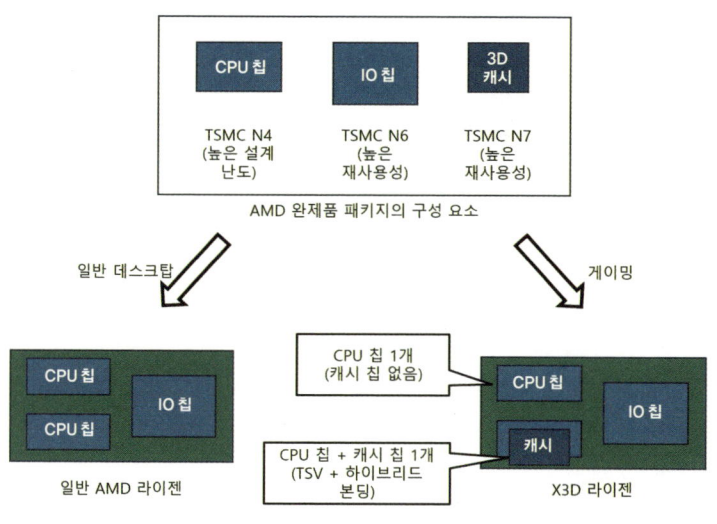

AMD의 고급 패키징 기반 제품 전략. 일반 모델(왼쪽)과 X3D모델(오른쪽)

도 모든 종류의 프로그램에서 성능 향상을 얻을 수 없다는 두 가지 문제를 겪고 있다.

우리는 이미 설계와 미세화 부분에서 캐시 메모리가 무엇인지 알아보았다. 캐시 메모리는 메모리와 CPU, GPU 사이의 성능 격차를 메꿔 주기 위해 존재하는 고성능 저용량 메모리이다. 고성능을 요구하므로 CPU, GPU를 만드는 로직 공정으로 제조되며, 데이터 저장이 목적이므로 유사한 패턴이 웨이퍼 위에 반복된다는 특징이 있다. 문제는 최근 파운드리가 캐시 메모리의 밀도를 향상시키지 못하고 있다는 것이다. 우리는 앞에서 이미 TSMC 3나노 공정이 캐시 메모리의 단위 소자인 S램은 10%밖에 미세화하지 못했음을 확인했다. 이는 S램을 대량 채용해야 하는 고성능 칩의 제조 비용은 최첨단 3나노 공정을 사용해도 기존만큼 절감되지는 않는다는 의미이다.

높은 제조 비용을 감내하고 CPU 칩의 캐시 메모리 면적을 넓혀도 문제가 남는다. 캐시 메모리는 용량을 늘리면 접근 속도가 느려진다. 이는 캐시 메모리가 일종의 임시 저장장치여서 일어나는 일이다. CPU가 캐시 메모리를 제대로 사용하려면 캐시 메모리 안에 원하는 데이터가 있는지 먼저 탐색을 해야 하는데, 캐시 메모리가 클수록 탐색 시간이 길어질 수밖에 없다. 그래서 CPU에 부착된 캐시 메모리 사이즈가 커지면, 용량이 작은 프로그램 구동 성능이 감소한다*. 이 상황에 캐시 메모리가 추가 전력을 소모하므로, 효율이 낮아지는 부작용이 생길 수 있다. 원가를 높여 대응했음에도 일부 프로그램에서 성능이 떨어지는 손해가 발생하는 것이다.

AMD는 이 문제를 패키징 기술을 이용해 해결하였다. 기존 CPU 제품은 한 칩에 CPU 연산부와 캐시 메모리가 전부 결합되어 있는데, 이를 바꿔 'CPU와 캐시 메모리가 있는 칩'과 '캐시 메모리 확장용 칩(3D 캐시)'을 별도로 제조하는 것이다. 이는 큰 연료통을 가진 비행기를 만드는 대신 탈착 가능한 보조 연료통을 가진 비행기를 만드는 것과 같다. 비행기는 보조 연료통이 없어도 비행할 수 있지만, 보조 연료통을 부착하면 더 먼 거리를 날아갈 수 있게 된다. 이 방식에는 여러 가지 장점이 있다.

일단, 이 방식을 사용하면 제조 원가를 효율적으로 낮출 수 있다. 캐시 메모리가 미세화가 잘되지 않는다는 것은, 캐시 메모리 확장용 칩은 전 세대 성숙한 미세공정으로 만들어도 밀도 차이가 크게 나지 않는다는 의미이다. 당연히 동일한 용량의 캐시 메모리를 탑재할 경우, CPU 칩과 캐시 메모리 칩을 분리 제조하는 방식이 더 낮은 가격으로 캐시 메모리 용량을 늘릴 수 있다.

---

* 엄밀하게는 Compute intense한 프로그램이 느려지게 된다.

적은 설계 인력으로 제품 개수를 늘릴 수 있는 것 역시 장점이다. 기존의 CPU 개발 방식이라면, 캐시 메모리 용량이 큰 버전의 CPU와 용량이 작은 버전의 CPU는 따로 설계해서 별도의 포토마스크를 기반으로 제조되어야 한다. 하지만 AMD의 방식을 사용하면 단 1개의 CPU 설계로 캐시 메모리가 많은 제품과 적은 제품을 모두 대응할 수 있다. 캐시가 결합되지 않은 CPU 칩은 일반 제품용으로 팔고, 큰 용량의 캐시 메모리를 필요로 하는 고객에게는 CPU 칩과 캐시 메모리 칩을 결합한 제품을 파는 것이다. 물론 이를 위해서는 캐시 메모리 칩도 설계해야 하지만, 두 종류의 다른 CPU 칩을 설계하는 것보다는 부담이 적다.

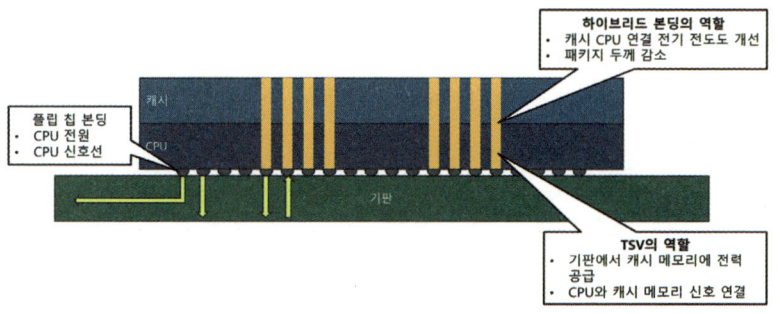

하이브리드 본딩과 TSV의 역할

물론 이런 패키징을 사용하려면 다양한 신기술이 필요하다. 캐시 메모리는 CPU의 핵심 부위이므로, CPU 칩과 별도 생산된 캐시 메모리 칩을 연결하는 데 매우 많은 고품질 배선이 필요하다. AMD에 따르면 3D 캐시 칩의 크기는 40제곱밀리미터로 가로세로 약 6.5밀리미터밖에 되지 않을 정도로 작지만, CPU 칩과 8,192개의 촘촘한 배선으로 연결되어야 동작한다. AMD는 두 칩을 결합하기 위해 TSV 기술과 하이브리드 본딩을 적극적으로 활용했다. CPU 칩은 패키지 기판 위에 플립 칩 형태로 장착되므로,

TSV를 통해 CPU 칩에 구멍을 뚫지 않으면 캐시 메모리 칩과 CPU 패드를 연결할 수가 없다. 위에서 살펴본 8,192의 배선은 TSV를 통해 만들어진 것이다. 또한, 캐시 메모리의 빠른 동작 속도를 고려하여 CPU의 TSV 부위와 캐시 메모리 칩을 하이브리드 본딩을 통해 꼼꼼히 결합해야 했다. 캐시 메모리는 CPU와 상호작용이 많은 회로이므로, 범프에서의 전력 소실조차 피하고자 했던 것이다.

AMD의 3D 캐시 제품은 작은 패키징 아이디어 하나가 비즈니스 전략에 얼마나 큰 영향을 줄 수 있는지를 보여 주는 대표적인 사례이다. CPU 칩과 캐시 메모리 칩을 별도 패키징으로 결합할 수 있도록 설계함으로써, AMD는 제조 비용을 절약했을 뿐만 아니라 단일한 설계만으로 두 종류의 다른 시장에 판매할 수 있는 제품을 손쉽게 출시할 수 있었다. 이는 후공정 기술이 제품 전략 전체에 큰 영향을 끼칠 수 있음을 알려 주는 중요한 예이다.

또한, 반도체 제조가 어려워지는 현 상황에서 설계부터 패키징까지의 방향을 회사가 미리 정하는 것이 얼마나 중요한지를 보여 주는 예이기도 하다. 가령, TSV는 전공정 입장에서는 매우 큰 충격을 가하는 파괴적인 기술이다. 따라서 TSV 기술을 사용하려면 CPU 설계 극히 초반에 TSV 공정이 적용될 부분 주변에 안전지대를 만들어야 한다. 또한, 제품을 설계할 때도 TSV가 적용된 CPU 칩이 3D 캐시 칩이 있을 때와 없을 때 어떤 방식으로 동작해야 하는지 미리 결정해야 한다. AMD는 3D 캐시 칩을 부착하지 않아도 CPU 칩이 동작할 수 있게 설계했지만, 필요하다면 3D 캐시 칩이 없으면 아예 동작하지 않지만 면적은 더 작은 CPU 칩을 설계할 수도 있다. 전자는 제품 다양성이 높아지는 장점이 있고, 후자는 CPU 칩 크기를 더욱 줄일 수 있어 수율을 관리하는 데 유리하다.

한편, 3D 캐시에 적용된 하이브리드 본딩을 살펴보면 여기에도 역시 전공정에서 사용된 기술이 일부 응용되었음을 알 수 있다. 예를 들어, 원래 CPU 연산부와 캐시 메모리는 같은 칩 내부에서 전공정 기술로 직접 연결되어야 최고의 효율을 발휘한다. TSV와 하이브리드 본딩은 이 둘을 분리된 칩으로 제조했을 때 발생할 효율 감소를 최소화하기 위해 사용된 것이다. 후공정 영역에서 전공정에 가까운 효율을 내야 하는 상황이니, 전공정에 가까운 기술이 적용되는 셈이다.

공간 절약과 고밀도 연결을 위한 연결: HBM

사실 HBM은 단일한 패키징 기술 이름이 아닌, LPDDR, GDDR과 비슷한 기술 표준의 이름이므로 패키징 기술로 다루기에는 다소 어색하다. 하지만 HBM은 2024년 현재 가장 관심을 불러일으키는 제품일 뿐만 아니라, 제조의 어려움을 이겨내기 위한 다양한 패키징 기술을 사용한 제품이다. 따라서 HBM을 이해하면 현재 반도체 제조가 겪는 어려움을 이해하는 데 많은 도움이 될 것이다.

우리는 이미 전공정 부분에서 대역폭을 늘리는 방법을 살펴보았다. 핵심은 메모리의 데이터 선 개수를 늘려 CPU, GPU 등의 칩에 더 많은 데이터를 병렬로 보내는 것이다. HBM은 이를 극한으로 밀어붙이기 위해 제조, 설계, 패키징 기술을 총동원한 제품이다.

HBM은 코어 다이라고 불리는 HBM 전용으로 개발된 D램 칩을 여러 개(4~16개) 적층하고, 적층된 D램 칩을 제어하는 칩인 베이스 다이를 맨 아래에 둔 적층형 반도체이다. 구조로 보면 1층에 관리실이 있는 아파트와 유사하다고 할 수 있지만, 일반 아파트에 그대로 비유하기엔 여러 가지 차이점이 존재한다. 제조 기술 관점에서는 아파트 각 층과 관리실을 따로 건설한 뒤 나중에 결합한다는 차이가 있고, 구조 관점에서는 일반 아파트와

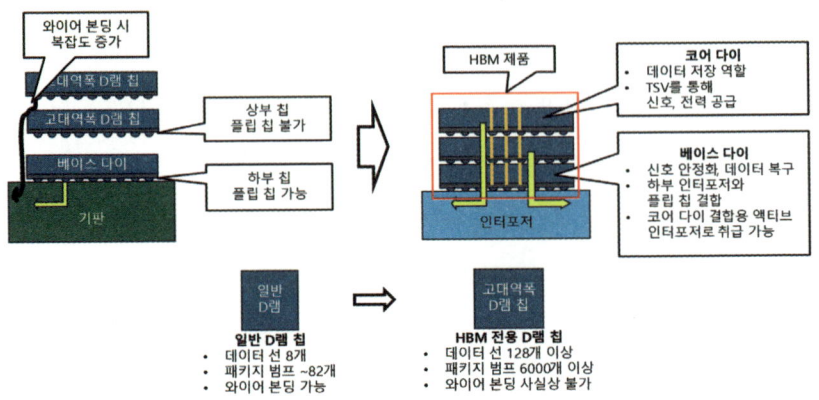

HBM에서의 패키징의 역할

달리 각 층의 가구가 1층으로 나가는 전용 엘리베이터를 사용하되, 반드시 1층 관리실을 통제를 받아 나가야 한다는 차이가 있다.

HBM에 TSV 등 고급 패키징 기술이 필요한 이유는 플립 칩 기술로는 2개가 넘는 칩을 적층할 수 없기 때문이다. 위 그림은 HBM을 TSV 없이 만들고자 할 때 생기는 문제를 보여 준다. 첫 번째 칩은 플립 칩을 이용하면 쉽게 기판과 결합할 수 있지만, 그 위의 칩들은 연결할 방법이 마땅치 않다. 적층하고자 하는 D램 칩이 HBM용이 아닌 일반 D램 칩이라면 와이어 본딩을 사용할 수 있지만, HBM용 D램 칩은 각 칩에 패드가 너무 많다. HBM을 와이어 본딩 기반으로 만들려고 할 경우, 패키지 내부에는 수천 개의 금 와이어가 들어가야 할 것이다. 그뿐만 아니라 와이어 본딩을 위해서는 설계 단계에서 수백 개의 패드를 칩 주변으로 옮겨야 한다. 이 역시 쉽지 않은 일이다.

TSV는 이 문제를 해결하기 위해 사용된다. TSV를 사용하면 D램 칩이 하부의 베이스 다이와 훨씬 짧은 경로로 통신할 수 있다. 뿐만 아니라, 와이어 본딩을 사용할 경우 반드시 납땜을 해야 하기 때문에 패드 사이즈를 특정 크기 이하로 줄일 수 없지만, TSV를 사용할 경우 더욱 촘촘하게 패드를 형성할 수 있게 된다. 이는 데이터 선 개수가 많은 HBM 전용 D램 칩에는 매우 큰 장점이다.

하지만 이로 인해 HBM용 D램 칩 면적의 상당 부분은 다른 칩에 데이터와 전력을 공급하는 통로로 사용되고, 이는 HBM의 원가를 높인다. 아파트 모든 층에 전용 엘리베이터를 설치하면 아파트 면적의 상당 부분이 엘리베이터 공간으로 낭비될 수밖에 없는 것과 같다. TSV 공정이 완료되고 나면 TSV로 생성된 구리 기둥 끝에 범프를 부착하며, 칩 적층 과정에서 위쪽 칩은 범프를 통해 아래에 있는 칩의 TSV와 연결된다.

인공지능 열풍으로 HBM 수요가 폭증함과 동시에 성능과 용량 요구치가 상승하자, HBM에 TSV 이외의 첨단 패키징 기술을 적용해야 할 필요성이 생겼다. 하이브리드 본딩이 대표적인 예이다. 시장 요구를 맞추기 위해서는 16개 이상의 D램 칩을 적층해야 하는데, 이로 인해 패키지의 높이가 매우 높아질 뿐만 아니라 식각과 증착을 통해 만든 TSV 구리배선이 각 층의 범프로 인해 제 능력을 발휘하지 못하게 되기 때문이다. 이미 AMD가 3D 캐시에서 해낸 기술이니 메모리 회사들도 쉽게 해낼 수 있을 것이라 생각할 수도 있지만, 칩 2개를 적층하는 것과 16개 이상을 적층하는 것은 기술 난이도와 비용에 큰 차이가 있을 수 있다.

HBM의 유행은 반도체 회사들의 고민이 전혀 예상치 못한 곳에서 해결될 수 있음을 보여 주는 사례이다. HBM의 개념 자체는 2010년 초반에 등장했지만, 당시에는 이를 통해 얻을 수 있는 부가가치가 높지 않았다. 제조사 원가는 높아지는데, 사용자의 부가가치는 애매한 물건이었던 셈이다. 흥미롭게도 이 딜레마는 반도체 회사 자신이 아닌, 인공지능을 연구하던

IT 회사들이 해결해 주었다. 가격에 비해 성능이 높지 않았던 HBM은 인공지능 덕분에 가격 대비 성능이 뛰어난 반도체가 되었다.

대역폭의 중요성을 전 세계가 깨닫자, 반도체 회사들은 HBF_{High-bandwidth Flash}라는 제품을 제안하기 시작했다. 낸드 플래시 메모리를 HBM과 비슷하게 적층해 대역폭을 더 높이겠다는 의미이다. HBF의 근간이 되는 플래시 메모리는 단위 소자는 HBM에 사용되는 D램에 비해 면적당 밀도가 매우 높은 대신, 소자의 반응속도는 매우 느리다. 당연히 최종 제품인 HBF 역시 HBM에 비해 용량은 크고 반응속도는 느린 제품이 될 것이다. 이 제품의 미래 역시 IT 회사들에게 달렸다. 만약 인공지능의 용량 증가량이 대역폭 요구치 증가량보다 커지는 (sparse model의 대유행 등) 상황이라면 고객들은 추론용 기기로 HBF를 찾게 될 것이다. 인공지능 추론은 예측 가능한 읽기 작업이 위주이기 때문에 플래시 메모리의 단점인 느린 반응 속도가 잘 드러나지 않기 때문이다.

물론, 이 HBF가 대유행한다고 해서 기존 HBM이 자리를 잃는 것은 아니다. 여전히 인공지능 학습은 용량 대비 높은 대역폭을 요구할 뿐만 아니라, 개별 소자의 빠른 반응 속도를 필요로 하기 때문이다. 이처럼, 반도체 분야의 변화를 제대로 이해하기 위해선 IT 소프트웨어 분야의 예상되는 변화와 그 효과를 함께 이해할 수 있어야 한다.

액티브 인터포저 + 패키징 종합세트: 레이크필드

인텔은 2020년에 레이크필드_{Lakefield}라는 저전력 CPU를 출시하였다. 이 제품은 실리콘 인터포저 기술 중, 액티브 인터포저를 적극적으로 사용한 제품이다. 레이크필드 반도체 완제품 패키지에는 메모리 패키지, 컴퓨트 다이*_{Compute die}, 베이스 다이_{Base die} 총 3종류의 칩이 들어가 있다.

최상부의 메모리 패키지는 당연히 메모리 회사가 제조하였다. 그 아래에는 컴퓨트 다이가 있는데, 이 칩은 CPU와 GPU 등이 배치된, 제품의 핵심 부위로 당시 기준 인텔의 최신 공정인 10나노미터 공정을 이용해 만들어졌다. 그리고 최하단에는 인텔의 22나노미터 공정으로 제조한 베이스 다이가 있는데, 이 칩이 액티브 인터포저 역할을 한다. 베이스 다이에는 본래는 CPU 칩의 일부였지만, 첨단 미세공정을 적용해도 면적이 잘 줄어들지 않는 부위인 입출력부 등이 포함되어 있다. 또한 액티브 인터포저는 이름답게 메모리와 컴퓨트 다이 사이의 연결도 담당한다.

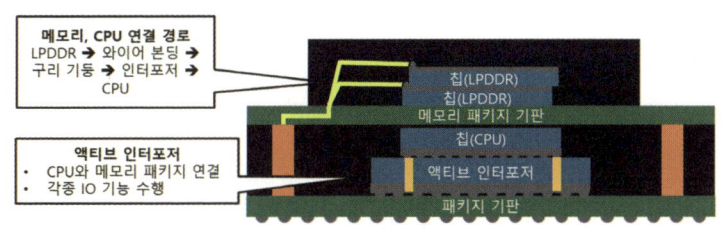

레이크필드의 구조

레이크필드에는 패키지 온 패키지 기술과 웨이퍼 기반 패키징 기술이 전부 다 사용되었다. 패키지 최상단에는 메모리가 위치하고 있는데, 메모리 패키지는 완제품으로 공급되며 AP 제품의 패키지 온 패키지와 유사한 방식으로 CPU 패키지 위에 올라가 있을 뿐이다.

메모리 패키지 아래에는 컴퓨트 다이와 베이스 다이가 적층되어 있다.

---

* 인텔은 타일, 다이, 칩 등 다양한 표현을 쓴다. 레이크필드의 개별 칩은 다이라는 명칭을 사용한다. 반면, 2023년 메테오 레이크의 분할 칩은 타일로 불린다.

사실상 스마트폰에 사용하는 AP를 두 개 칩으로 나눠 제조한 뒤, 수직으로 적층한 형태라고 할 수 있다. 이 둘은 상호작용이 빈번하기 때문에 플립 칩 형태로 결합되어 있다. 인텔에 따르면 이 범프의 크기는 50마이크로미터로, 1밀리미터 길이 안에 이 범프를 20개나 배치할 수 있을 정도로 작다. 또한 베이스 다이에는 컴퓨트 다이에 전원을 공급하기 위한 TSV 공간도 마련되어 있다. 컴퓨트 다이가 베이스 다이 위에 있어서, 패키지 기판으로부터 직접 전원을 받을 수 없기 때문이다.

메모리 패키지와 패키지 기판은 구리 기둥으로 연결된다. 이는 TSMC의 TIV와 비슷한 기술로, 윗면에 있는 메모리 패키지를 물리적으로 지지함과 동시에, 메모리 패키지와 컴퓨트 다이 간 통신과 메모리 패키지에 전원 공급을 담당한다.

혹자는 이 패키지의 구조에 많은 의문이 생길 것이다. 일단, 컴퓨트 다이가 베이스 다이위에 있는 이유가 궁금할 수 있다. 가장 큰 이유는 컴퓨트 다이가 베이스 다이보다 작기 때문이다. 컴퓨트 다이가 베이스 다이 아래에 배치되면, 베이스 다이와 기판 사이에 구리 기둥을 세워야* 안정적인 구조가 된다. 또한, 컴퓨트 다이가 하부에 위치한다면 컴퓨트 다이에 TSV 공정을 사용해야 베이스 다이에 전원을 공급할 수 있게 되는데, 이 경우 제조 원가가 높은 컴퓨트 다이 면적이 커지고 수율도 낮아진다. 칩에 TSV를 적용해야 한다면, 값싼 22나노 공정 칩에 적용하는 편이 비용상 유리하다.

메모리가 첨단 패키징이 아닌 패키지 온 패키지로 결합된 이유도 궁금할 수 있다. 이는 비용과 제조 과정 때문이다. 메모리를 컴퓨트 다이 위에 3차원으로 직접 적층하려면 컴퓨트 다이에 TSV를 사용해야 하는데, 이렇게

---

* 인텔 패키징이 제공하는 솔루션(Foveros Omni)이다.

되면 메모리와의 상호작용은 빨라지지만 컴퓨트 다이에 TSV 공간을 마련해야 하므로 비용이 증가한다. 컴퓨트 다이 아래에 메모리를 놓고 메모리 칩에 TSV를 적용하는 것도 불가능하다. 메모리 회사가 범용 LPDDR 메모리에 TSV 공간을 마련할 이유가 없기 때문이다. LPDDR은 연 십억 개가 넘는 기기에 탑재되는 메모리인데, TSV 공정 적용이 가능한 별도 메모리 칩을 레이크필드와 같은 시장 점유율이 낮은 제품 전용으로 설계할 이유가 없기 때문이다.

위와 같은 기술들을 결합한 덕분에 레이크필드는 물리적 공간도 절약하고, 구형 공정을 사용하여 신형 공정의 사용량을 줄인다는 장점을 함께 취할 수 있었다. 실제로 레이크필드 패키지는 메모리까지 포함되었음에도 가로세로 12밀리미터, 두께 1밀리미터밖에 되지 않는다[25].

레이크필드는 제품으로서 성공적이라고 할 수는 없다. 실험작의 성격이 강했을 뿐만 아니라, 성능이 높지 않아 시장에서 큰 존재감을 나타낼 수 없었기 때문이다. 또한 레이크필드는 실제 패키지를 개발할 때 신기술 제어가 얼마나 어려운지도 간접적으로 보여 준다. 레이크필드 이후 인텔은 2023년 메테오 레이크라는 제품을 대규모로 출시하는데, 메테오 레이크는 레이크필드에 비해 첨단 패키징의 사용 정도가 감소하였다.

메테오 레이크 역시 컴퓨트 타일 아래에 베이스 타일이 있는 구조이기는 하지만, 베이스 타일이 액티브 인터포저에서 패시브 인터포저로 일보 후퇴했다. 그리고 액티브 인터포저의 기능이 SoC 타일이라는 이름의 타일로 제조되었으며, 컴퓨트 다이와 수직 결합되는 대신 2.5차원 패키징 형태로 컴퓨트 다이 옆에 결합되었다. 액티브 인터포저에 복잡한 기능을 넣는 것이 대량 생산에서 여러 문제를 일으켰을 것으로 추측할 수 있다.

이런 한계에도 레이크필드는 기술을 배우는 입장에서는 꼭 살펴보아야 하는 제품이다. 우리가 살펴본 수많은 패키징 관련 용어가 실제 완제품 패키지에 어떤 식으로 녹아 들어가는지, 그로 인해 나올 수 있는 결과물이 얼마나 놀라운 제품인지 매우 직관적으로 알려 주는 제품이기 때문이다.

04.

다양한 2.5차원 패키징 제품 예시

2.5차원 패키징으로 만든 가속기: NVIDIA A100

 NVIDIA의 학습용 GPU인 A100은 인공지능 가속기의 표준이라 할 만하다. A100은 2022년 말, 챗지피티ChatGPT가 세상을 뒤흔들고 있을 무렵 사용할 수 있던 가장 강력한 인공지능 가속기GPU였기에 출시한 지 2년이 지났음에도 상당한 인기를 끌었다. 이 제품을 요약하자면, 2.5차원 패키징을 이용해 GPU 칩 1개와 '3차원 패키징 기술로 만든 메모리 패키지 제품' 여러 개를 결합한 제품이라 할 수 있다.

 인공지능 가속기의 성능을 최대로 활용하려면 메모리와 GPU 칩 간 대역폭을 높일 필요가 있다. 문제는 이를 위해서는 개별 데이터 선의 속도를 높이거나 둘 사이의 데이터 연결 개수를 늘려야 하는데, 데이터 선의 속도를 높이는 것은 이미 한계에 다다랐다는 것이다. 따라서 NVIDIA는 고성능의 메모리를 최대한 병렬로 연결함으로써, GPU 칩이 원하는 대역폭을 최대한 확보하고자 하였다. 이를 위해 NVIDIA는 HBM2E 메모리 패키지 6개를 GPU 칩과 결합하고자 하였다. 문제는 각 HBM도 패키지당 수천 개의 범프가 있고 GPU 칩은 이런 HBM 패키지 6개와 통신하는 동시에, 자기 자신도 GPU 기판과 통신하고 기판으로부터 전원을 공급받아야 했다는 것이다. 당연히 엄청난 숫자의 연결선이 필요했다.

일반 유기기판으로는 이런 고밀도 연결을 구현할 수 없으므로 실리콘 인터포저가 필요했다. 전공정의 힘을 빌리면 수만 개 수준의 연결은 충분히 해낼 수 있기 때문이다. 실제로 실리콘 인터포저 기술은 일반적인 패키징 기술로는 만들 수 없는 수준의 고밀도 연결을 가진 제품을 만드는 데 핵심적 역할을 하였다.

NVIDIA 2080Ti의 일부분

위 사진은 NVIDIA의 실리콘 인터포저가 적용되지 않은 GPU인 2080 Ti의 일부분이다. 이 제품은 총 352개의 데이터 연결선을 가지고 있고, 총합 616GB/s의 대역폭으로 동작한다. 이를 위해 32개의 데이터 선을 가진 GDDR 메모리 11개와 GPU 칩이 유기기판을 통해 연결된다. 반면, A100은 5,120개의 데이터 연결을 통해 1.6TB/s의 속도로 동작한다. 2080 Ti와 같은 방식으로 5,120개의 데이터 연결 개수를 만들기 위해서는 GDDR 메모리 패키지가 무려 180개나 기판에 납땜 되어 GPU와 연결되어야 한다. 물리적으로 가능하지 않다.

여기서 궁금증이 생길 수 있다. A100은 2080Ti의 10배가 넘는 데이터 연결 선이 있음에도 정작 대역폭은 2.65배밖에 차이가 나지 않는다.

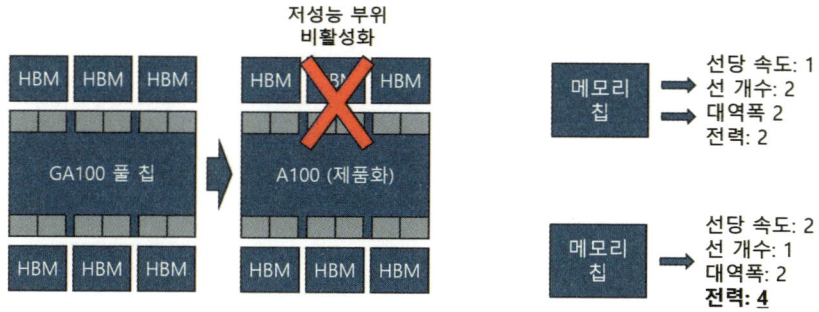

GA100 칩과 A100 제품(왼쪽), 선당 전송량과 에너지 소모량의 대략적 관계(오른쪽)

이는 데이터 선의 성능을 높이면, 선당 전력 소모는 대략 제곱으로 늘어나기 때문이다. 1개의 데이터 선이 2의 속도로 동작하는 것보다, 2개의 데이터 선이 1의 속도로 동작하는 것이 전력 소모량이 낮다. 전공정 부분에서 채널 면적과 전력 소모량의 관계와 비슷하다고 생각하면 된다. 과거에는 데이터 선당 성능을 높이는 것이 어렵지 않았지만, 지금은 선당 성능을 높이면 전력 소모가 커져서 데이터 선 개수를 늘리고 고급 패키징 기술을 사용하는 것이다.

즉, NVIDIA는 패키징 기술로 데이터 전송선을 4,600개 이상 추가로 얻어내고 대신 각 데이터 선의 속도는 감소시킴으로써, 메모리와 GPU 간 통신에 필요한 에너지 소모를 줄인 것이다. 실제로 NVIDIA A100은 고급 패키징 기술을 쓰지 않은 동 세대 제품인 A6000의 5/6 정도의 전력을 사용해 1.5배 가까운 성능을 낸다.

또 한 가지 의문은 A100의 데이터 연결 개수 자체이다. HBM2E 패키지 하나는 1,024개의 데이터 연결선을 가지고 있다. 그런데 A100 GPU는 6개의 HBM2E와 결합되어 있음에도 데이터 선 개수가 5,120(=1,024×5)밖에 되지 않는다. 나머지 1,024개는 어디에 있는 것일까?

정답은 나머지 1,024개는 비활성화 상태라는 것이다. NVIDIA A100의 기본 칩은 GA100이라는 이름을 가지고 있다. GA100의 풀 제원[26]을 살펴보면 512개 데이터 연결을 제어할 수 있는 메모리 컨트롤러가 12개 존재함을 알 수 있다. 512×12 = 6,144이므로, GA100의 이론상 최고 데이터 전송 폭은 5,120이 아닌 6,144이다. 다만, GA100 칩은 레티클 한계*에 가까울 정도로 거대해서 칩 한 개 내부의 메모리 컨트롤러와 연산 회로 전부가 성능이 뛰어날 가능성은 크지 않다. NVIDIA는 제품의 전반적 성능을 평준화하기 위해 GA100 칩 중 가장 성능이 낮은 부위 1/6을 비활성화하여 A100이란 이름을 붙여 출시했을 것이다. NVIDIA는 원한다면 GA100 칩 전체를 활성화한 제품을 A200 등의 이름으로 출시할 수도 있었지만, 제조 품질을 향상시키기 힘들었거나 차기 제품에 더 집중하기로 결정했을 것이다. 이와 같은 방식의 제품 출시는 다른 칩 회사들도 흔히 하고 있다. 제조의 어려움은 모두 겪기 때문이다.

A100은 신기술로 얻어낸 새로운 특성을 완제품 회사가 어떤 식으로 배분할 수 있는지를 보여 주는 예이다. NVIDIA는 HBM과 실리콘 인터포

---

* 한 번에 노광 가능한 최대 면적. 사실상 파운드리가 제조 가능한 단일 칩의 최대 면적

저를 이용함으로써 무려 5,120개의 고품질 데이터 선을 확보할 수 있었다. 그리고 NVIDIA는 얻어낸 수많은 데이터 선을 전부 최고 속도로 가동시키는 대신, 선 당 전송 부담은 낮춤으로써 발열은 적당히 억제되고 성능은 상당히 높은 서버 고객들이 원하는 인공지능 가속기를 만들 수 있었다. 이후에도 반도체 산업 변화를 잘 이해하려면 패키징 기술이 회사들에 주는 새로운 선택지와 그 효과를 지속해서 살펴볼 필요가 있다.

CPU를 결합한 인공지능 가속기: AMD MI300A

이번에는 AMD의 MI300A를 살펴보자. 이 제품은 시장에서 A100과 비슷한 고객층을 노리고 있으나, 고급 패키징 기술을 이용해 인공지능이 겪는 어려움을 다른 방향으로 해결하여 비교 우위를 누리고자 한 제품이다.

MI300A의 A는 APU_{Accelerated Processing Unit}를 줄인 것이다. AMD는 전통적으로 CPU와 GPU가 함께 결합된 제품을 APU라 부른다. 따라서 이 제품에는 CPU와 GPU가 함께 탑재되어 있음을 짐작할 수 있다. AMD

인공지능 구동 시 발생하는 병목 현상

MI300A는 각각 별도 제조된 입출력 제어 칩IOD과 CPU 칩, GPU 칩을 3차원으로 적층한 뒤, 이들을 HBM 메모리 패키지와 실리콘 인터포저로 2.5차원 결합한 제품으로, HBM과 GPU 칩만 탑재된 NVIDIA A100과는 분명한 차이가 있다. NVIDIA는 2.5차원 패키징을 이용해 GPU, 메모리 간 대역폭 문제를 해결하고자 하였다. 반면, AMD는 2.5차원 패키징 기술*을 이용해 CPU, GPU 간 대역폭 문제를 해결하려고 하였다.

앞에 나온 그림은 현재 인공지능 서버**가 겪는 문제 중 하나이다. 인공지능 시대가 열렸다고는 하지만, 컴퓨터 동작 원리는 과거와 크게 다르지 않다. CPU가 논리를 제어하고, GPU가 대규모 연산을 CPU로부터 위임받아 처리하는 것이다. 이 구조하에서 두 반도체가 함께 일하려면 필연적으로 CPU 용 메모리와 GPU 용 메모리 사이에 데이터 복사가 일어나야만 한다. 물론, 둘 사이의 데이터 복사는 GPU가 생겨난 이래로 수십 년간 존재해 왔지만, 인공지능 기술이 크게 유행하고, IT 대기업들이 더 높은 성능을 요구하게 되자 이 부분의 병목 현상조차 신경을 써야 할 상황이 되어 버린 것이다.

AMD는 이 문제를 CPU와 GPU가 동일한 HBM에 접근할 수 있게 함으로써 해결하였다. 일반적인 인공지능 서버가 CPU 용 메모리RDIMM 64GB + GPU 칩 용 HBM 80GB 형태로 구성된다고 하면, MI300A는 CPU와 GPU가 공용 HBM 128GB를 공유하는 형태이다. 이러한 방식을 사용하면 둘 사이의 데이터 복사 과정이 생략되어 성능이 높아질 뿐만 아니라, 기

---

* MI300A는 레이크필드와 비슷하게, 액티브 인터포저도 사용하고 있으므로 실제로는 3차원 패키징 제품이다. 다만, 이번 장에서는 MI300A의 비교 우위에 집중하기 위해, 액티브 인터포저의 역할은 생략하고자 한다.

** HPC(High Performance Compute: 고성능 시뮬레이션 분야) 역시 유사한 문제를 겪고 있다.

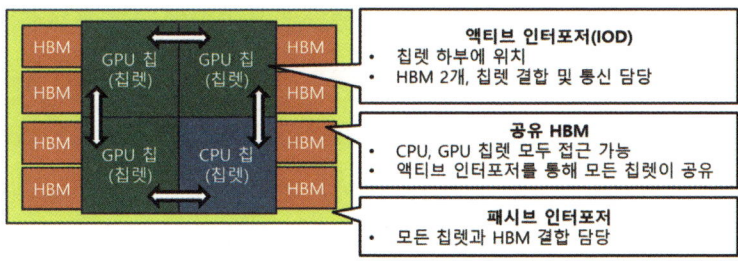

MI300A와 병목 현상 해결

존과는 달리 CPU도 HBM과 직접 작업할 수 있어 성능이 향상된다.

이 제품에서 패키징의 역할은 CPU 칩과 GPU 칩, HBM의 물리적 거리를 줄이고, CPU, GPU 칩, HBM 사이의 연결선 개수를 늘림으로써 대역폭을 높여 전력 대 성능비를 개선하는 것이다. 이론상으로는 CPU와 GPU가 기존과 같이 먼 거리에 있어도 HBM을 공유할 수 있지만, 이 경우 메모리의 반응 속도가 떨어지고 데이터 입출력 시 전력 소모가 많아진다. 그리고 실리콘 인터포저가 없다면 CPU와 GPU라는 두 초고속 칩이 상호작용할 만큼 미세한 연결을 구현하기 매우 힘들다.

AMD의 연구진이 발표한 논문에 따르면, MI300A는 CPU와 GPU가 자주 데이터를 공유해야 하는 작업 HPC_motorbike에서 NVIDIA A100의 후속 제품인 H100보다 최대 4배나 높은 성능[27]을 보인다. MI300A의 이론상 최대 산술연산 능력 FP32은 122.6 TFLOPs이고, H100의 이론상 산술연산 능력 FP32은 67 TFLOPs이다. H100이 이론상 최대 성능을 발휘했다면, HPC_motorbike에서 두 제품의 성능 차이는 2배 정도로 나타나야 한다. 이는 곧 메모리 병목으로 인해 H100이 이 작업에서 절반의 효율도 내지 못했다는 의미이다.

물론, 이 방식에는 단점도 존재한다. 이미 CPU와 GPU가 패키지 레벨에서 결합되어 있어서, GPU 대비 CPU 성능을 더 높여야 하는 사용자는 곤란을 겪을 수 있다. 전통적인 방식으로 조립된 컴퓨터라면 더 고가의 CPU만 따로 구매해서 교체하면 되지만, MI300A 방식의 솔루션에서는 대처가 불가능하다. 병목 현상을 제거한 대신 조립의 자율성이 감소한 것이다.

MI300A는 매우 독특한 제품이긴 하지만, 이 제품이 AMD를 인공지능 반도체 리더 기업으로 만들어 줄 수 있다는 보장은 없다. 이 제품의 의의는 제조 기술과 패키징 기술을 조합하여 새로운 제품을 출시함으로써, 특정 분야에서는 경쟁사 제품 대비 상대 우위를 가진 제품을 출시할 수 있다는 점이다. 만약 해당 분야 프로그램의 부가가치가 높아 구동하고자 하는 고객이 다수 존재한다면, MI300A를 기반으로 프로그램을 개발하려는 고객들이 생겨난다. 그리고 이러한 고객의 성공이 수차례 계속된다면, AMD를 기반으로 하는 새로운 소프트웨어 생태계가 생겨나게 되는 것이다.

가성비 패키징의 한계: 인텔 사파이어 라피즈

사파이어 라피즈는 2018년 인텔이 패키징 혁신을 발표한 뒤 등장한 서버용 CPU 제품이다. 이 제품은 인텔의 실리콘 브리지 기술인 EMIB를 적극적으로 채용한 제품으로 큰 관심을 불러일으켰다. 4개의 CPU 칩을 EMIB 총 10개를 이용해 연결한 제품과 4개의 CPU 칩과 4개의 HBM을 총 14개 EMIB로 연결한 두 버전으로 출시되었다. 이 제품을 통해 인텔은 실리콘 브리지 기술이 HBM과 처리장치 간 연결에도 사용할 수 있다는 것을 보여 주었다.

사파이어 라피즈의 장점은 명확하다. 원래는 한 덩어리로 만들어야 할 CPU를 4개로 쪼개 제조하고, 각 CPU 칩을 EMIB로 연결함으로써 CPU 칩당 크기를 줄여 수율을 높였다. 사파이어 라피즈를 구성하는 4개 CPU

칩을 합친 면적은 1,600제곱밀리미터에 가깝다. 반도체 회사가 만들 수 있는 단일 칩의 최대 크기인 858제곱밀리미터이므로, 패키징 기술 없이는 만들 수 없는 제품이다. 인텔은 제품 발표 전부터 거대한 칩을 쪼개어 생산한 뒤 패키징으로 합치는, 칩렛 기반 접근 방식의 장점을 끊임없이 밝혀 왔다.

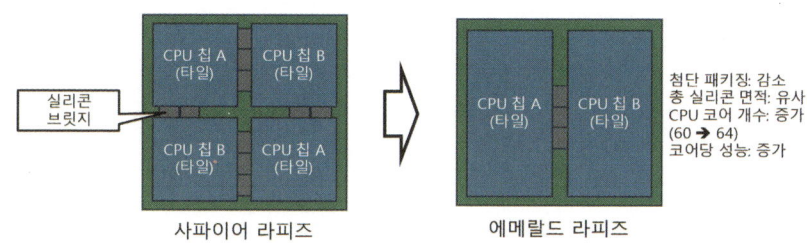

사파이어 라피즈(왼쪽)와 에메랄드 라피즈(오른쪽)

하지만 정작 제품이 발표되고 나서 사용자들은 실망감을 감추지 못했다. 인텔의 최신 플래그십인 사파이어 라피즈 기반 제품인 8480H가 한 분기 일찍 출시된 경쟁사 AMD EPYC 9654보다 전력은 더 많이 사용하면서도 여러 분야에서 성능이 떨어졌기 때문이다. 사파이어 라피즈는 인공지능 등 일부 분야에서만 AMD를 이길 수 있었다.

이는 신기술 도입이 반드시 좋은 결과로만 나타나지는 않는다는 것을 보여 주는 대표적인 예이다. AMD의 서버 제품인 EPYC은 전통적인 패키지 기판 위에 여러 작은 CPU 칩을 결합해 만들었다. 인텔은 실리콘 브리지라는 전통적 패키지 기판보다 우수한 기술을 사용했음에도 제품 경쟁에서 이기지 못했다. 인텔은 정확히 원인을 밝히지는 않았으나, 실리콘 브리지 사용으로 인해 개별 제조된 CPU 간 통신에서 비효율이 생겼을 것으로 추정할 수 있다. 실제로 인텔은 차기 제품인 에메랄드 라피즈Emerald Rapids에서는 4개 CPU 칩을 1개 제품으로 묶는 방식에서, 2개 칩을 1개 제품으로 묶는 방식으로 EMIB의 사용을 줄였다. 실리콘 브리지의 문제가 아니라면 전공정 제조 수율이 줄어드는, 큰 칩 제조 방식으로 돌아갈 이유가 없다.

또한, EMIB 사용을 위해 소모되는 CPU 칩의 실리콘 면적도 설계 변경에 영향을 미쳤을 것이다. 실제로 칩 4개로 구성된 사파이어 라피즈와 칩 2개로 구성된 에메랄드 라피즈의 총 실리콘 면적은 유사하지만, 에메랄드 라피즈가 더 많은 연산장치를 갖췄을 뿐만 아니라 연산장치당 성능도 약간 더 높다. 두 칩이 동일한 미세공정에서 제조된 것을 고려하면 실리콘 브리지를 사용하기 위해 소모된 웨이퍼 면적이 총 연산장치 밀도에 영향을 미쳤을 것이라는 추정이 가능하다.

제품 설계 전략에서도 안타까움이 보인다. 인텔 사파이어 라피즈는 동일한 CPU 칩 4개를 결합한 것이 아닌, 두 종류의 칩(타일)을 2개씩 결합한 것이다. 앞서 나온 그림을 보면 알 수 있지만, 제품을 완성하기 위해서는 거울상의 두 종류의 칩(A, B)이 필요하다. 설계 과정에서 두 쌍의 다른 포토마스크를 만들어야 했다는 의미이다. 반면 AMD EPYC에 사용된 개별 CPU 칩은 전부 동일한 제품이다. 물론, AMD 제품에는 IOD라는 입출력 전용 칩이 존재하지만, 이 칩은 제조 난도가 CPU 칩보다 낮고, 원한다면 한 번 설계한 뒤 2~3년간 IOD는 재사용하고 CPU 칩 종류만 바꿔 제품을 만들어도 문제가 생기지 않는다.

사파이어 라피즈는 신기술의 가격 대 성능비를 어떻게 바라봐야 하는지를 다시금 생각해 보게 하는 제품이다. 인텔은 EMIB 기술을 사용하기 위해 CPU 초기 설계 시점부터 큰 노력을 기울였으나, 정작 신제품은 경쟁사를 이기지 못했고 차기 제품에서는 도리어 신기술 사용을 줄여야 했다. 정말 인텔의 선택이 가치 있는 투자였는지, 기술이 성숙하기 전에 지나치게 공격적으로 도입한 것은 아닌지 고민해 봐야 할 문제다.

참고로 인텔의 차기 제품인 시에라 포레스트Sierra Forest와 그래닛 라피즈 Granite Rapids는 고급 패키징 사용을 유지한 채, AMD와 비슷하게 IO 전용 타일을 분리하는 방식으로 설계되었다. CPU 신제품 기획에서 제품까지 3년 이상 걸리는 것을 고려할 때, 인텔은 이미 오래전에 자사 제품의 문제를 파악했을 것이다. 첨단 패키징을 통해 제품을 만들려면 제품 개발 첫단계인 설계부터 바뀌어야 하므로, 일반인의 시각에서는 제품 개선이 늦는 것으로 보일 뿐이다. 이를 보면 반도체 연구개발 주기가 얼마나 긴지, 한 번 잘못 잡은 방향을 바로잡는 것이 얼마나 어려운 일인지 짐작할 수 있을 것이다.

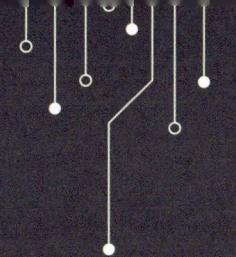

6장

패키지 밖으로:
전용 반도체, 새로운 개념

무어의 법칙이 둔화되자, 반도체 제조 회사들은 기존에 사용하지 않던 다양한 기술을 도입하여 과거 제품 대비 전력 대 성능비가 높으면서도 최대 성능도 높은 제품을 만들고자 했다. 설계 회사들은 제조의 어려움으로 매해 줄어드는 추가 소자를 최대한 효율적으로 사용하기 위해 파운드리와 협업하는 등 다양한 전략을 모색했다.

다른 한편에는, 무어의 법칙을 이어 나갈 수 없다면 이미 존재하는 소자라도 조금 더 잘 써 보자는 움직임도 있다. 몇몇 회사는 기존 CPU와 GPU의 범용성을 포기하고 특정 목적으로 사용할 때만 성능이 더 높은 반도체를 개발하기도 하고, 다른 반도체 회사들은 고객들과 서로 머리를 맞대고 더욱 효율을 높이기 위한 반도체 표준을 제정하기도 했다. 아예 여기에 더 나아가서, 기존 폰 노이만 컴퓨터 구조 자체를 바꿔 보자는 움직임이 나타나기도 했다. 이 과정에서 기존에 보지 못했던 새로운 반도체, 새로운 업계 표준 등 수많은 기술 용어가 등장하고, 이로 인해 반도체를 공부하는 많은 사람이 혼란을 느끼게 되었다. 따라서 이번 장에서는 수많은 새로운 용어의 등장 이유와 그 용어의 의미를 살펴볼 것이다.

이 과정을 통해서, 최근 이렇게 늘어난 많은 반도체 용어가 '무언가 해내겠다'라는 선언에 가까운 것인지 아니면 목적에 맞게 잘 만들어졌다는 '구현'의 의미인지를 구분할 수 있는 능력을 기르면, 이후 반도체 시장의 변화를 이해하고 예측하는 데 많은 도움이 될 것이다.

01.

GPU, NPU, TPU: 역할과 구현

과거에는 반도체 종류를 암기하는 것이 그다지 어렵지 않았다. CPU는 중앙처리장치로 컴퓨터의 두뇌이고, 메모리는 할 일을 저장하는 저장장치 정도로 이해하면 되었기 때문이다. 조금 더 컴퓨터에 관심이 있는 사람은 그래픽 처리용 반도체인 VGA, 혹은 GPU라는 제품까지도 이해하고 있었다.

하지만 2022년 이후 인공지능이 다시 유행하면서 이 상황이 바뀌었다. NVIDIA가 인공지능 반도체의 대표 주자로 떠오르며, 갑자기 GPU는 그래픽 처리 반도체가 아닌 인공지능용 반도체라는 것이 일반적 인식이 되었다. 그뿐만 아니라 그동안 들어 보지도 못한 NPU, TPU 등의 새로운 반도체가 등장했다. 이러한 반도체를 개발한 회사들은 현재 인공지능 반도체의 최강자인 NVIDIA 제품보다 자신의 반도체가 더 효율이 좋다고 주장하곤 한다. 그렇다면 과연 GPU, NPU, TPU 등의 제품 사이엔 어떤 차이가 있을까?

결론부터 말하면, 칩의 이름은 칩 설계 회사가 부여하기 때문에 칩의 특징을 NPU, TPU, GPU 등의 명칭을 통해 판단하는 것은 적절치 못하다. 서로 다른 두 회사가 판매하는 NPU 칩이라 하더라도 두 칩이 동일한 설계로 만들어져 같은 기능을 한다고는 할 수 없다. 시장에 40년 이상 존속해 온 CPU와 GPU, 메모리 정도만이 명칭을 통해 기능을 유추할 수 있는 칩이라고 생각해야 한다.

조금 과거로 돌아가 보자. 초기의 컴퓨터는 크게 보면 CPU와 메모리를 주 부품으로 사용하였다. 지금은 인공지능 반도체로 더 유명한 GPU는 80년대 말 컴퓨터 사용자들이 높은 그래픽 처리 능력을 요구하고 나서야 등장했다. CPU는 설계상 그래픽 처리에 효율적이지 않았기 때문에 이에 특화된 새로운 반도체가 필요했던 것이다. IBM은 VGA(Video Graphics Array)라는 컴퓨터 부품을 개발해 그래픽 처리를 필요로 하는 사람들에게 판매하였다. 당연하지만 당시 GPU는 컴퓨터의 필수 부품은 아니었다.

이후 VGA라는 용어는 GPU, 비디오 가속기(Video Accelerator), 그래픽 엔진 등 다양한 용어들과 혼용되어 사용되었다. 그래픽 처리장치 시장이 커지자, 많은 회사들이 자신만의 이름을 가진 제품을 출시했기 때문이다. GPU라는 용어는 NVIDIA가 그래픽 처리장치 시장을 장악하고, 자사의 제품을 GPU라고 부르면서 정착되었다. NVIDIA 입장에서는 단순히 소자가 배열되어 있다는 느낌을 주는 VGA(A: Array)라는 단어보다는, 처리장치(Processing Unit)라는 이름이 들어가는 편이 더욱 매력적이었을 것이다. 이런 용어 변화는 칩 설계의 변화와는 무관하다. 용어를 통해 칩의 세부 기능을 추정할 수는 없다는 의미이다.

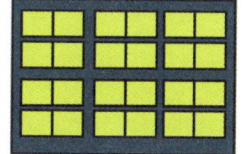
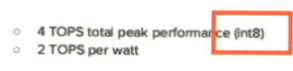

GPU와 NPU의 차이

    최근 널리 사용되는 NPU라는 용어를 살펴보자. NPU는 Neural Processing Unit의 약자이다. 이름 자체는 신경계Neural: 신경의~를 처리하는 반도체라는 의미이니 매우 직관적이다. 이름으로 추정해 보면 무언가 뇌세포와 비슷한, GPU보다 좀 더 신경세포와 가까운 구조의 반도체일 것 같기도 하다. 이 명칭을 사용하는 반도체는 현재 어떤 식으로 구현될까?

    결론부터 말하면, 2024년 현재 대다수의 NPU는 칩 내부의 정밀도*가 높은 연산장치를 줄이고, 대신 정밀도가 낮은 연산장치를 늘린 GPU라고 할 수 있다. GPU가 경력직 노동자 100명에 해당하는 반도체라면, NPU는

---

* 숫자 1개를 몇 개의 저장 공간을 통해 표현하는지의 개념. 다음 장에서 조금 더 자세히 다룬다.

아르바이트생 400명을 모아 놓은 것과 비슷하다. 뭔가 특별한 설계를 기대했다면, 다소 실망스러울 수도 있을 것이다. 좀 더 정확하게는, 이렇게 구현할 수밖에 없다. 현재 세상에서 구동되는 인공지능은 전부 동일한 딥러닝*에 기반한 프로그램이기 때문이다. 이미 GPU에서 인공지능이 매우 잘 구동된다는 사실이 알려져 있으니, 인공지능 전용 반도체인 NPU 역시 이 구조를 크게 벗어날 이유가 없다.

대신 이렇게 만든 대부분의 NPU는 NVIDIA의 GPU와는 달리 인공지능 추론에는 강하고, 학습에는 사용하기 힘든 경우가 많다. 낮은 정밀도의 연산장치로는 인공지능 추론은 가능하지만, 학습은 완벽히 되지는 않는다는 사실이 연구를 통해 밝혀졌기 때문이다[28]. 즉, NPU를 사용하는 것은 칩 내부의 소자를 낮은 정밀도 연산장치에 사용하겠다는 의미이므로, NPU의 추론 성능이 GPU보다 높은 것은 너무나 당연하다. 일반적으로 스마트폰 AP 칩의 일부인 NPU 부위가 이런 특징을 가지고 있다.

물론, 회사들은 원한다면 NPU라는 명칭을 붙인 반도체에 인공지능 학습이 필요로 하는 높은 정밀도의 연산장치를 사용할 수도 있다. NPU라는 이름을 쓴다고 해서 학습을 하지 말라는 법은 없다.

참고로 과거에는 인공신경망을 구동하기 위해서는 반도체 설계 자체가 뇌세포와 유사해야 할 것이라고 생각하는 연구자들이 있었다. 이런 연구자들은 뇌세포와 비슷한 구조**의 반도체인 뉴로모픽 반도체 Neuromorphic Semiconductor가 개발되어야 한다고 생각했다. 이런 칩이 대규모로 상용화되었다면, NPU라는 단어는 뉴로모픽 반도체를 가리키는 용어가 되었을 것

＊ 정확하게는 backpropagation과 SGD등의 기법을 사용해 학습되는
＊＊ GPU는 전통적인 디지털 회로 설계를 가지고 있다.

이다. 실제로 인텔의 실험적인 뉴로모픽 반도체인 로이히Loihi를 NPU의 한 종류로 구분하는 사람들도 있다. 하지만 로이히는 정작 현재 유행하는 인공지능인 딥 러닝 기반의 인공지능은 구동하지 못한다.

물론, 이후에 GPU와 완전히 다른 방식으로 인공지능을 구동하는 반도체가 나올 수 있다. 예를 들면, IBM은 계산 메모리Computational Memory라는 개념의 반도체를 공개하기도 하였다. 이 제품은 아예 반도체 내부의 연산장치라는 개념을 없애고, 대신 내부 소자의 저항값을 조절할 수 있게 만들어졌다. 즉, 이 제품은 데이터가 아닌 저항값을 저장하는 메모리인 셈이다.

사용자가 소자의 저항값을 바꾸면, 도선에 흐르는 전류를 조절할 수 있다. 서로 강하게 연결된 뇌세포 사이는 낮은 저항값을 저장하고, 약하게 연결되면 높은 저항값을 저장하는 것이다. 이를 통해 뇌세포 간 신호를 주고받는 과정을 흉내 낼 수 있다. 이 제품이 시장에 등장한다면, 이를 NPU라고 불러도 문제없을 것이다. 사용자 입장에서는 기존 제품들과 마찬가지로 딥 러닝 기반 인공지능을 구동하는 제품일 뿐이기 때문이다. 하지만 내부 설계, 제조 방식, 동작 특성은 위에서 설명한 GPU, NPU와는 완전히 다를 것이다.

GPU와 비슷한 컨셉의 반도체로 TPUTensor Processing Unit라는 제품도 존재한다. 이 명칭은 구글과 짐 켈러의 텐스토렌트Tenstorrent사가 사용하고 있다. 이런 명칭을 사용한 이유는 인공지능을 구동할 때 산술 연산의 기본 단위가 텐서Tensor라는 숫자 덩어리이기 때문이다. 인공지능 숫자 계산이 텐서 기반이니 텐서를 잘 계산하는 반도체가 인공지능을 잘 구동할 것이고, 인공지능 반도체를 텐서 연산장치라고 불러도 큰 문제는 없을 것이다. 그래서 NVIDIA GPU 역시 칩 내에 텐서 연산장치를 갖추고 있다.

하지만 구글과 텐스토렌트 두 회사의 TPU 설계는 상당한 차이가 있다.

특히 메모리 사용 방식에서 많은 차이가 난다. 구글의 칩은 기존 GPU 반도체와 유사한 방식으로 메모리를 사용한다. 칩 내의 수많은 연산장치가 자유롭게 메모리에 접근하고자 할 때, 고성능 메모리 컨트롤러가 메모리 접근을 제어하여 특정 메모리 패키지에 작업 부담이 집중되는 것을 막는다. 구글 TPU v4에는 총 4개의 8GB HBM이 장착되어 있는데, 메모리 제어 장치 덕분에 프로그래머는 단일한 32GB 메모리가 있는 것과 동일하게 사용할 수 있다. 사용이 편리하지만, 메모리 제어 장치는 프로그래머의 진짜 의도를 알 수는 없으므로 대역폭 사용의 비효율이 발생한다.

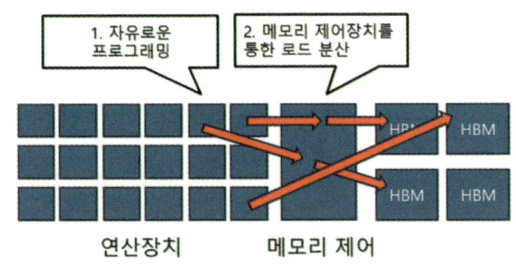

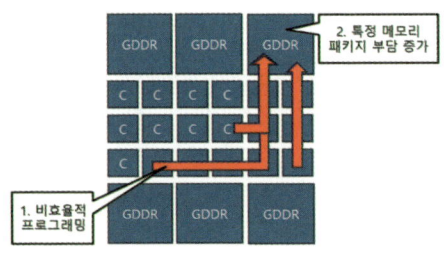

구글 TPU의 메모리 접근 방식(위)과 텐스토렌트 TPU의 메모리 접근 방식(아래)

반면, 텐스토렌트의 TPU는 프로그래머에게 메모리 사용의 자유와 책임을 전부 부여하는 방식이다. 프로그래머는 자신의 프로그램(의 일부)이 배치될 칩 내부의 연산장치를 지정하고, 해당 연산기가 상호작용할 메모리 패키지까지 지정할 수 있다. 대신 프로그래머가 특정 메모리 패키지에 지나친 작업을 할당하면, 전체 프로그램의 성능이 폭락하거나 프로그램 자체가 구동되지 않는다. 텐스토렌트 방식의 제품에 6개의 6GB GDDR 메모리 패키지가 탑재되어 있다면, 프로그래머는 개별 메모리 패키지의 잔여 용량과 대역폭을 전부 고려해야 한다. 반면, 구글 방식이라면 36GB의 단일 GDDR 메모리가 있는 것처럼 사용하면 된다. 텐스토렌트의 방식은 이론상 반도체의 최대 효율을 낼 수 있어서 HBM보다 값싼 GDDR 메모리를 사용할 수 있다. 하지만 프로그래밍 난도는 매우 높을 것이다.

우리는 이번 장에서 다양한 인공지능 관련 반도체를 살펴보았다. 살펴본 반도체들의 작동 방식에 큰 차이가 없다는 느낌을 받았다면, 정확하게 이해한 것이다. 2024년 기준, 이 모든 반도체가 동일한 구조의 프로그램인 인공지능을 구동하기 위해 만들어지고 있기 때문이다. 각 회사는 이 구도 하에서 NVIDIA와의 성능 비교 우위를 달성할 수 있는 영역을 찾기 위해 각종 옵션을 추가하거나 사용 방법을 살짝 바꾸고 있을 뿐이다.

상황이 이러하므로 우리는 반도체에 관해 백과사전식 암기를 지양하고 기술 자체를 이해하기 위해 노력해야 한다. 만약 미래에 누군가가 지금의 인공지능과는 완전히 다른 연산이 필요한 인공지능 이론을 개발하고, 그 인공지능을 구동하는 반도체를 NPU라고 명명해 버리면 NPU의 정의는 크게 바뀌어 버릴 것이다. 이런 상황에 우리가 NPU, TPU 등의 단어를 한 줄 정의로 암기하고 있다면, 기술의 큰 흐름을 바꿀 결정적인 반도체가 TPU라는 명칭을 가지고 출시되었을 때, '또 TPU 하나가 개발됐네'라는 수준으로 가볍게 넘어가는 실수를 범하게 될지도 모른다.

02.

CXL: 새로운 표준을 통한 개선

CXL은 표준Standard이다. 표준은 해당 기술을 사용하는 회사가 지켜야 하는 일련의 규칙을 의미하는 것으로, 일반인에게는 쉽게 와닿지 않을 단어이다. 반도체에서의 표준이란 개념을 조금이라도 이해하려면 CPU, GPU, D램과 같은 반도체를 건물이라고 생각하면 좋다. 각 건물은 멀리 떨어져 있을 수도 있고, 가까이 배치되어 있을 수도 있다. 그리고 각 건물은 서로 택배 기사를 통해 물건(데이터)을 주고받는다. 표준은 이 건물들이 서로 물건을 주고받고 협업하는 등 상호작용을 하기 위해서 지켜야 하는 일련의 규칙을 지칭한다.* 반도체에 관심 있다면 한 번쯤 들어 보았을

---

* 이와 비슷한 개념으로 스펙(specification)과 프로토콜(protocol)이 있다. 스펙은 일반적으로 전압, 물리적 크기 등을 명시하는 문서인 경우가 많고, 프로토콜은 통신 방법만을 지칭하는 경우가 많다. 이 책에서는 CXL의 프로토콜 부분 중 일부만을 다룰 예정이다.

DDR, LPDDR과 같은 용어 역시 표준의 일종이다. DDR과 LPDDR 표준 문서에도 각 메모리가 지켜야 할 규칙과 메모리를 사용하고자 하는 CPU 등의 반도체가 지켜야만 하는 규칙이 빼곡히 적혀 있다.

항목	내용
출발지	CPU 1층 1번째 저장고
목적지	D램 10층 11번째 저장고
택배 개수	8개 (1, 2, 4, 8개 가능)
손상 감지	(불가능)
	(...)

"D램 1층 1번째~8번째 창고의 물건을
CPU 3층 11번째~18번째 창고로 배송"

항목	내용
처리 결과	(성공, 실패)
사유	...
...	

DDR4 표준으로 작업하는 택배 기사의 송장

예를 들어, CPU라는 건물이 D램이라는 건물에 물건을 발송(데이터 저장)하려고 한다고 해 보자. 이를 위해 CPU는 택배 기사에게 발신자 이름(CPU)과 목적지(D램 10층 11번째 보관소)가 적힌 송장과 짐(데이터)을 전달해야 한다. 그리고 택배 기사는 물건을 문제없이 수령했음을 증명하는 영수증을 CPU에 발행한다. 택배 기사는 송장의 발신자와 목적지를 확인한 뒤, D램을 향해 짐을 싣고 출발한다. D램에 도착한 택배 기사는 이제 D램의 물건 반입 절차를 진행해야 한다. D램이 물건 수령에 동의하면, 택배 기사는 물건 수령 완료 메시지를 CPU에 보낼 것이다. 만약, D램에 10층이 존재하지 않는 등 송장에 문제가 있거나, D램이 바빠서 업무를 처리할 수 없다면 D램은 수령을 거부할 것이다. 그러면 택배 기사는 D램의 수

령 거절 사유를 CPU에 문자로 보내고 업무를 종료한다.

표준의 중요한 역할 중 하나는 송장의 양식과 택배 기사가 보내는 문자 메시지에 포함되어야 하는 내용을 정의하는 것이다. 택배가 제대로 전달되려면 발송자는 택배사가 지정한 송장 규칙을 지켜야 하며, 택배에 문제가 생겼을 때 주소를 수정해 재발송하는 등의 조치를 하려면, 택배 기사 역시 발송자에게 택배 결과를 정확히 알려 주어야 한다. 마찬가지로 D 램, CPU 등 다양한 반도체들이 데이터를 주고받으며 일을 하려면, 양자가 약속한 데이터 전송 규칙과 전송 결과 보고 방식을 준수해야 한다.

CXL 표준의 중요한 목적 중 하나*는 CPU, GPU 등의 처리장치와 메모리 사이의 비효율성을 줄이는 것이다. 달리 말하면, 송장의 양식을 바꿈으로써 해결할 수 있는 처리장치와 메모리 사이의 문제가 있다는 의미이다.

현재 발생 중인 문제 중 하나는 처리장치 반도체 사이의 메모리 공유 문제이다. 반도체 미세화가 어려워짐에 따라, 기존처럼 CPU, GPU등 한두 종류의 반도체만 사용해서는 프로그램의 성능을 높이기 힘들어지게 되었다. 이로 인해 하나의 소프트웨어 구동을 위해 다양한 특징을 가진 여러 반도체를 동시에 사용해 보려는 사람들이 나타났다. 각 반도체가 한 소프트웨어를 구동하려면 서로의 메모리 속 데이터를 공유해야 하는데, 문제는 기존 처리장치 반도체들은 대부분 자신만의 메모리를 가지고 있다는 것이다. 예를 들면, 일반적으로 CPU는 자신의 D 램(DIMM)을 이용해 작업하고, GPU 칩은 자신의 HBM을 이용한다. 그래서 CPU와 GPU가 함께 일해야 할 경우, 두 반도체 사이에서는 데이터 복사가 일어난다. CPU와

---

* CXL 표준은 타 처리 장치에 속한 메모리 접근(CXL.cache)과 처리 장치간 직접 통신(CXL.io) 프로토콜도 명시하고 있으나 이 책에서는 다루지 않는다.

GPU라는 건물 사이에서 택배 기사가 쉬지 않고 데이터 사본을 공유해 주어야 한다는 의미이다. 앞서 우리는 MI300A라는 제품에서 이 문제를 살펴보았다.

함께 작업하는 반도체가 단 둘뿐이라면 문제가 없다. 하지만 함께 작업해야 하는 반도체의 개수가 늘어나면 문제가 생기기 시작한다. 만약 10개의 CPU, GPU 등의 처리장치 반도체가 동일 데이터를 공유해 함께 작업해야 한다면, 택배 기사는 10개의 반도체를 끊임없이 돌아다니며 작업에 필요한 사본 데이터를 전달해야 한다. 이로 인해 반도체 사이에서 복사해야 하는 데이터의 양이 폭증해 대역폭 요구치가 높아지고, 반도체 중 일부가 최신 데이터가 아닌 5분 전 데이터를 보며 쓸모없는 작업을 하는 동기화coherency 문제가 생겨 프로그램에 오류가 발생하게 될 수도 있다.*

또 다른 문제는 메모리 용량 확장 문제이다. 현재 단품 메모리 패키지의 밀도 상승이 제조의 어려움으로 인해 지지부진한 상황이다. 2012년경 팔리던 DDR 메모리의 칩당 용량은 4~8기가비트였는데, 2022년에 팔리는 메모리 칩당 용량은 8~16기가비트로, 10년간 2배 정도밖에 증가하지 않았다. 이로 인해 DIMM 용량 상승이 힘들어져, 서버 1대당 메모리 탑재 용량을 늘리기 힘들어지게 되었다.

이에 대응하기 위해 느리더라도 용량이 큰 별도의 메모리 확장 장치를 마련한 뒤, 이 메모리를 여러 반도체가 공유해서 사용할 수 있도록 하자는 제안이 등장하게 된다. 회사들 입장에서는 용량이 크고 성능이 좋은 메모리가 늘어나는 것이 이상적이지만, 그게 여의치 않은 상황이라면 저성능

---

* 복잡한 설계를 가진 두 첨단 반도체가 서로 데이터를 공유하는 것은 매우 어렵고 복잡한 일이다. 조금 더 깊은 내용을 알고 싶다면, 캐시(cache)와 스누핑(snooping)에 대한 것을 읽어 보길 추천한다.

고용량 메모리라도 탑재한 뒤, 소프트웨어가 이를 효율적으로 사용하면 된다는 생각이다. CXL 표준은 이 공유 메모리를 각 반도체 처리장치가 공유하기 위해 지켜야 할 규칙을 정의하는 것도 목적으로 한다.

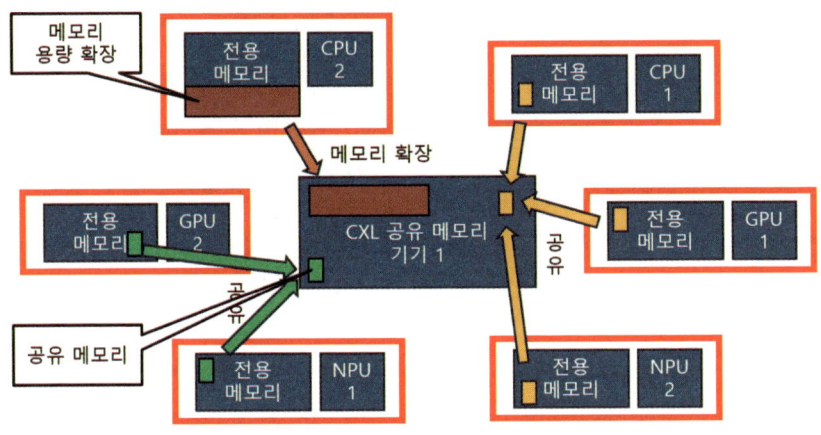

CXL의 성능 개선 원리

거대한 공유 메모리에 여러 반도체가 공유해야 하는 데이터를 저장해 두면 각 반도체가 직접 데이터를 주고받는 일이 줄어들고, 이 덕분에 대역폭 사용량이 줄어든다. 또한, 자체 메모리의 용량이 부족한 반도체는 공유 메모리에서 돈을 빌리듯 용량을 할당받아 사용하는 방식으로 메모리 부족을 해결할 수 있다. 10채의 건물이 함께 일해야 하는 상황에서 각 건물이 서로 직접 택배를 보내는 방식으로 일하는 대신, 10채의 건물이 공유하는 공용 창고 건물을 한 채 마련하는 것과 같다.

기존 반도체 사이에서 사용되던 송장은 메모리 공유를 염두에 두지 않았기 때문에 CXL이라는 새로운 표준이 필요한 것이다. 기존 송장에 있던 단순 읽기, 쓰기 요청만으로는 공유 메모리 사용을 염두에 둔 작업을 할 수 없다. 그래서 CXL 표준은 공유 메모리 공간을 지정 혹은 해제하는 요청, 메모리 공간 임대 요청 등 다양한 양식을 추가했다.

CXL 표준은 클라우드와 데이터베이스에서 빛을 발한다. 클라우드 업체들은 오버프로비저닝Overprovisioning이라는 방식으로 수익을 극대화한다. 오버프로비저닝은 업체가 가진 서버 자원보다 더 많은 자원을 대여해 주는 것을 의미한다. 예를 들어, 클라우드 업체에 CPU 100개가 있다면, 전 세계의 고객에게는 마치 110개의 CPU가 있는 것처럼 빌려주는 것이다. 이는 은행이 돈을 버는 방식과 유사하다. 모든 고객이 동시에 CPU 100개를 사용할 확률이 높지 않으니 가진 것보다 조금 더 많이 빌려주는 것이다. 하지만 메모리는 성능에 미치는 영향이 커 오버프로비저닝을 할 수 없었는데,* CXL 기반의 확장 메모리가 생길 경우 접근이 적은 데이터는 가격이 비싼 DIMM에서 가격이 낮은 CXL 확장 메모리에 옮겨 두고, 사용자 요청이 늘어나면 다시 DIMM에 옮겨 두는 방식으로 메모리를 효율적으로 사용할 수 있게 된다.

데이터베이스는 매우 큰 메모리 용량을(수 테라바이트) 차지하는 프로그램인데, 정작 내부의 개별 데이터 접근 빈도는 매우 낮다는 특징이 있다. 예를 들면, 구글과 같은 회사는 수십억 명의 가입 정보가 있어서 가입자 데이터베이스의 총 용량이 매우 크다. 하지만 누군가가 구글에 로그인을 시도할 때, 사용자 인증에는 수십억 명의 정보 중 단 한 명의 정보만 필요하다. 공유 메모리는 이런 상황에서도 빛을 발한다. CXL 메모리를 통해 전체 메모리 용량을 늘리면 되기 때문이다.

---

* 벌루닝(Ballooning)이라는 기술이 있으나, 사용자 가상 PC에 프로그램을 깔아야 하므로 사용하기 불편해진다.

하지만 이런 장점에도 CXL에는 한계가 있다. 일단, CXL은 단순히 표준일 뿐이다. 달리 말하면 '이런 규칙을 따르는 기기를 만듭시다.'라는 약속이지, 제조사들이 이 규칙을 따르는 기기를 만들겠다고 선언한 것은 아니라는 의미이다. 업계 관계자 몇 사람이 모여 상자와 화살표가 그려진 다이어그램을 만드는 것은 쉽지만, 실제 칩을 구현해 동작하는 실리콘을 얻어내는 것은 매우 어렵다.

반도체 제조사들은 다른 회사들이 CXL을 따르는 기기를 만들지, 아닐지 눈치 싸움을 하면서 낯선 표준 기반의 기기를 만들어야 한다. 앞에서 CXL 표준은 송장에 새로운 요청 등을 추가하는 개념이라고 설명하였다. 그런데 택배사가 송장의 양식을 변경하였으나 거대 빌딩(반도체)의 데스크 직원과 창고 관리자가 새로운 송장을 이해하지 못한다면, CXL은 동작하지 않는다. CXL 표준은 도로 위 택배 기사의 규칙만을 결정할 뿐이며, 각 건물이 이를 따를지는 건물주, 즉 반도체 설계 회사에 달렸다.

그 뒤에는 새로운 표준을 기반으로 하는 새로운 소프트웨어가 필요하다는 또 하나의 벽이 있다. 구동 중인 프로그램에 '메모리가 부족하면 CXL에 요청한다'라는 코드가 없다면, 당연히 CXL 메모리를 사용할 수 없다. 이런 프로그램을 만드는 것은 IT 기업의 몫이다. CXL 표준은 송장 양식을 만들고 반도체 회사는 CXL 표준을 알고 있는 안내 데스크를 만드는데, 정작 건물 내의 작업자가 CXL 표준에 맞는 요청을 보내지 않으면 의미가 없다.

이런 이유로 인해 CXL을 통한 성능 향상을 바로 체감하는 것은 쉽지 않다. CXL을 통한 효율 향상은 구동중인 프로그램이 어떤 특성을 가졌고, CXL 표준을 통해 얼마나 큰 대역폭을 아낄 수 있는지에 달렸다. 예를 들면, 기존에는 총 대역폭 1,000을 사용하던 프로그램이 메모리 공유를 통해 대역폭 사용량을 500 정도로 줄일 수 있다면 CXL 기반 제품과 CXL을 사용하는 프로그램을 통해 많은 이익을 얻을 수 있다.

하지만 프로그램이 최적화의 여지가 없을 정도로 높은 대역폭만을 요구하는 상황이면 CXL을 통한 성능 향상은 크지 않다. 이 경우에는 HBM처럼 반도체 전공정과 후공정 기술을 이용해 수많은 데이터 선을 연결하는 것이 유일한 해결책이다. CXL은 반도체 제조 기술이 아니다. CXL을 통해 데이터 선 1개의 효율을 2배로 높일 수는 없다. 프로그램이 데이터 선 1,000개를 요구한다면 반도체 후공정 기술을 이용해 데이터 선 1,000개를 연결해야 한다.

이런 이유로 인해 현재 CXL은 인공지능의 수혜를 크게 받지 못하고 있다. 인공지능은 CPU와 GPU가 함께 구동해야 하는데, 실제 동작을 보면 CPU와 GPU 사이 데이터 공유에 소모되는 시간보다는 GPU가 자신만이 사용하는 HBM과 상호작용하는 시간이 훨씬 많고 중요하다. CXL을 도입한 뒤 소프트웨어를 개선해서 얻을 이익이 많지 않은 것이다.

재미있는 사실은 인공지능의 용량이 커져 GPU 수천~수백 개를 연결해 학습해야 하는 시대임에도, 반도체 간 연결 효율 향상을 통해 성능을 높이는 것이 목적 중 하나인 CXL이 정작 여러 GPU를 연결하는 역할을 제대로 못 하고 있다는 것이다. 이는 2024년 현재 GPU 시장의 최강자인 NVIDIA가 자체 규격인 NVLink를 사용해 자사 GPU를 연결하기 때문이다. 범용 표준으로 출발한 CXL이 GPU만을 위해 개발되었고 이미 상용화된 NVLink를 시장에서 따라잡기는 쉽지 않다.

CXL 표준과 CXL 제품, 나아가 표준이 추구하는 바와 실제 구현을 구분하는 능력은 매우 중요하다. 'CXL 메모리로 HBM의 시장을 탈환할 수 있는가?'라는 질문을 예로 들어 보자. 아마도 CXL 메모리가 HBM보다 높은 가성비를 보임으로써, 시장 주도권을 차지할 수 있는지 알아보는 것이

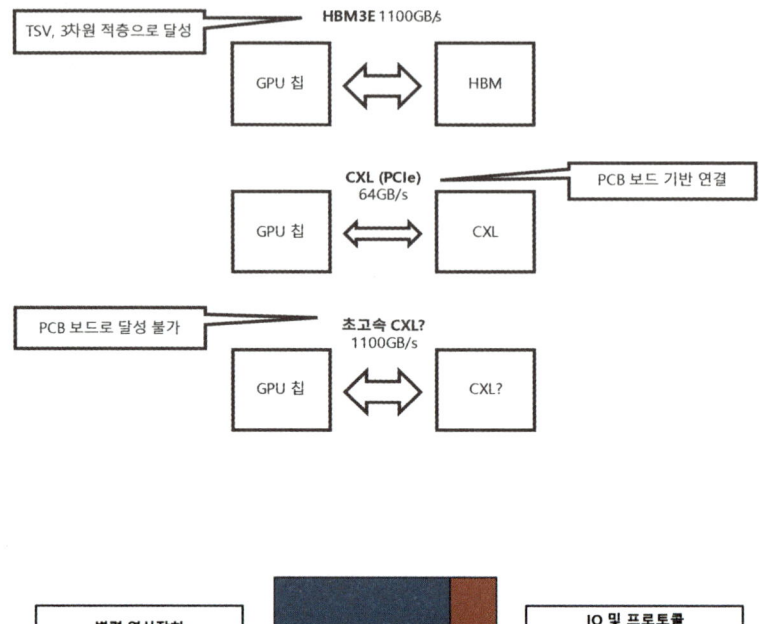

HBM과 CXL 기반 메모리(위)와 GPU 입장에서의 CXL(아래)

목적일 것이다. 하지만 이 장을 이해했다면, 이런 질문은 큰 의미가 없음을 알 수 있을 것이다. CXL과 HBM은 모두 표준일 뿐이고, 현재 HBM의 높은 성능은 칩 적층과 TSV 등의 고급 제조 기술을 사용해 얻어낸 것이다. 당연히 CXL 메모리도 동일한 제조 기술을 사용하면 성능이 높아진다. 하지만 가격도 비슷해질 것이다.

CXL을 배워야 하는 이유는 반도체 성능 둔화를 이겨내기 위한 수많은 노력이 어떤 방식으로도 이루어질 수 있는지 알아보기 위해서다. 책 처음에는 반도체 공장 내부를 살펴보았고, 그다음에는 반도체 공장을 떠난 반도체들을 결합하는 패키징을 살펴보았으며, 이번 장에서는 패키징까지 끝난 반도체 완제품 사이의 상호작용 규칙인 CXL까지 알아보았다.

이 장에서는 CXL 표준이 하는 일을 하나하나 자세하기 익히는 것보다는, CXL 표준이 등장 하게 된 배경과 CXL이 문제를 해결하는 방식을 대략이나마 이해하는 것이 더욱 중요하다. 그리고 이를 통해 둔화되는 무어의 법칙이 반도체 전공정에서 후공정, 이제는 표준과 소프트웨어 분야까지 확전이 일어나게 했다는 것을 이해해야 한다.

이 장을 잘 이해했다면, CXL과 인공지능의 관계에 대한 많은 의문을 해결할 수 있을 것이다. CXL과 HBM의 비교와 비슷한 맥락으로, CXL 설계 회사들이 NVIDIA를 인공지능 분야에서 이길 수 있는지 질문하는 사람들이 있다. 독자분들은 그렇지 않다는 것을 금방 이해할 수 있을 것이다. CXL은 칩과 칩이 대화하는 언어이며, 거대한 칩 설계에서 빌딩의 안내 데스크에 해당하는 부분일 뿐이다. CXL 기반 설계 회사가 수천억 개의 소자로 이루어진 NVIDIA의 GPU 설계를 따라잡는 것이 빠를지, 아니면 CXL 표준이 크게 개화한 시점에 NVIDIA가 GPU의 안내 데스크 부분만 CXL 표준이 호환되게 변경하는 것이 빠를지 판단하는 것은 어렵지 않을 것이다. 이후에도 비슷한 신기술이 나오면, 비슷한 방식으로 판단할 수 있을 것이다.

03.

PIM: 컴퓨터의 정의를 바꾸려는 메모리

 반도체 발전에 한계를 느낀 사람들 중 일부는 새로운 표준 제정을 넘어서는 더욱 과격한 해결책을 제시하기도 하였다. 그중 가장 급진적인 솔루션은 메모리 분야에서 제안되고 있는 PIM이다. PIM은 Process-In-Memory의 약자로, 메모리가 CPU, GPU 등이 하는 연산의 일부를 직접 한다는 개념이다.

 이러한 개념이 등장한 이유는 메모리가 전체 시스템 성능 향상의 병목이기 때문이다. 앞서 살펴보았듯 메모리 반도체 회사들은 고밀도 제조 기술을 택하여 진화하였고, CPU 등 로직 제조 회사들은 고성능 제조 기술을 택하여 진화해 왔기 때문에, 메모리가 제공 가능한 최대 대역폭과 CPU가 원하는 대역폭의 차이는 지속적으로 벌어졌다. 이른바 폰 노이만 병목이다. 그 결과 캐시 메모리가 도입되는 등의 변화가 있었다.

하지만 이러한 노력도 미세화가 더욱 진행되자 한계에 부딪치게 된다. CPU 내부 캐시 메모리가 공정 미세화를 진행해도 크기가 잘 줄어들지 않았기 때문이다. 여기에 인공지능 기술이 유행하면서 프로그램이 메모리에 더 높은 용량과 성능을 동시에 요구하는 상황이 일어나게 되었다. 인공지능은 CPU, GPU 칩 내부의 조그마한 캐시 메모리에 들어가기엔 너무나 용량이 커서, 메모리 반도체 자체의 성능이 높아져야만 인공지능의 구동 속도를 높일 수 있다.

현재 이 문제의 해결책으로 사용되는 것이 HBM이다. 하지만 HBM은 CPU, GPU와 메모리 사이의 근본적 성능 격차를 해결해 주는 기술은 아니다. HBM은 병목 현상을 극복하기 위해 칩에 구멍을 뚫고 적층하기까지 하여 성능과 용량을 높이지만, 이는 영원히 지속 가능한 개선 방식은 아니다. 2024년 HBM3E는 패키지 1개당 1,024개의 데이터 선을 가지고 있는데,* HBM4가 되면 2,048개로 늘어나게 된다. 이를 4,096개, 8,192개 등으로 무어의 법칙 비슷한 추세로 계속 늘리는 것은 어렵다. 데이터 선 개수가 늘어날 경우 칩의 크기가 커질 뿐만 아니라, 데이터 선이 가늘어져 GPU와 연결하는 것도 더욱 어려워지기 때문이다.

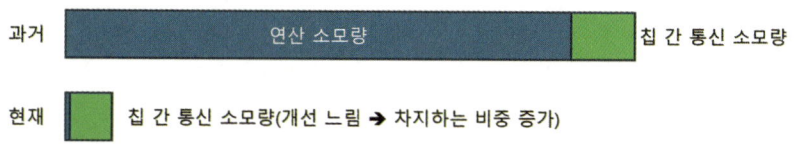

컴퓨터 발전과 칩 간 통신의 에너지 비중 변화

---

* 데이터 연결 이외에 전원선과 접지선, 신호선 등을 포함하면 패키지당 6000개 이상의 연결이 있다.

사실 과거에는 칩 간 데이터 전송 효율이 크게 문제가 되지는 않았다. 미세화가 빠르게 진행되던 시기에는 칩 자체가 사용하는 전력 감소만으로도 반도체 신제품의 효율이 높아졌다. 칩과 칩 사이 통신 효율성이 개선되지 않더라도, 칩 자체가 사용하는 전력이 수십만분의 일 수준으로 크게 줄어들었기 때문이다. 하지만 제조의 어려움으로 미세화가 둔화되는 상황에 인공지능으로 인해 칩 사이의 상호작용까지 늘어나자, 그동안 개선이 미비했던 칩 간 통신에서의 에너지 소모가 도드라지게 된 것이다.

PIM은 이런 문제를 근본적으로 해결하기 위해, 아예 메모리 제품 내부에 연산장치를 추가하겠다는 아이디어다. 지금 컴퓨터는 연산장치가 메모리에서 할 일을 가져와 작업하는 구조를 유지하고 있다. 둘 사이 데이터 전송이 문제를 일으키는 상황이라면, 메모리와 연산장치가 데이터를 주고받는 양을 극단적으로 감소시키면 폰 노이만 병목을 해결할 수 있다. 우리는 이미 패키징 부분에서 칩 내부 통신(CPU 코어 - 캐시 메모리)은 전력을 매우 적게 소모한다는 사실을 살펴보았다. 만약 메모리 내부에 연산장치를 일부 추가해 메모리가 스스로 일부 작업을 처리한다면, 데이터가 메모리에서 CPU, GPU 등 처리장치로 이동해야 할 일이 적어지므로 효율이 높아질 것이다. 즉, 간단한 일은 메모리가 스스로 처리하게 하면 CPU, GPU와 메모리의 통신이 적어져 대역폭 문제가 사라진다는 아이디어이다. 공장과 창고 사이 물류를 담당하는 자동차의 연비를 높이는 대신, 창고 내에 일부 가공 기기를 설치함으로써 자동차 운행 횟수 자체가 줄어들게 만들겠다는 아이디어이다.

실제로 PIM이 이론상 달성할 수 있는 효율은 매우 높다. 논문마다 차이가 있지만, 한 논문은 구동하고자 하는 인공지능의 크기가 PIM 칩 내부에 들어갈 수 있는 정도로 작다면(즉, 다른 칩과의 통신 없이 인공지능을 구동

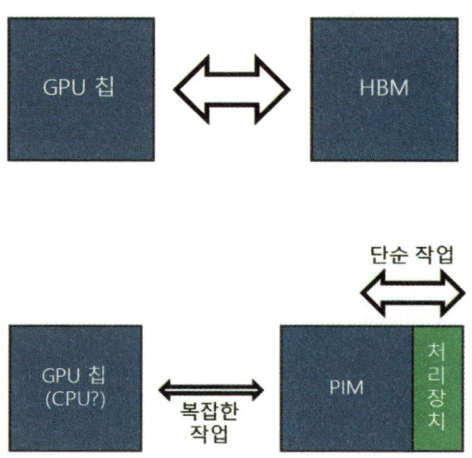

기존 GPU, HBM 구조(위)와 PIM 도입을 통한 대역폭 문제 해결(아래)

할 수 있을 경우), 기존 GPU 대비 최대 1,074배 처리 속도가 향상되고 602배 전력 효율을 개선할 수 있다고 할 정도이다[29]. 달리 말하면, 지금까지는 인공지능을 구동하기 위해 사용한 전력이 대부분 칩과 칩 사이 통신으로 낭비되었다는 것이다.

현재 ChatGPT 등 언어 인공지능을 구동하는 단위는 8개 GPU를 탑재한 인공지능 서버이다. 이 컴퓨터들은 2024년 현재 최대 10.2kW의 전력을 소모한다. 이는 스마트폰 1,000개를 최대 성능으로 구동할 때 소모되는 전력이다. 이 전력 소모를 1/600으로 줄일 수 있다는 것은 이론상으로는 ChatGPT급 인공지능을 스마트폰 수준에서 구동할 가능성이 열린다는 의미이다.

또한, PIM을 사용하면 기존에 고급 패키징 기술을 사용할 수 없던 소형 기기도 인공지능과 같이 메모리 성능이 중요한 프로그램을 고속으로 구동할 수 있다. 현재 인공지능 구동에 사용되는 GPU 등의 반도체는 2.5차원,

3차원 고급 패키징 기술을 사용하는 경우가 많지만, 스마트폰에 사용되는 반도체는 단가 문제로 고급 패키징을 사용하지 못하고 있다. PIM 상용화에 성공하면, 반도체 패키징 변화 없이 스마트폰 인공지능 구동이 고속화될 수 있다.

물론 이런 장점에도 실제로 PIM을 상용화하는 것은 쉽지 않다. 일단 기존 폰 노이만 컴퓨터를 전제로 만들어진 수많은 프로그램은 PIM의 수혜를 입지 못한다. 이미 세상에는 수백만 개의 인공지능 기반 프로그램이 존재하는데, 이들은 PIM을 전혀 고려하지 않고 개발되었다. 단순히 PIM을 공급한다고 해서, 이미 개발 완료된 프로그램의 효율이 1,000배 올라가지는 않는다는 의미이다.

생태계 파편화도 문제다. PIM은 제품의 개념이지, 표준이 아니다. 만약 메모리 3사가 각자 다른 작업을 지원하는 PIM을 상호 조율 없이 출시하면, 소프트웨어 회사들은 환경 파편화로 인한 곤란을 겪게 될 것이다. 이로 인해 PIM을 지원하는 소프트웨어의 확산이 더 느려질 수 있다.

그뿐만 아니라, 만약 PIM을 출시하는 시점에 구동해야 할 인공지능의 용량이 지나치게 클 경우 PIM의 장점은 반감된다. PIM은 메모리 칩의 공간 일부를 처리장치에 할당한 것이기 때문에, 칩당 메모리 용량은 낮을 수밖에 없다. 만약 PIM의 용량에 비해 인공지능의 용량이 큰 경우, 칩 간 상호작용이 필요해지기 때문에 최종 효율은 감소하게 된다.

제조 공정도 문제이다. 살펴보았듯, 메모리 공정은 낮은 가격의 고밀도 공정이다. CPU, GPU 등 수많은 제품이 고성능 공정을 사용하는 상황에서, 메모리 회사의 공정을 이용해 만든 작은 연산장치가 기존 폰 노이만 구조의 CPU, GPU와 메모리가 분업하여 일하는 구조보다 효율적일지는 고민해 봐야 한다. PIM은 창고 내부에 간단한 자재 가공 기기를 배치하는 것과 같은 방식인데, 정작 창고 내부의 기기가 외부 공장의 기기보다 성능이 매우 낮다면 문제가 될 수밖에 없다.

또한, 메모리 공정을 PIM에 사용하게 되면 거대한 로직 반도체 설계 생태계와 분리되게 된다. 현재 CPU, GPU 등 처리장치 반도체를 설계하기 위해서는 다양한 설계 회사의 지적재산권과 자기 회사만의 노하우를 결합하는 과정이 필수적이다. 문제는 이 지적재산권이 파운드리 공정에 종속된다는 것이다. 예를 들면, TSMC 3나노미터 공정용으로 개발된 칩 설계는 TSMC 5나노미터 공정에서 제조할 수 없다. 당연히 메모리 회사 공정에서는 파운드리 공정을 염두에 둔 설계 그 어떤 것도 사용할 수 없다. 이는 메모리 회사가 복잡한 설계를 가진 PIM을 만드는 것이 매우 어렵단 의미이다. 다른 회사가 만든 검증된 설계를 사용할 수 없으니, 모든 설계를 바닥부터 다시 해야 하기 때문이다.

PIM은 미세화의 어려움을 과격한 방식으로 해결하려는 메모리 회사의 시도이다. 메모리에 요구하는 것이 늘어나는 상황이니, 아예 메모리에 더 큰 역할을 달라는 의미이다. 프로그래머는 자신의 프로그램을 구동하기 위해 필요한 연산장치가 무엇이고, 대략 몇 번 사용해야 하는지도 알고 있다. 프로그래머에게 메모리 회사가 직접 어필해 새로운 가능성을 보여 준다면, 지금까지 구경해 보지 못했던 큰 효율을 얻어낼 수 있을 것이다.

물론 PIM은 매우 극단적인 구조이므로, 그 중간 단계에 해당하는 다양한 솔루션 역시 고려되고 있다. 2024년 기준, SK 하이닉스는 PNM이라는 개념을 PIM과 구분하여 사용한다. PNM은 Process Near Memory의 약자로, 메모리와 매우 가까운 곳에 별도의 연산용 반도체를 배치하여 효율을 높이겠다는 개념이다. 예를 들면, HBM 메모리의 최하부 베이스 다이 일부에 연산장치를 배치하는 방식이 이에 해당한다. 이런 방법을 쓰면 비록

PIM만큼의 칩 간 데이터 전송량 감소 효과는 없으나, HBM 패키지에서 GPU 등으로 향하는 데이터를 줄임으로써, 기판이나 인터포저에서 손실되는 전력을 아낄 수 있다. 또한 베이스 다이의 빈 웨이퍼를 이용해 부가가치를 창출하는 장점도 생긴다. 이런 개념은 2024년 현재 HBM4 이후 표준에서 적극적으로 논의되고 있기도 하다.

참고로 많은 미디어가 PIM을 설명할 때, 폰 노이만 컴퓨터 구조를 벗어나는 제품으로 소개하곤 한다. 이는 폰 노이만 컴퓨터를 보는 관점이나 PIM의 구현에 따라 사실이라고 할 수도 있고 아니라고 할 수도 있다. 예를 들면, 이번 장에서 소개한 PIM은 메모리 칩 내부에는 여전히 처리장치와 저장소가 나뉘어 있다. 이런 경우라면 폰 노이만 병목을 해결하기 위해 등장한 제품이지만, 폰 노이만 구조를 탈피한 반도체라고 할 수는 없다. 폰 노이만 병목을 해결하기 위해, 메모리 칩 자체를 작은 폰 노이만 컴퓨터로 바꿈으로써 칩 간 통신을 칩 내부 통신으로 바꾼 것이기 때문이다.

반면, 앞에서 살펴보았던 IBM이 개발 중인 연산 메모리Computational Memory의 경우, 칩 내부에도 연산장치와 저장장치 구분이 없으니 폰 노이만 구조를 탈피한 반도체라고 할 수 있다. 이 제품은 회로의 저항값을 저장하여 인공지능 연산을 하므로 저항을 저장한다는 관점에서는 메모리이고, 출력값 관점에서는 폰 노이만 구조를 탈피한 NPU이다.

PIM의 미래를 단언하기엔 아직 이르다. 메모리 성능 한계를 해결하는 방식은 한 가지가 아니기 때문이다. 대신 우리는 PIM을 이해함으로써 반도체 회사들의 다양한 전략을 이해할 수는 있다. 반도체 제조가 계속 어려워지는 한, 다양한 신기술 용어가 등장할 것이다. 새로운 용어를 만났을 때, 그 기술이 메모리와 처리장치 사이에 관계된 기술인지 아닌지 이해할 수 있게 되었다면, 이번 장이 전달하고자 한 것은 대부분 전달된 것이다.

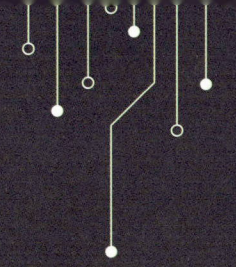

7장

시점을 바꿔:
사용자가 보는 반도체

이번 장에서는 위에서 살펴본 수많은 반도체 신기술이 IT 기술의 중요한 전환점에 어떤 방식으로 등장하였고, 어떤 영향을 끼쳤는지 살펴보도록 한다. 이를 위해 반도체 입장에서 바깥을 보던 관점을 반대로 돌려볼 것이다. 반도체를 중심으로 IT 기술을 살펴보는 것이 아닌, 새로운 아이디어의 구현 수단으로서의 반도체를 확인해 볼 것이다.

01.
모바일이 일으킨 저전력, 고밀도 유행

2007년 6월 29일, 전 세계 IT 시장을 완전히 바꾼 발명품이 등장한다. 애플의 아이폰이다. 아이폰은 기존 휴대폰과는 매우 이질적인 물건이었다. 표시장치와 입력장치를 거대한 터치스크린 하나로 통합하여 사용성을 혁신적으로 개선하였다. 이렇게 얻어낸 거대한 터치스크린에 인터넷 브라우저를 구동하고 휴대폰에 인터넷 연결 기능을 부여하자, 기존 IT 업계 종사자들조차 상상하지 못했던 거대한 가능성이 열렸다. 바야흐로 스마트폰의 시대가 열린 것이다.

스마트폰이 삶의 필수품이 되자, 사용자들은 스마트폰에 더욱 많은 것을 요구하기 시작하였다. 그중 가장 핵심적인 요구는 고성능과 배터리 사용 시간 증가였다. 이는 마치 짐을 두 배로 실을 수 있지만, 연비는 더 높은 자동차를 만들어 달라는 요청과도 같다.

이를 만족시키기 위해 스마트폰 제조사들은 핵심 부품을 저전력 부품으로 바꿔야 했다. 당연하지만, 제품 중 가장 많은 전력을 사용하는 것은 스마트폰의 처리장치인 AP와 저장장치인 메모리였다. 이 두 부품은 전력 효율이 높아야 했다. 또한 크기가 작은 부품을 기기 내부에 채용하여 물리적 공간을 절약하는 것도 중요한 과제였다. 작은 공간에 더 많은 배터리뿐 아니라 GPS, 컨택리스 결재용 NFC 등과 같은 많은 센서를 탑재해야 하기 때문이다.

이러한 요구사항에 가장 먼저 호응한 것은 삼성전자였다. 삼성전자는 애플이 원하는 저전력 AP, 저전력 메모리를 둘 다 공급했다. 삼성전자는 메모리를 AP와 패키지 온 패키지Package-On-Package 방식[30]으로 공급함으로써 전력 소모량을 줄였으며, 스마트폰 내부 공간까지 절약했다. 당시 AP와 메모리를 제외한 전력 반도체, 와이파이 모듈, 낸드 플래시 등 다른 반도체는 전부 별도의 패키지로 제조되어 기판에 따로 납땜 되어 있었다.

스마트폰 판매가 늘어나며 시장이 커지자, 반도체 회사들은 스마트폰에 맞는 새로운 제품을 만들기 위해 역량을 집중했다. 반도체 위탁 제조 회사인 파운드리는 첨단 공정 개발 타이밍을 앞당기면서, 동시에 첨단 제조 공정을 스마트폰에 적용하기 시작했다. 스마트폰 전성비의 핵심은 AP였으므로, 최첨단 공정을 AP에 적용하여 전력 대 성능비를 높이면 스마트폰 제조사들을 고객으로 확보할 수 있었기 때문이다.

이 덕분에 최첨단 제조 공정이 모바일 AP에 우선 적용되는 시대가 열렸다. 과거 전자제품의 핵심은 CPU로, 최첨단 공정은 CPU에 우선하여 사용되었으나 저전력이 중요해지면서 이 흐름이 바뀐 것이다. 실제로 아이폰이 출시되었던 2007년, 아이폰의 AP는 삼성 90나노미터 공정으로 제조되었고, 동시대 CPU인 인텔의 콘로Conroe는 45나노미터 공정을 사용하였다.

하지만 2024년 현재, 상황은 반대로 바뀌었다. 스마트폰의 하이엔드 AP는 대부분 3나노 공정으로 넘어갔으나, CPU는 극히 일부 제품(루나 레이크)을 제외하면 여전히 4나노급 공정에 머물고 있다.

이는 파운드리 회사인 TSMC와 종합 반도체 회사인 인텔 사이의 위상이 서서히 바뀔 수 있음을 의미했다. 첨단 미세공정을 유지하려면 대규모 자본이 필요한데, 이제 대규모 자본은 PC가 아닌 스마트폰이 제공하게 될 것이란 의미였기 때문이다.

당연하지만, 이 과정에서 CPU 제조에 적용되던 온갖 첨단 제조 테크닉이 모바일 영역에도 이식되었다. 하이-k 금속 게이트와 핀펫 등의 기술은 인텔 CPU 제조에 먼저 적용된 기술이었으나, 파운드리 회사들 역시 빠르게 그 기술을 AP 제조에 적용하기 시작하였다. 업계가 성숙하자, 스마트폰은 단순히 이동 중에 웹 브라우징을 하는 기기에서 한 단계 더 진화했다. 사용자들이 게임 등 고성능을 요구하는 프로그램도 스마트폰에서 사용하기 시작했으니, 고성능 칩 제조에 필요한 기술이 도입되는 것은 당연한 일이었다.

메모리 회사들도 모바일에 맞춰 신제품을 개발하기 시작하였다. 메모리 회사들은 저전력, 물리적 공간 절약에 특화된 제품인 LPDDR 메모리를 출시하기 시작했다. LPDDR은 누설 전류를 줄이기 위한 회로가 추가되고, 여러 개의 메모리 칩을 부착하기 힘든 모바일 환경을 고려하여 단일 메모리 칩 1개당 데이터 연결선 개수를 2배로 늘린 제품이다. 당연히 칩의 면적이 증가해 원가가 올랐으나, 사용자들이 손바닥 크기의 기기에 냉장고보다 더 비싼 값을 약 2년마다 지불하기 시작했으니 이는 큰 문제가 아니었다.

빠르게 변하는 시장 환경에 대응하기 위해 LPDDR 표준은 2006년 처음 등장한 뒤, 2024년까지 6번이나 버전이 올라갔다(LPDDR~LPDDR6). 반면 PC용 스펙인 DDR은 2000년에 DDR1이 처음 등장한 후 2024년 지금까지 5번(DDR~DDR5)밖에 바뀌지 않았다.

이와 함께 물리적 공간을 절약하기 위한 경쟁도 격화되었다. 설계 회사인 퀄컴은 자사가 가진 셀룰러 원천 특허의 장점을 적극적으로 활용하였다. 퀄컴은 자사의 통신용 모뎀을 아예 AP 칩에 통합함으로써 통신 중의 전력 소모를 줄이고, 기판 공간도 절약할 수 있다는 점을 적극적으로 어필하였다. 실제로 AP와 모뎀 2개를 따로 사는 것보다, AP와 모뎀이 합쳐진 단일 제품 하나를 사는 것이 공간 효율성도 높아지고, 전력 대 성능비도 높다. 퀄컴은 이를 통해 자사의 통신 모뎀 점유율과 통신사에 대한 영향력을 함께 높일 수 있었다. 이러한 변화로 스마트폰 AP 설계 회사들의 규모가 커졌고, AP 시장 역시 자연스럽게 승자독식의 시장으로 변화하게 된다.

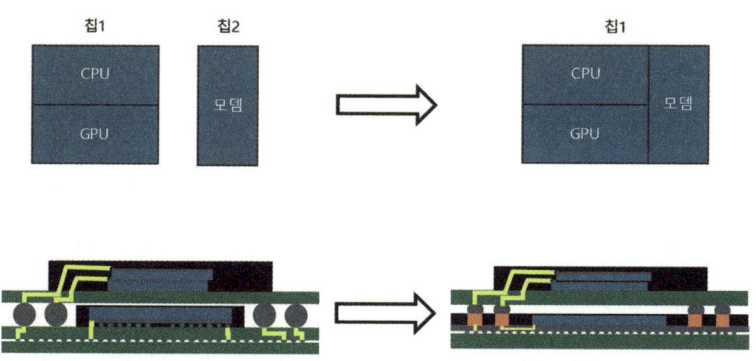

기능 통합을 통한 AP 경쟁력 향상(위)과 패키징 기술 혁신을 통한 AP 두께 감소(아래)

패키징 회사와 파운드리 회사는 더욱 효율적인 패키징 방식을 제안하였다. 기존 패키지온 패키지 방식보다 제품의 높이를 낮추고, 메모리와 AP 간 데이터 전송 효율을 더욱 높이기 위한 패키징이 등장하기 시작했다. 이를 위해 패키지 온 패키징 방식에 많은 개선이 일어났다. 앞서 살펴본 것처럼 AP 하부 기판을 없애고 재배선층으로 대체하거나, 볼을 구리 기둥TIV으로 대체하는 등의 노력이 나타났다. 이 과정에서 웨이퍼 레벨 패키징 등 패키징 제조 신기술이 대거 사용되었다.

한편, 스마트폰 시장이 커지고 이익이 늘어나자 시장 선구자인 애플은 새로운 시도를 하기 시작했다. 애플은 신규 아이폰을 출시할 때마다 반도체 설계 역량을 조금씩 더 내재화했다. 최초의 아이폰은 삼성이 설계하고 제조한 AP를 사용했지만, 이후 애플은 반도체 설계는 자체적으로 진행*하고, 제조만을 삼성과 TSMC에 맡기기 시작했다. 애플의 설계팀은 계속 노하우를 쌓았고, 2020년에는 스마트폰 AP의 설계를 응용해 PC인 맥 시리즈에 들어가는 CPU를 직접 설계하는 수준에 이르렀다. 이로 인해 인텔은 5~10%에 해당하는 CPU 판매처를 잃었다. 모바일 AP가 성장한 결과, 인텔이 판매하던 실리콘 면적 상당량이 파운드리로 넘어간 셈이다.

애플의 설계가 소비자 기기인 스마트폰에서 생산자 기기인 맥으로 넘어오자, 애플의 반도체가 사용할 수 있는 패키징 기반 기술도 고급화되었다. 애플은 고성능 라인업인 맥 프로에 사용할 M1 울트라 반도체 완제품을 만들기 위해, 두 개의 M1 칩을 TSMC의 2.5차원 실리콘 브리지 기술인 TSMC의 InFO-L로 결합하였다. 이 기술은 두 M1 칩을 무려 초당 2.5TB로 통신할 수 있게 해 주었다. 이는 HBM 패키지 3개의 대역폭에 해당하는 전송량이다. 두 개의 칩이 마치 한 개의 CPU 칩처럼 동작하려면 고성능 연결이 필요한데, 첨단 패키징 기술을 통해 이를 만족시킨 것이다. 덕분에 애플은 노트북과 워크스테이션** 시장에서도 인텔, AMD와 경쟁할 만한 성

---

* 이 시절 중요한 역할을 한 사람이 2024년 텐스토렌트의 CTO인 짐 켈러이다.
** 전문가용 고성능 컴퓨터

능의 자체 반도체 완제품을 확보할 수 있었고, 노트북 시장에서 8.1%의 점유율을 차지하는 쾌거를 이루었다.

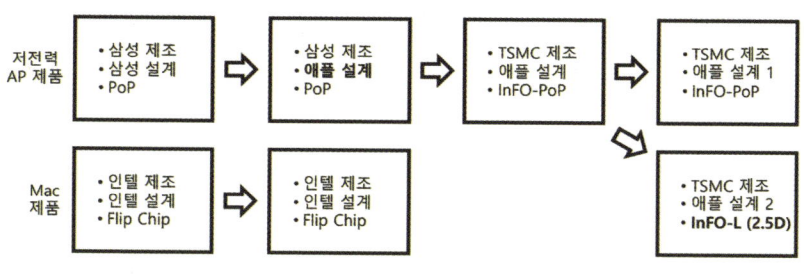

애플의 AP 전략 변화

모바일 시장의 성장 과정을 지켜보면, 반도체 기술이 전자 제품 업체의 시장 전략과 어떤 식으로 관계를 갖는지 알 수 있다. 최초의 아이폰을 탄생시킨 기술은 웹 서핑과 음악 감상 정도만 가능했던 저전력 AP와 기초적인 패키지 온 패키지 기술이었다. 아이폰에 최초로 사용된 반도체 기술이 스마트폰 완제품 성공에 결정적 도움을 주자 새로운 시장이 열렸고, 덕분에 두 기술은 서로 밀고 당겨 주는 관계가 되었다.

반도체 회사들은 지속적으로 미세공정에 투자해 이를 모바일 고객들에게 우선하여 공급했으며, 패키징 회사들은 패키지에 포함된 반도체 간격을 줄여 효율을 높이고, 스마트폰 내부 공간을 확보할 수 있게 해 주었다. 이 과정에서 단순히 완성된 패키지 2개를 적층할 뿐이었던 패키지 온 패키지 기술은 온갖 고성능 고밀도 기판과 재배선층을 적극적으로 사용하는 기술로 변화했다. 이후 모바일 기반으로 성장한 반도체가 PC 시장에 진출하기 시작하자, 서버 CPU 급에서 사용되던 2.5차원 첨단 패키징 기술까지 사용하게 되었다. 이처럼 각 기술은 시장을 중심에 두고 서로 협력하며 발전하는 관계이므로, 반도체 기술 용어가 등장한 시점의 완제품 시장 상황을 함께 보면 기술 이해에 많은 도움이 된다.

02.
인공신경망으로 인한 고성능 반도체 격변

컴퓨터와 반도체의 부가가치는 프로그램에서 나온다. 프로그램은 인간이 하고 싶은 작업을 컴퓨터가 이해하는 언어로 구현한 뒤, 컴퓨터가 이를 수행하도록 하는 일종의 지시문이다. 반도체는 프로그램의 구동 속도를 높여 컴퓨터의 성능을 높인다. 당연하지만, 구동하고자 하는 프로그램이 크게 변화하면 반도체 역시 변화해야 한다.

인공지능 기술이 크게 성공하기 전, 프로그램은 첫 장에서 살펴보았듯 인간의 업무 순서도를 컴퓨터가 이해하는 언어로 작성하는 작업에 가까웠다. 이를 컴퓨터로 수행하고자 하면, 프로그래머는 위에 전개된 순서도 속 논리를 그대로 컴퓨터가 이해하는 언어로 작성했다. 그 뒤 완성된 프로그램을 실행하면, 인간이 하던 일을 컴퓨터가 더욱 빠르고 정확하게 수행해준다. 이론상 서버에서 구동되는 프로그램, 스마트폰에서 구동되는 앱의 기능 모두 인간이 수행할 수 있다. 매우 느리고 효율이 낮을 뿐이다.

하지만 순서도 기반의 프로그램에는 한계가 있다. 인간의 입장에서 '척 보면 딱' 수행해 내는 프로그램은 만들 수가 없기 때문이다. 예를 들어, 자전거 잘 타는 방법이나, 사람 얼굴 구분하는 방법 등은 인간에게는 직관적인 것이라 그 방법을 일일이 설명하기 힘들다. 설명을 못하면 순서도를 만들 수 없고, 순서도가 없으면 순서도 기반의 프로그램 역시 만들 수 없다. 과학자들은 이렇게 인간이 잘하는 일(인간의 인지 능력 등)을 수행하는 프로그램을 인공지능이라 부르기로 했으며, 인공지능을 만들기 위한 방법을 찾아다녔다. 당연하게도 프로그램의 구조 자체가 인간 뇌세포와 어느 정도 유사하다면, 인간이 하는 일을 따라 할 수 있지 않을까 하는 아이디어도 있었다. 이런 프로그램이 2024년 현재 인공지능을 가능하게 한 인공신경망이다. 물론 인공신경망이 아닌 방식으로도 인간의 능력을 흉내 낼 수 있다면, 그 역시 인공지능이라 부를 수 있다.

하지만 인공신경망을 적용하려고 하자 어려움이 발생했다. 인공신경망의 구조는 기존 순서도형 프로그램과 매우 다른 구조를 가지고 있었다. 인공신경망은 뇌세포의 구조와 비슷하게 작은 세포들이 서로 무수히 연결되어 있는 형태이다. 이는 컴퓨터 입장에서 수많은 곱셈과 덧셈으로 보인다. 따라서 지금까지 구동해 온 순서도 형태의 프로그램보다 필요로 하는 메모리 공간도 크고, 요구하는 계산량도 상당히 많았다.

참고로 인공지능이 차지하는 메모리 용량(크기)은 파라미터 개수를 통해 알 수 있다. 파라미터는 인공지능 내부의 학습 가능한 부분을 의미하는, 인간 뇌에서는 뇌세포나 뇌세포 간 연결을 지칭하는 용어이다. 파라미터가 큰 인공지능은 더욱 거대한 뇌라고 이해하면 편하며, 당연히 파라미터가 클수록 1회 구동하는 데 더 많은 연산이 필요하다. 2012년에 출시된 인공신경망인 알렉스넷은 6,230만 개의 파라미터로 구성되어 있는데, 이는 메모리 용량으로 환산하면 약 250메가바이트 정도로, 2022년 버전의 MS 워드 프로그램을 구동할 때 사용하는 메모리 용량의 4배 정도이다.

GPU가 인공지능*의 파트너가 된 것도 이런 이유 때문이다. 본래 GPU는 그래픽 작업을 위해 개발된 반도체였는데, 그래픽 작업이 필요로 하는 처리장치와 인공신경망이 요구하는 처리장치가 유사하여 인공지능 학자들에게도 채용되기 시작한 것이다. 인공지능 이론이 성숙하여 이를 구현하기 위한 구체적인 연구가 시작됐을 때, 사용법이 간단하면서도 가장 널리 알려진 GPU는 NVIDIA의 GPU였다. 이로 인해 인공지능 업계는 NVIDIA GPU를 채용하여 연구하였고, 이로 인해 인공지능이 크게 성공한 뒤에도 전 세계가 NVIDIA GPU를 사용하게 된다.

하지만 기존 GPU로는 끊임없이 연산 능력을 요구하는 인공지능 분야의 수요를 감당할 수 없었다. 2018년 등장한 구글의 BERT는 알렉스넷의 20배가 넘는, 약 12억 개의 파라미터로 구성(BERT-xlarge 기준)되어 있었다. 무어의 법칙을 따를 때 6년간 반도체 밀도는 약 8배 늘어나지만, 같은 기간에 인공지능의 크기는 20배가 늘어난 셈이다. GPU 회사와 메모리 반도체 회사들은 인공지능의 요구를 들어주기 위해 기존과는 다른 방식으로 일을 해야 했다.

GPU 회사는 고밀도의 GPU를 만들어야 했다. 인공지능은 거대한 단일 칩에 최대한 높은 밀도로 연산장치가 배치된 GPU를 원했다. 곱셈 덧셈을 많이 해야 하니 칩 내부의 연산장치도 많아야 하고, 여러 GPU를 동시에 사용하는 분산 학습은 전력 대 성능비를 해치기 때문에 칩 한 개에 최대한

---

* 이 단락 아래부터 인공지능은 '인공신경망을 통해 만든 인공지능'을 의미한다.

많은 정보를 담을 수 있어야 했다. 크기 20짜리 반도체 하나로 만든 GPU로 인공지능을 구동하는 것이 크기 10짜리 반도체로 만든 2개의 GPU로 분산 구동하는 것보다 성능과 전력 소모 모두 유리하다.

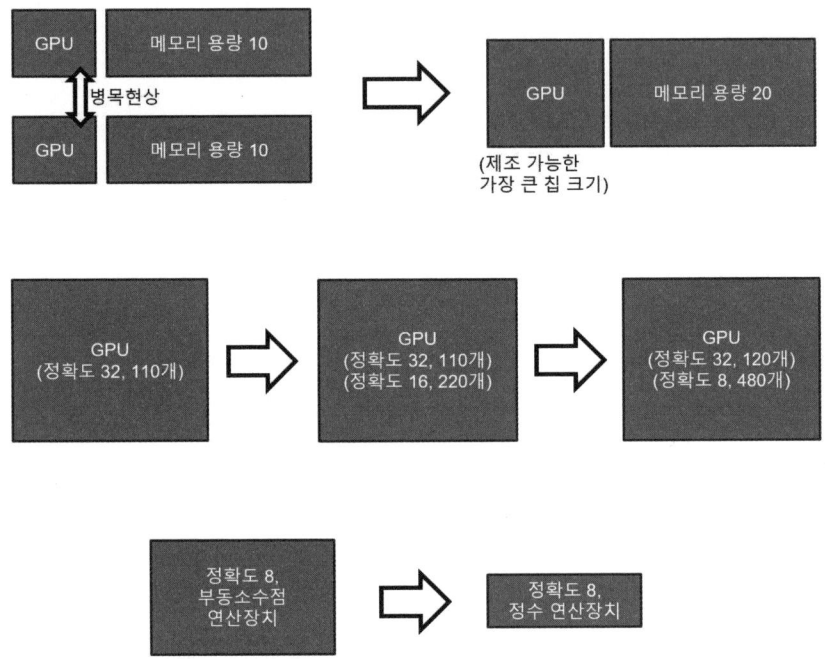

인공지능 구동 성능 향상을 위한 다양한 노력: 대형 GPU와 고용량 메모리 사용(위), 저정밀도 연산장치 사용(가운데), 양자화 사용을 통한 계산장치 면적 절약(아래)

GPU 회사들은 팹리스여서 자체 공장이 없기 때문에 파운드리와 긴밀히 협업해야 했다. GPU 회사들은 인공지능이 요구하는 연산장치를 제공하기 위해, 개별소자의 작동 속도보다는 조금 느리더라도 소자 개수가 많은 고밀도 제조 공정을 사용했다. 그리고 최대한 큰 단일 GPU를 만들기 위해 칩 크기를 노광 한계reticle limit까지 밀어붙였다.

설계와 인공지능 분야가 함께 인공지능 개발을 목표로 최적화를 하기도 했다. 미세화가 어려워지자, GPU 회사들은 인공신경망 내부의 숫자들의 정확도*를 낮춤으로써 최대 성능을 높여 보고자 하였다. 기존 인공지능은 파라미터 1개당 32개의 저장 공간(비트)을 사용했는데, 이 크기를 줄여 보자는 것이다. 파라미터당 저장 공간이 감소하면 정확도는 감소하지만 메모리 사용량이 줄어들고, GPU 내부 연산장치의 물리적 크기도 줄일 수 있게 된다. 개별 계산기의 크기가 줄어든다면, 더 많은 계산기를 동일한 반도체 면적에 넣을 수 있게 된다. 32자리 숫자 덧셈보다 16자리 숫자 덧셈이 종이 면적을 덜 차지하는 것과 비슷하다.

인공지능 연구 결과, 정확도 32를 가진 100개의 파라미터로 구성된 인공지능보다 정확도 16의 파라미터 개수 200개인 인공지능이 일반적으로 더 뛰어나다는 것을 알게 되었다. 신호 전달의 정확도 높은 뇌세포 1억 개보다는, 개별 신호 정확도는 다소 낮더라도 뇌세포 개수가 2배인 편이 더 정확도가 높다는 의미이다.

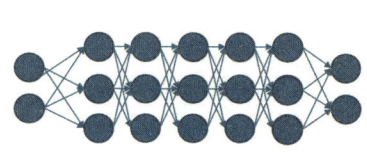 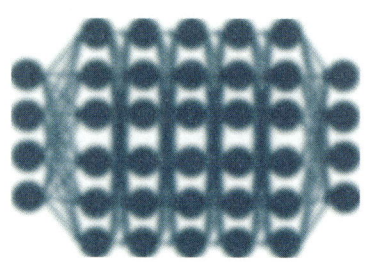

고정밀도 소수 파라미터(왼쪽)와 저정밀도 다수 파라미터(오른쪽)

---

* Precision. 1.2345678이라는 숫자를 8개의 저장소로 1.2345678 그대로 저장할 것인지, 손실을 감수하고 4개의 방만 사용해 1.234만 저장할 것인지 정하는 개념.

이 결과 덕분에 NVIDIA를 포함한 GPU 회사들은 칩 내부의 32비트 연산장치를 줄이고, 16비트, 심지어 8비트 등 정밀도가 낮은 연산장치*를 늘려 최대 처리량을 높일 수 있게 되었다. 나아가 더 작은 연산기를 사용하기 위해 소수점으로 표현된 숫자를 정수로 바꿔 인공지능을 구동하는 양자화 Quantization라는 기술을 도입하기도 하였다. 일반적으로 정수 연산장치는 소수점 연산장치보다 물리적 크기가 작기에 선택 가능한 기술이었다.

관심 있는 독자는 각 회사의 GPU 성능 지표에서 INT8, FP16, FP32 등의 성능FLOPs이 따로 적혀 있는 것을 봤을 것이다. 이 수치들이 GPU 연산 정확도별 최대 성능 지표이다. 예를 들어, FP16 성능이 400이고 FP32 성능이 200이라면, 해당 GPU는 16비트의 정확도로 계산할 때는 초당 400단위의 숫자를 계산할 수 있고, 32비트의 정확도로 계산할 때는 초당 200단위의 계산을 할 수 있다고 생각하면 된다.

한편, 메모리 회사는 고용량과 고대역폭을 함께 만족하는 메모리를 공급해야 했다. GPU 칩이 충분한 연산장치를 갖추고 있더라도, 정작 메모리가 인공신경망을 담고 있지 못할 정도로 용량이 작거나, 용량이 충분하더라도 GPU 칩에 빠르게 전송해 주지 못하면 아무 의미가 없다. 메모리 회사들은 처음에는 GDDR 메모리를 공급했지만, 인공지능이 거대화되자 HBM의 수요도 높아졌다. HBM은 인공지능이 요구하는 높은 대역폭과 용량을 어느 정도는 해결해 줄 수 있었다. 메모리 회사들은 HBM을 만들기 위해 TSV 등 기존에는 잘 사용하지 않던 다양한 제조 기술을 사용해야 했다.

---

* 정확하게는 32비트 계산기 1개가 16비트 계산기 2개, 혹은 8비트 계산기 4개로 동작할 수 있게 만든다.

고밀도 GPU 칩과 고성능, 고용량 HBM을 제조한 뒤에는 둘을 연결해야 했다. 하지만 기존 D램 1개당 수십~수백 개 정도의 연결을 만들던 패키징 기술로는 HBM과 GPU 간 연결을 효율적으로 만들 수 없어서, 실리콘 인터포저 기술인 CoWoS가 사용되었다. GPU, 메모리, 패키징 모두가 인공지능을 위해 함께 움직여야 했다.

HBM은 용량당 가격이 기존 메모리의 3~5배에 달하는 제품이었고, HBM과 GPU를 연결하는 새로운 패키징 기술 역시 원가가 높은 기술이기에, 이 모든 기술이 결합된 가속기 완제품의 비용 부담은 상당히 높아졌다. 2020년 출시된 NVIDIA의 인공지능 가속기인 A100은 1개의 GPU 칩과 6개의 HBM을 첨단 패키징 기술을 사용해 연결함으로써 무려 80GB의 메모리를 탑재하였다. 당시 일반 데스크탑 컴퓨터의 메모리 용량은 16GB 정도였다. 따라서 가속기 1개가 용량당 5배 비싼 가격의 메모리를 데스크탑 컴퓨터의 5배나 탑재했으니 가격 부담을 짐작할 수 있을 것이다. 하지만 인공지능을 구동하려는 거대 IT 기업들은 이 제품을 기꺼이 구매하였다.

	공정	칩 면적	전력 소모량	최대 성능
A100	7nm	약 800mm² x 1	400W	1,248 TFLOPs (INT8)
B200	4nm	약 800mm² x 2	1,000W	18,000 TFLOPs (FP4)

대략적인 B200 성능(18,000 TFLOPs)
 = A100 성능(1,248) x 미세화 성능 상승분 x 칩 개수(2) x 정확도 감소비(2)

• 미세화를 통해 약 3.6배의 성능 개선
• 미세화 이외의 요소를 통해 4.0배의 성능 개선

A100과 B200의 특징 비교

2024년 출시된 NVIDIA의 B200 인공지능 가속기는 챗지피티 등 거대한 인공지능이 본격적으로 유행할 때 출시된 제품이다. A100 대비 동일 시간에 수행 가능한 계산 횟수가 14.4배로 증가하였으니, 위에서 살펴본 다양한 신기술이 적극적으로 사용되었음을 짐작할 수 있을 것이다. 약간의 가정을 통해 각 신기술이 성능 향상에 미친 영향을 추정해 볼 수 있다.

제품 제원을 보면 A100에 없던 저정밀도 연산장치(A100 8비트→B200 4비트) 지원이 보인다. 아마 이를 통해 2배 정도의 처리량을 확보했을 것이다. 그렇다면 B200 제품은 동일 정밀도에서 A100보다 7.2배 빠를 것이라고 짐작할 수 있다. 그리고 B200은 A100과는 달리 가속기에 2개의 GPU 칩이 장착되어 있다. 그렇다면 개별 GPU 칩 1개 순수 성능은 3.6배 상승에 그쳤을 것이다. 제품 관점에서 보면, 무어의 법칙을 통해 얻어낸 추가 성능보다 나머지 기술을 통해 얻어낸 추가 성능이 더 큰 셈이다.

인공지능 기술과 반도체 발전을 살펴보면, 프로그램과 반도체의 관계를 다시금 확인할 수 있다. 인공지능은 프로그램이고 프로그램을 구동하기 위해서는 컴퓨터가 필요한데, 컴퓨터에는 반도체가 필수적이다. 그리고 프로그램의 특성이 변하면, 요구하는 반도체의 특성도 달라지게 된다. 새로 생겨난 소프트웨어가 기존 소프트웨어와는 매우 다르지만, 어마어마한 부가가치를 창출할 수 있다면 구매자들은 기꺼이 반도체에도 추가 비용을 지불하려 한다. 이는 우리가 모바일의 성장에서 살펴본 내용과 유사하다. 차이가 있다면, 모바일의 발전은 고객들이 저전력과 물리적 공간 절약에 추가 비용을 지불하게 했다면, 인공지능 기술은 고객들이 긴밀히 연결되어야 하는 반도체들을 최대한 한 공간에 엮음으로써, 최대한의 연산 능력을 얻어내려 했다는 것이다.

한편, 인공지능 기술은 반도체 가치 사슬을 파운드리로 불러오는 효과를 발생시키고 있다. 사실 실리콘 인터포저와 같은 기술은 칩당 가격이 높지만, 판매량이 적은 FPGA와 같은 제품에만 사용되었다. 이 기술이 지금처럼 대규모로 사용될 수 있게 된 이유는 인공지능이 유행했기 때문이다. 그리고 이 기술은 TSV 공정 등 클린룸을 필요로 한다. 기존 와이어 본딩 등을 진행하는 전통적인 패키지 회사가 성장하더라도 노광기를 갖춘 클린룸을 운영하는 것은 쉽지 않으니, 결국 파운드리가 후공정 영역에도 침투하게 된다. 물론 지금도 유리 기반 인터포저, 순수 재배선층만으로 구성된 인터포저 등 실리콘 인터포저를 벗어나려는 노력이 지속되고 있으나, 이 기술들 역시 다양한 표면 처리 기술과 미세 패턴을 그리는 능력을 필요로 한다.

고급 패키징 기술 기반의 칩 간 연결은 지금보다도 더욱 중요해질 것이다. 앞에서 살펴보았듯, 이미 NVIDIA는 2개의 GPU 칩을 패키징을 통해 1개의 칩처럼 사용하고 있다. 제조에 하이-NA EUV가 도입되어 아나모픽 마스크를 사용하기 시작하면, 만들 수 있는 단일 칩의 최대 크기가 절반으로 줄어든다. 과거와 같은 큰 칩의 효과를 작은 칩으로 발휘하기 위해서는 실리콘 고급 패키징 기술이 필수적이다.

여기서 한발 더 나아가면, 개별 반도체가 아닌 시스템 전체를 두고 최적화를 진행해야 한다는 개념인 인텔의 STCO가 등장한다. 2024년 NVIDIA의 B200 기반 신형 인공지능 서버는 상당한 발열 문제를 겪는 것으로 알려져 있다. 이러한 문제는 더 이상 단일 기업이나 단일 기술만으로는 해결하기 어렵다. 전력 소모량이 많은 반도체를 여러 개 탑재하는 거대한 시스템의 문제를 사전에 인지하고 해결하려면 반도체 회사, 패키징 회사, 쿨링 회사, 서버 회사 등이 함께 모여야 한다. 특정 분야 전문 회사들이 사라지지는 않겠지만, 제품 기획 이른 시기부터 해당 반도체를 사용하는 시스템이 잘 돌아갈 수 있도록 누군가가 중심을 잡아야 한다는 의미이다. 이를 할 수 있는 회사는 칩의 주인인 팹리스와 반도체 개발 극초기부터 관여할 수밖에 없는 파운드리이다.

  인공지능 기술로 촉발된 반도체의 발전은 우리가 이 책에서 배웠던 수많은 기술이 어떻게 완제품에 적용되는지 살펴볼 수 있는 훌륭한 예이다. 이후 인공지능 반도체 분야에서 새로운 뉴스가 나왔을 때, 독자분들이 그 의미를 이해하는 데 도움이 되었으면 한다.

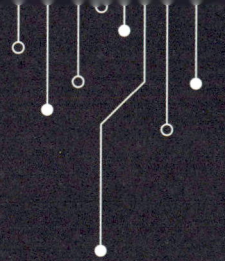

결론

01.

미세화의 어려움: 1회용 부스터, 3차원화

우리는 이번 책에서 칩의 최하부 소자층에서 출발하여, 금속배선과 패키징을 거쳐 반도체를 둘러싼 소프트웨어 환경까지 반도체에 관련된 다양한 부분을 둘러보았습니다. 어렵지만 이런 여정을 택한 이유는 여러분께 미세화라는 개념은 사실 고정된 것이 아니고, 기술 한계에 부딪칠 때마다 변화하는 개념이었음을 전달하기 위해서입니다.

아마 이 책을 읽으신 분들은 책 전체를 공통으로 아우르는 두 흐름을 눈치채셨을 것입니다. 바로 '1회용 밀도 향상 기술'과 '소자의 3차원화'입니다. 미세화 초기에는 웨이퍼 위의 소자들을 작게 그리는 것만으로도 놀라울 정도로 성능이 향상되고 소자당 가격도 낮아졌습니다. 그 결과 우리는 매해 전년도보다 더 빠른 컴퓨터를 더욱 싼 가격에 살 수 있었습니다. 하지만 그런 흐름이 서서히 둔화되자 반도체 회사들은 새로운 방법을 찾아 나서게 됩니다. 이 과정에서 미세화를 위한 다양한 일회성 신기술이 대규모로 도입됩니다.

우리가 살펴봤던 하이-k 물질이 대표적인 예입니다. 앞서 살펴보았듯, 하이-k 물질과 금속 게이트 기술은 미세화로 인한 게이트 성능 저하와 누설 전류 증가를 극복하기 위해 사용되었습니다. 이 기술은 인텔이 40나노의 벽을 뚫을 수 있게 도와주었지만, 이런 기술은 영원히 지속 가능하지 않습니다. 유전율이 더 높으면서도 반도체 제조에 적용 가능한 하이-k 물질을 매해 영원히 찾아낼 수는 없습니다. 그리고 이 기술을 적용하자, 반도체 회사들은 익숙했던 실리콘 기반의 물질을 게이트에서는 사용할 수 없게 되는 부작용도 생겼습니다.

그래서 미세화를 지속하기 위해 사용되는 방법이 바로 각종 소자의 구조물을 3차원으로 감추는 것입니다. 게이트 아래쪽 공간으로 채널을 늘어뜨려 감추거나(리세스드 채널), 채널을 핀 모양으로 만들거나(핀펫), 여러 층으로 만드는(게이트 올 어라운드) 기술 등이 그 예입니다. 이 기술들은 소자 구성 요소 각각의 길이를 축소하는 것을 포기하고, 위에서 봤을 때의 소자 면적을 줄이는 것에 집중하는 기술입니다. 그리고 그 대가로 반도체 회사들은 점점 더 익숙하지 않은 3차원 구조를 만들어야 하는 상황이 됐습니다. 포토마스크의 제조 시야는 여전히 2차원인데, 만들어야 할 3차원 구조는 핀펫, 게이트 올 어라운드를 거치며 더욱 복잡해지고 있습니다.

이러한 기술들은 비용이 낮은 순서대로 제조에 도입되고 있습니다. 하이-k는 기존 게이트와 같은 모양을 만들되 게이트 물질 관련 공정만 바꾸면 되지만, 핀펫은 수직 방향으로 높은 구조물을 만든 뒤 뾰족한 모양의 채널과 금속배선이 잘 달라붙도록 만들어야 합니다. 당연히 후자가 훨씬 더 어렵고 비용이 많이 듭니다. 당연히 이 결정에는 큰 결심이 필요합니다. 이는 인텔, TSMC, 삼성이 각각 핀펫, 게이트 올 어라운드 도입 시점이 다른 이유이기도 합니다. 특정 제조 부분에서 단절적인 변화가 일어나기 때문입니다.

　게다가 소자 구조는 점점 더 자주 변경되고 있습니다. 최초로 등장한 평면 트랜지스터는 수십 년간 사용되었고, 핀펫은 12년 정도 반도체 미세화의 최선단을 지켰습니다. 게이트 올 어라운드는 과연 얼마나 오래 사용될 수 있을까요? 반도체 기술 단체인 IMEC은 2022년 발표에서 2028년 정도가 되면 기존 게이트 올 어라운드 대신 포크시트Forksheet 형태가 사용되기 시작할 것[31]이라고 하였습니다. 고작 5~6년 만에 또 새로운 형상을 시도해야 하는 것입니다.

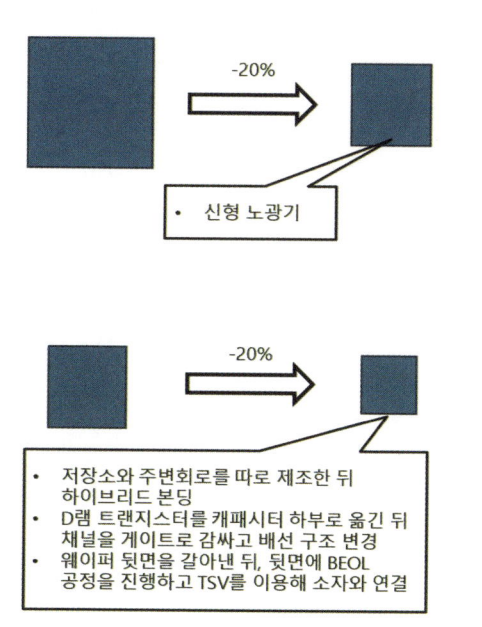

과거의 미세화 결정(위)과 현재의 미세화 결정(아래)

그리고 성능 향상을 얻기 위해서 큰 결심을 해야 하는 주체도 많아지기 시작했습니다. 지금까지는 반도체 제조 회사들이 성능 향상의 부담을 떠안았지만, 이젠 팹리스와 패키징도 함께 부담을 지게 되었습니다. 앞서 살펴본 기술 중 후면전력공급 기술이 대표적인 예입니다. 후면전력공급을 통해 얻어낼 수 있는 추가 밀도는 20% 정도입니다. 하지만 이 기술을 사용하려면 제조사는 웨이퍼 뒷면을 얇게 갈아 내고, 전원을 소자층과 직접 연결해야 합니다. 설계 회사는 전력 배선의 위치를 기존 설계와 호환되지 않는 방식으로 바꿔야 하고, 패키징 회사는 새로운 패키지 요구사항을 맞춰야 합니다. 이런 어려운 작업이 고작 20%의 밀도 향상을 위해 필요합니다. 1990년대라면 이런 기술은 수지가 맞지 않는다고 무시해 버렸을 것입니다.

독자 여러분께서 반도체 시장의 미래에 관심이 많다면, 이러한 큰 흐름을 늘 바탕에 두었으면 합니다. 유리 기판, 실리콘 포토닉스 등 이 책에서 제대로 다루지 못한 내용이 많습니다. 그리고 어떤 사람들은 이런 개별 기술 하나하나를 반도체의 미래를 바꿀 기적의 기술인 것처럼 이야기하기도 합니다. 하지만 반도체 산업에 그런 기술은 나타나기 힘듭니다. 제가 이 책을 제대로 썼다면, 독자분들께서도 실리콘 포토닉스는 HBM이나 CoWoS와 유사한 목표를 약간 더 넓은 범위에서 노리는 기술임을 짐작하시게 되었을 것입니다. 이와 같은 방식으로, 새로 등장하는 신기술 용어들을 반도체의 어려움을 이겨내기 위한 기존 기술의 대안이라는 생각으로 받아들여 주셨으면 좋겠습니다.

02.

공장을 벗어나는 반도체 산업

　제조의 어려움으로 인해 소자를 값싸게 얻기 힘들다는 것은 힘겹게 얻어 낸 소자를 효율적으로 써야 함을 의미합니다. 이는 특히나 인공지능처럼 낯선 형태의 프로그램이 대거 등장하는 시기에 중요합니다. 이미 수많은 미국의 IT 업체가 이 문제를 진지하게 받아들이고 있습니다.

　구글은 2016년경 인공지능 전용 반도체를 직접 설계하여 알파고 학습에 사용하였고, 2021년에는 유튜브 전용 반도체를 직접 설계하여 수백만 개의 인텔 CPU를 대체하기도 하였습니다. CPU 관련 회사인 인텔, AMD, ARM 모두 이런 흐름에 대처하지 못했습니다. 구글이 무엇을 하고 있는지 알기 쉽지 않을 뿐만 아니라, 내부 사정을 알더라도 거대 반도체 회사들이 해당 분야 칩을 직접 설계하여 대응하기엔 애매한 점이 있기 때문입니다. 소프트웨어 분야는 매우 급작스럽고 충동적으로 변합니다. 구글은 유튜브

동영상을 VP9라는 형식으로 압축하기로 결정했고, 이 결정에 따라 전용 칩도 VP9 압축 기능에 중점을 두고 개발되었습니다. 자체 수요를 가진 고객의 저력입니다.

이런 흐름은 메모리 회사, 파운드리 회사, 패키징 회사에 모두 큰 영향을 끼칩니다. 지금은 메모리 회사와 파운드리 회사가 제조를 힘겹게 끌고 가고 있고, 패키징 등 기존에는 웨이퍼 가공과 거리가 멀었던 분야가 웨이퍼 가공과 가까워지는 형태로 업계가 변화하고 있습니다. 하지만 이런 개선도 힘들어지면 어떤 일이 일어날지 한번 생각해 볼 필요가 있습니다.

아마도 반도체 시장의 제조 역량은 더욱 독과점화될 것입니다. 반도체의 한계를 끌어내리려면 최대한 많은 것이 웨이퍼 옆에서 진행되어야 하기 때문입니다. 수많은 반도체 관련 역량이 한자리에 모여서 모든 것을 미세 조정해야 하므로, 회사의 핵심 제품을 두 파운드리에 동시에 맡기기는 점점 힘들어지게 됩니다. 게다가 설계 회사들은 IT 빅테크의 주문을 유지하기 위해 범용 반도체의 성능을 한도까지 짜내야 하니, 모든 설계 자원을 가장 중요한 곳에 투입할 수밖에 없습니다. 앞서 살펴봤던 DTCO라는 개념이 확장된다는 것은 달리 말하면 특정 팹리스와 특정 파운드리가 원 팀이 된다는 의미인 셈입니다. 성능이 부족하다면, 구글의 사례에서 알 수 있듯이 빅테크의 자체 반도체가 팹리스의 시장 일부를 차지하게 될 것이기 때문에 제조 회사와 가까워져 극한의 성능을 끌어내야 합니다.

소프트웨어 분야 역시 성능 향상을 위해 다양한 반도체를 사용하게 될 것입니다. 그리고 이로 인해 프로그래머들은 호환성과 추상화라는 무기를 일부 포기해야 할 것입니다. 지금까지는 다양한 프로그래밍 언어와 프레임워크가 각 반도체 사이의 벽을 극복하게 해 주었습니다. 하지만 이제 다양한 반도체를 섞어서 써야 하니, 해야 할 일이 늘어나게 됩니다. 한 사람이 새로운 것을 배우는 데 사용할 수 있는 시간은 한계가 있으니, 유행할 반도체와 그렇지 않을 반도체를 구분하는 지혜도 중요해지게 됩니다. 더불어 점점 더 컴퓨터 구조 자체를 이해하는 것이 중요해지게 됩니다. 앞으로는 다수의 프로그래머가 반도체와 컴퓨터를 포함하여 전체 시스템을 설계하는 단계에도 참여해야 하기 때문입니다. 팹리스, 패키징 등 기존에는 제조와 멀리 떨어져 있던 주체들이 제조에 가까이 다가왔으니 프로그래머도 그 뒤를 따르게 되는 것입니다.

이런 관점에서 새로운 반도체를 보기 시작하면, 기존보다는 흥미롭고 재미있는 사실이 보이기 시작할 것입니다. 예를 들어, 2024년 현재 양자컴퓨터 기술에 관심을 갖는 사람이 많아지고 있는데, 이 역시 다양한 반도체를 섞어서 쓰는 흐름의 하나로 볼 수 있습니다. 양자컴퓨터는 극히 제한적인 분야에서 기존 컴퓨터를 뛰어넘는 효율을 보여 주지만, 제조가 어려울 뿐만 아니라 프로그래밍도 쉽지 않다는 문제가 있습니다. 문제를 해결하기 위해서는 다양한 프로그래밍 문제를 양자 컴퓨터로 풀 수 있는 형태*로 바꿔야 하기 때문입니다. 문제는 이런 작업은 기존 프로그래머들에게는 매우 힘든 일이라는 것입니다.

하지만 기존 반도체의 한계가 가시화될수록 기존 컴퓨터가 하던 일 중 더 많은 것을 양자컴퓨터로 해결하려는 시도가 늘기 시작할 것이고, 이 과정에서 조금 더 프로그래밍을 쉽게 해 주는 도구들이 등장할 가능성이 있습니다. NVIDIA는 양자컴퓨터와 기존 CUDA를 함께 사용하도록 도와주는 프레임워크인 CUDA-Q[32]를 공개하였습니다. 양자컴퓨터가 기존 GPU를 내는 것이 아닌, GPU와 양자컴퓨터가 서로 각자 잘하는 작업을

---

* 직관적인 프로그래밍을 포기하고, 해결하고자 하는 문제를 주기성을 갖는 문제로 바꾸어야 한다.

나누어 맡는 방식을 고려한 것입니다. 만약 이 과정에서 일반인의 삶에 중요한 영향을 끼치는 분야에서 양자 우위*가 달성된다면, 또 한 번 세계는 큰 IT 혁명을 맞이할 것입니다. 그리고 그 과정에서 반도체 시장 역시 크게 흔들릴 것입니다.

앞으로 더욱 많은 반도체 뉴스가 나올 것입니다. 하지만 그럴수록 반도체 자체보다도, 반도체의 사용자라 할 수 있는 소프트웨어를 지켜봐야 한다는 것을 기억해 주셨으면 합니다.

---

* Quantum supremacy: 양자 컴퓨터가 (특정 분야에서) 기존 컴퓨터의 효율을 뛰어넘는 시점

참고문헌

1 By Charles Babbage – Upload by Mrjohncummings 2013-08-28 15:10, CC BY-SA 2.0, https://commons.wikimedia.org/w/index.php?curid=28024313 (해석 기관),
By cogdogblog – https://www.flickr.com/photos/cogdog/4905713747/, CC BY 2.0, https://commons.wikimedia.org/w/index.php?curid=56996555 (천공 카드),

2 By The original uploader was TexasDex at English Wikipedia. – Transferred from en.wikipedia to Commons by Andrei Stroe using CommonsHelper., CC BY-SA 3.0, https://commons.wikimedia.org/w/index.php?curid=6557095 (에니악)
By ScAvenger – Own work, CC BY-SA 3.0, https://commons.wikimedia.org/w/index.php?curid=80451503 (진공관)

3 By the Science Museum – [1], CC BY 4.0, https://commons.wikimedia.org/w/index.php?curid=133513690

4 By Cepheiden – self made (from university scripts and scientific papers), CC BY 2.5, https://commons.wikimedia.org/w/index.php?curid=1445444 (이후에도 확대, 일부 편집 등을 통해 본 책에서 인용)

5 https://www.anandtech.com/show/17013/tsmc-update-3nm-in-q1-2023-3nm-enhanced-in-2024-2nm-in-2025

6 https://siliconsemiconductor.net/article/74993/Can_Nikon_or_Canon_Ever_Catch_ASML_in_the_Lithography_Market

7 https://nvlpubs.nist.gov/nistpubs/SpecialPublications/NIST.SP.1500-208.pdf 본 DOI 보고서에는 EUV에 관련한 많은 기술적 어려움이 적혀 있으니 읽으면 도움이 된다

8 https://www.asianometry.com/p/how-carl-zeiss-crafted-a-house-of

9 https://www.intel.com/content/dam/doc/guide/gate-dielectric-scaling-for-cmos-guide.pdf

10 https://www.eetimes.com/under-the-hood-intels-45-nm-high-k-metal-gate-process/

11 https://www.asml.com/en/investors/investor-days/2024

12 https://ieeexplore.ieee.org/document/6651671

13 https://www.imec-int.com/en/articles/20-year-roadmap-tearing-down-walls

14 https://research.google/pubs/dram-errors-in-the-wild-a-large-scale-field-study/

15 VLSI Symposium 2022

16 https://www.anandtech.com/show/16084/intel-tiger-lake-review-deep-divecore-11th-gen/4

17 Mutlu, Onur & Ghose, Saugata & Gómez-Luna, Juan & Ausavarungnirun, Rachata. (2020). A Modern Primer on Processing in Memory.

18 By Phiarc - Own work, CC BY-SA 4.0, https://commons.wikimedia.org/w/index.php?curid=154669449

19 By Jud McCranie - Own work, CC BY-SA 4.0, https://commons.wikimedia.org/w/index.php?curid=66104612

20 By Pdesousa359 - Own work, CC BY-SA 3.0, https://commons.wikimedia.org/w/index.php?curid=27084643

21 By ZyMOS - https://happytrees.org/chips/File:Intel-80581QX9300-2.53-12-1066-SLB5J.jpg

https://web.archive.org/web/20240608184834/https://happytrees.org/chips/File:Intel-80581QX9300-2.53-12-1066-SLB5J.jpg, CC BY-SA 4.0, https://commons.wikimedia.org/w/index.php?curid=149186478

22 https://www.micron.com/content/dam/micron/global/public/products/technical-marketing-brief/micron-hbm2e-memory-wp.pdf

23 https://pr.tsmc.com/english/news/2008

24 https://ieeexplore.ieee.org/document/10565097

25 https://www.intel.com/content/www/us/en/newsroom/news/up-close-lakefield-intels-chip-award-winning-foveros-3d-tech.html#gs.j6ngdt

26 https://images.nvidia.com/aem-dam/en-zz/Solutions/data-center/nvidia-ampere-architecture-whitepaper.pdf

27 https://arxiv.org/abs/2405.00436

28 https://docs.nvidia.com/deeplearning/performance/mixed-precision-training/index.html

본 문서에서 저정밀도로 일부 학습이 잘 되지 않은 사례가 있음을 언급하고 있음.

29 https://arxiv.org/pdf/2310.09385

30 https://ko.ifixit.com/Teardown/iPhone+1st+Generation+Teardown/599#s3166 (Retrieved in 2024/11/28)

31 SEMICON West 2022

32 https://nvidia.github.io/cuda-quantum/latest/index.html